PILOTAGE DES ORGANISATIONS DANS L'ESPACE OHADA

Des solutions pour l'Afrique

Bambala Philippe OUATTARA

PILOTAGE DES ORGANISATIONS DANS L'ESPACE OHADA

Des solutions pour l'Afrique

L'Harmattan
Côte d'Ivoire

Illustration couverture : Le Mont Korhogo (Côte d'Ivoire)

5-7, rue de l'École-Polytechnique ; 75005 Paris

www.editions-harmattan.fr

ISBN : 978-2-343-21346-0
EAN : 9782343213460

DÉDICACE

Je dédie ce livre

À mon père, Ismaël Nayala Ouattara, à ma mère Minata Ouamioguigna Yéo, et à ma grand-mère Onouh Moudji Soro. Leur travail professionnel et leur famille étaient toute leur vie.

À Émilie, mon épouse bien-aimée, pour ce qu'elle a toujours été pour moi.

À toute ma famille.

À monsieur Augustin Héma-Nambouin, agronome; il a guidé mes premiers pas dans la vie professionnelle à Gagnoa. Je garde aussi le souvenir que c'est à la faveur d'une brève conversation avec lui, en pleine rue, il y a bien des années, que m'est venue l'idée d'écrire ce livre.

À tous mes confrères agronomes.

À tous les adeptes du progrès social, en Afrique et partout ailleurs, dans le monde, et à ceux qui veulent le devenir.

À tous les hommes de bonne volonté.

« Le jardin de l'enseignement de nos parents
est sans doute tout petit,
or c'est lui qui nous apprendra demain,
à vivre dans un monde plus grand »
Meiji Mutsohito (1852-1912,
Empereur du Japon)

« C'est le développement humain,
et non le progrès matériel,
qui permettra de préserver la liberté
et la dignité véritables de l'homme »
Julius Nyerere (1922-1999,
Président de la République de Tanzanie)

« Sept milliards de gens sur terre,
Qui n'ont pas besoin de guerre,
Sept milliards de gens sur terre,
Qui s'aimeront demain... »
Mireille Mathieu
(Chanteuse
française contemporaine)

« Certains rêvent de choses qui sont et
disent pourquoi. Moi, je
rêve de choses qui ne furent jamais
et dis : pourquoi pas ? »
Robert Kennedy (1925-1968)

PRÉFACE

L'ouvrage de Bambala Philippe OUATTARA traite du processus de sortie des pays africains du sous-développement, cause d'une pauvreté qui est avant tout matérielle et intellectuelle. L'auteur soulève là une question de fond : comment vaincre le sous-développement ?

Avec conviction, l'auteur propose des éléments de réponse inspirés des techniques de management des entreprises et autres organisations qui, comparées à des locomotives du développement, sont capables, par leur dynamisme interne, de sortir de la pauvreté, de prospérer et de se pérenniser. Ce livre résume aussi le regard de l'agronome Bambala Philippe OUATTARA sur le sous-développement en Afrique. Il aborde la croissance inclusive, le climat, le phénomène migratoire, la mondialisation, le modèle de développement économique, la culture…, autant de thématiques qui, aujourd'hui, ne laissent personne indifférent.

L'auteur montre qu'une amélioration de la gouvernance des entreprises et des organisations a son rôle à jouer dans le combat contre la pauvreté sous toutes ses formes. De ce point de vue, ce livre complète les actions de l'OHADA sous l'angle de la sécurisation de l'entité, relativement au suivi direct, et l'évaluation de l'entreprise. Il se propose d'accompagner au quotidien les entreprises et les organisations au niveau de leur structuration et de leur fonctionnement, afin d'en améliorer les performances économiques et financières.

Nous apportons tout notre soutien à l'auteur dans cette initiative louable de contribuer à la lutte contre le sous-développement et la pauvreté du continent africain, par le pilotage correct des entreprises et autres organisations. À l'heure d'aller vers l'économie verte, vers les énergies renouvelables et un changement de fond de la société et de l'économie mondiale, nous ne pouvons que souhaiter une large diffusion de cet ouvrage bien structuré et très documenté.

César Appolinaire ONDO MVE,
Président de la Cour Commune de Justice et d'Arbitrage (CCJA) de l'OHADA

REMERCIEMENTS

Au terme de la rédaction de cet ouvrage, nous ne saurions oublier les amis qui nous ont donné de leur précieux temps, en assurant la relecture du tapuscrit ou de la version numérique, et qui nous ont abondamment gratifié de leurs encouragements et surtout de leurs conseils.

Voulant ici les remercier, nous avons vite compris que les plus aimables formules traduisent, bien insuffisamment, les sentiments suscités par tant de marques de générosité et de cordialité. Nous ne les citons pas, pleinement assuré qu'ils se reconnaîtront à travers ces lignes.

Combien nous sommes aussi, tout spécialement reconnaissant à monsieur César Appolinaire ONDO MVE, Président de la Cour Commune de Justice et d'Arbitrage (CCJA) de l'OHADA, qui a spontanément accepté de préfacer ce livre.

SIGLES ET ACRONYMES

ACR	: Accords Commerciaux Régionaux
ADM	: Archer Daniels Midland
AFREXIMBANK	: Banque africaine d'exportation et d'importation
AFRISTAT	: Observatoire Économique et Statistique d'Afrique subsaharienne
AGRI-PAC	: Programme d'Action Commerciale pour les produits agricoles
Aiph	: Association interprofessionnelle des producteurs d'huile de palme de Côte d'Ivoire
ANADER	: Agence Nationale d'Appui au Développement Rural
BAD	: Banque Africaine de Développement
BEPC	: Brevet d'Études du Premier Cycle
B.I.T	: Bureau International du Travail
B.N.D.A	: Banque Nationale de Développement Agricole
BRIC	: Les 4 pays : Brésil, Russie, Inde, Chine
BRICS/BRICA	: Les 5 pays : Brésil, Russie, Inde, Chine, Afrique du Sud
C.A.P	: Certificat d'Aptitude Professionnelle
Ccc	: Conseil du café-cacao
C.C.J.A	: Cour Commune de Justice et d'Arbitrage de l'OHADA
CEA	: Centre d'Excellence Africain
CEDEAO	: Communauté Économique des États de l'Afrique de l'Ouest
CEDAR	: Centre d'étude et de développement de l'Arabusta
CEEAC	: Communauté Économique des États de l'Afrique Centrale
C.E.P.E	: Certificat d'études primaires et élémentaires
C.F.A	: Communauté Financière d'Afrique
CH_4	: Méthane
C.I.D.T	: Compagnie Ivoirienne de Développement des Textiles
CIMA	: Centre Ivoirien de Machinisme Agricole
CNUCED	: Conférence des Nations Unies sur le commerce et le développement
CO_2	: Bioxyde de carbone

COCOBOD	: Cocoa Board
CODINORM	: Côte d'Ivoire normalisation
COP	: Conference of parties (Conférence internationale de préservation du climat)
CNRA	: Centre National de Recherche Agronomique
C.S.S.P.P.A	: Caisse de Stabilisation et de Soutien des Prix des Productions Agricoles
DAFCI-Comivoire	: Daniel Ancel et Fils, une société française de négoce de café-cacao, associée à un groupe ivoirien de commercialisation (Comivoire)
DED	: Direction des Études de Développement
#EU	: un dollar américain = 0.70 euro (environ 460 F CFA)
D.P.B.C.G	: Direction de la planification, de la programmation, de la budgétisation et du contrôle de gestion
DPO	: Direction par objectifs
D.O.T	: Directeur des opérations techniques
D.R	: Directeur régional
ENSEA	: École Nationale de Statistique et d'Économie Appliquée, Abidjan
ENSAE	: École Nationale de Statistique et d'Analyse Économique, Dakar
Euro	: un euro = environ 656 F CFA
EUROSTAT	: Institut européen de la Statistique
FAO	: Food and Agriculture Organization
FMI	: Fonds Monétaire International
FIRCA	: Fonds Interprofessionnel pour la Recherche et le Conseil Agricole
GAR	: Gestion Axée sur les Résultats
GIEC	: Groupe intergouvernemental d'experts sur l'évolution du climat
IADS	: Indice Africain de Développement Social
ICCO	: Organisation internationale du cacao
ICI	: International Cocoa Initiative
IDH	: Indice de Développement Humain
IFAC	: International Federation of Accountants
IFCC	: Institut Français du café et du cacao
IFRS	: International Financial Reporting Standards

INSEE	: Institut National de la Statistique et des Études Économiques
IRCC	: Institut de Recherche du café et du cacao
ISA	: Standards internationaux d'audit
ISO	: International Organization for Standardization
ISSEA	: Institut Sous-Régional des Statistiques et d'Économie Appliquée, Yaoundé
ITIPAT	: Institut de Technologie pour l'Industrialisation des Produits Agricoles Tropicaux
I2T	: Institut de Technologie Tropicale
LPMC	: Liberia Produce and Marketing Corporation, structure qui a existé sous l'ère des Présidents Tubman et Tolbert au Libéria
MOTORAGRI	: Société d'État pour la motorisation de l'agriculture ivoirienne
Normes IAS/IFRS	: (International Accounting Standards/ International Financial Reporting Standards)
ODD	: Objectifs de Développement Durable
ODM	: Objectifs de Développement pour le Millénaire
OGM	: Organismes Génétiquement Modifiés
OHADA	: Organisation pour l'Harmonisation en Afrique du Droit des Affaires
O.I.T	: Organisation Internationale du Travail
ONU	: Organisation des Nations Unies
O.P	: Ouvriers Professionnels
O.S	: Ouvriers Spécialisés
PAA	: Programme Annuel d'Action
PACIR	: Programme d'Appui au Commerce et à l'Intégration Régionale
PALMINDUSTRIE	: Société d'État pour la transformation industrielle des produits du palmier et du cocotier
PIB	: Produit Intérieur Brut
PME	: Petite et Moyenne Entreprise
PMI	: Petite et Moyenne Industrie
PNUD	: Programme des Nations Unies pour le Développement
PPA	: Parité de Pouvoir d'Achat
PPDAA	: Programme Détaillé de Développement de l'Agriculture Africaine
PPTE	: Pays Pauvres Très Endettés

RDC	: République démocratique du Congo
SACO	: Société Africaine de Cacao
S.A.P.H	: Société Africaine de Plantations d'Hévéa
SATMACI	: Société d'Assistance Technique pour la Modernisation Agricole de la Côte d'Ivoire
SODEFEL	: Société d'État pour le Développement des Fruits et Légumes
SODEFOR	: Société pour le Développement de la Forêt
SODEPALM	: Société d'État pour le développement du palmier et du cocotier
SODEPRA	: Société d'État pour le développement des productions animales
SODERIZ	: Société d'État pour le développement de la riziculture
SODESUCRE	: Société d'État pour la production de sucre
SOGB	: Société des caoutchoucs de Grand-Béréby
SYSCOA	: Système Comptable de l'Ouest Africain
SYSCOHADA	: Système Comptable de l'OHADA
TIC	: Technologies de l'Information et de la Communication
TBF	: Tableau de Bord Financier
TBT	: Tableau de Bord Technique
UFR	: Unité de Formation et de Recherche
UT	: Université de Technologie
UTBM	: Université de Technologie de Belfort-Montbéliard
UTC	: Université de Technologie de Compiègne
UTT	: Université de Technologie de Troyes
UDEAC	: Union Douanière et Économique de l'Afrique Centrale
UEMOA	: Union Économique et Monétaire Ouest Africaine
UNICEF	: United Nations International Children's Emergency Fund (Fonds des Nations Unies pour l'Enfance)
ZLECAF	: Zone de libre-échange africaine

PRÉSENTATION

Le 17 octobre 1993, a été signé à Port-Louis (Ile Maurice), le Traité OHADA (Organisation pour l'Harmonisation en Afrique du Droit des Affaires), lequel est un cadre juridique, créé par des juristes africains pour faciliter la vie des entreprises, encourager leur bonne gouvernance, sécuriser, au plan juridique et judiciaire, les investisseurs étrangers, les échanges économiques et, in fine, booster la croissance et le développement économique dans les États membres de ladite organisation.

Le but à atteindre est d'intégrer les économies des États membres et aussi de conforter une zone de droit et de liberté favorable au développement économique.

L'OHADA est née surtout de la volonté des chefs d'État d'alors, stimulés par les investisseurs et autres bailleurs de fonds internationaux, qui rencontraient des discordances importantes, d'un pays à l'autre, dans les législations, dans le domaine des affaires.

Les besoins des pays membres étant les mêmes et les investisseurs étrangers étant également les mêmes dans les différents pays de l'espace OHADA, il est apparu nécessaire de rechercher à harmoniser le domaine légal et réglementaire des affaires dans cet espace, pour sécuriser ces investisseurs et leurs entreprises.

L'espace OHADA regroupe des pays francophones et lusophones, dans un droit commun des affaires qui a nécessité la refonte de pans entiers des règles du droit des affaires, dans ces différents pays.

C'est ainsi qu'a été adopté par les États-parties, le traité de l'OHADA qui régit depuis 1993, le droit des affaires des pays membres de ladite organisation.

Toutefois, dans l'application et l'interprétation de ce texte de loi, cette institution a laissé à chaque pays membre, la latitude d'organiser son système judiciaire.

Mais cette organisation au niveau de chaque pays est encadrée, puisqu'en dernier recours, la mission de l'application et de l'interprétation des textes de l'OHADA a été confiée à une juridiction supra nationale qui est la Cour Commune de Justice et d'Arbitrage, dite CCJA.

Cette Cour, dont le siège est situé à Abidjan (Côte d'Ivoire) peut être saisie de recours en cassation contre les décisions rendues en dernier ressort, par les juridictions nationales sur des questions relatives aux règles de l'OHADA, notamment l'application et l'interprétation desdits textes.

Aux termes des dispositions de l'article 20 du traité, « les arrêts de la Cour Commune de Justice et d'Arbitrage ont l'autorité de la chose jugée et la force exécutoire. Ils reçoivent sur le territoire de chacun des États parties une exécution forcée dans les mêmes conditions que les décisions des juridictions nationales »[1].

Ainsi, la CCJA se positionne comme l'organe qui remplace les Cours Suprêmes ou Cours de cassation des États membres, en matière de conflits commerciaux. Le droit de recours à la CCJA suppose que toutes les voies de recours en interne ont été épuisées, sans qu'on ait eu gain de cause.

Cette organisation compte actuellement 17 États membres: le Bénin, le Burkina-Faso, le Cameroun, la Centrafrique, les Comores, le Congo, la Côte d'Ivoire, le Gabon, la Guinée-Conakry, la Guinée-Bissau, la Guinée équatoriale, le Mali, le Niger, la République Démocratique du Congo, le Sénégal, le Tchad et le Togo. Sur les 17 pays, 9 sont de l'Afrique de l'Ouest.

Des juristes africains ont impulsé cet instrument pertinent de promotion du développement du droit des affaires en Afrique, à l'image du modèle français de code de commerce de 1841, présenté par le livre DALLOZ (Code de commerce, librairie Dalloz, 1957, Paris) et dont la première édition date de 1807, elle-même étant une reprise de l'Ordonnance de Colbert sur le commerce de 1673.

Avec l'avènement de l'OHADA, qui est une réussite, les entreprises africaines ont une occasion réelle de tirer profit d'un "vêtement" juridique adéquat, créé pour elles afin de les protéger, de les aider à croître, à se développer et devenir performantes et pérennes. L'OHADA est un puissant régulateur des investissements au niveau des 17 pays.

On note par ailleurs qu'à l'échelle mondiale, il y a eu, de 2000 à 2015, les Objectifs de Développement sur le Millénaire (ODM), un faisceau de recommandations, de directives des Nations Unies à tous les pays, dans le domaine du développement économique et social durable, et contenues dans la Déclaration du Millénaire, signée en 2000 par 189 pays.

---

[1] *OHADA, traité et Actes uniformes, traité SYSCOA*, Éditions Clairafrique, Juriscope, 2004, p. 63, Futuroscope. B.P 60 194 ; 86962 Chasseneuil-du-Poitou Cedex, France

L'opuscule intitulé mini-atlas des objectifs de développement pour le Millénaire, édifier un monde meilleur (Éditions ESKA, the World Bank, Washington, D.C ; www.worldbank.org.publications) décline ce programme de gouvernance en huit objectifs, dont en particulier, les suivants :

- éliminer l'extrême pauvreté et la faim
- assurer l'éducation primaire pour tous
- promouvoir l'égalité des sexes et l'autonomisation des femmes
- assurer un environnement durable
- mettre en place un partenariat mondial pour le développement.

Dans la préface dudit opuscule, sous la plume de François Bourguignon, Vice-Président senior et économiste en chef, du Groupe de la Banque Mondiale, on peut lire ceci : « Les objectifs de développement pour le Millénaire constituent un défi que la communauté mondiale s'est lancé à elle-même. Pour les pays pauvres, la gageure est de faire la démonstration de leur bonne gouvernance et de leur adhésion à la lutte contre la pauvreté. Pour les pays riches, la gageure est de remplir la promesse qu'ils ont faite d'appuyer le développement économique et social. Plus important encore, ces objectifs reflètent la préoccupation qu'a tout être humain du sort de ceux avec lesquels il partage la planète ».

En 2015, les ODM sont arrivés à expiration. D'après le Fonds Monétaire International « les quinze dernières années se sont accompagnées de progrès immenses et encourageants en termes de développement, y compris au regard des ODM.

« Durant cette période, l'extrême pauvreté est passée de 59 à 47% de la population dans les pays en développement subsahariens »[2]

« Mais s'agissant de la pauvreté, des inégalités et du chômage, les indicateurs restent obstinément dans le rouge dans de nombreux pays. La qualité de la croissance compte autant que son niveau, voire plus. Il ne suffira pas d'une croissance forte pour améliorer les conditions sociales.

«De plus en plus d'observateurs estiment qu'une "bonne croissance" est nécessairement inclusive, profitant à tous les membres de la société »[3].

---

[2] *Finances et Développement,* publication trimestrielle du Fonds Monétaire International, Juin 2015-volume 52, numéro 2, p. 9.

[3] *Finances et Développement,* publication trimestrielle du Fonds Monétaire International, Juin 2015-volume 52, numéro 2, p. 14.

En outre, « on estime que le tiers des habitants des pays en voie de développement vivent en dessous du seuil de 1 dollar (environ 0,70 euro) par jour, ce qui représente 1,7 milliard d'individus»[4].

En Afrique de l'Ouest « Le taux de pauvreté est élevé : 43% de la population vivaient sous le seuil de la pauvreté internationale de 1,90$ EU par jour en 2013 »[5]

Plus récemment en 2016, Meagan Fallone, PDG de Barefoot College (Inde), relève que « 50% de la population mondiale vit avec moins de 2,50 dollars par jour, sans accès ni à l'électricité, ni à l'eau, ni aux biens de première nécessité »[6].

La pauvreté gagne du terrain, ce que ne reflètent pas toujours les chiffres en circulation.

Le Sommet des Nations Unies pour l'adoption du programme de développement pour l'après 2015 a eu lieu les 25-27 septembre 2015, à New York (États-Unis). Les 17 objectifs de développement durable (ODD) se sont substitués aux huit ODM : « les ODD tracent la voie jusqu'à 2030 » (cf Opuscule cité plus haut, p.1). Ils se déclinent comme suit :

« 1. mettre fin à la pauvreté ;
2. éradiquer la faim ;
3. promouvoir le bien-être ;
4. garantir une éducation de qualité ;
5. parvenir à l'égalité entre les deux sexes ;
6. assurer la disponibilité de l'eau et l'assainissement pour tous ;
7. garantir l'accès à une énergie abordable et durable ;
8. promouvoir un travail décent pour tous ;
9. construire des infrastructures résilientes et encourager l'innovation ;
10. réduire les inégalités ;
11. faire des villes et des établissements humains des endroits sûrs ;
12. garantir une consommation durable ;
13. lutter contre le changement climatique ;

[4] Pierre Bezbakh et Sophie Gherardi, *Dictionnaire de l'économie*, Larousse, 2008, Paris, p.479

[5] *Perspectives économiques en Afrique de l'Ouest*, 2018, une publication du Groupe de la Banque Africaine de Développement, Abidjan, Côte d'Ivoire, page 1, *www.afdb.org*

[6] *Barefoot College*, India, Rajastan. Villaggio di Tilonia, *www.barefootcollege.org*.

14. préserver les océans ;
15. prendre soin de la terre ;
16. promouvoir des sociétés pacifiques ;
17. renforcer le partenariat pour le développement durable ».

Il en ressort que « l'éradication de la pauvreté absolue est au cœur des ODD ; elle promet à chacun une vie meilleure et, en particulier, un monde dans lequel chaque enfant peut survivre et s'épanouir. Les ODD symbolisent aussi un avenir durable pour la planète»[7]. L'objectif n°1 est très ambitieux et sans équivoque: en finir avec la pauvreté dans le monde. C'est un grand défi à relever.

D'après Nelson Mandela, « la pauvreté n'est pas naturelle. Elle est fabriquée par l'homme et elle peut être vaincue et éradiquée par les actions des hommes. Et vaincre la pauvreté n'est pas un geste de charité. C'est un geste de justice. C'est la protection d'un droit humain fondamental, le droit à la dignité et à une vie décente ». Comme il est dit souvent, la pauvreté n'est pas due au manque de ressources, mais plutôt à la mauvaise répartition des ressources. La pauvreté tire la société vers le bas.

On relève que 82% de la richesse mondiale appartiennent à seulement 2% des habitants de la planète. Les progrès du monde libéral maintiennent dans la marginalité plus de misérables qu'il n'y a des gens à l'aise. Dans ce contexte, le monde où nous vivons a besoin de changer de paradigme.

Comme moyen de lutte contre la pauvreté grandissante, des voix s'élèvent parfois pour proposer la réduction de la natalité, face à la croissance démographique. Mais il est bien évident que s'il y a une justice sociale, c'est-à-dire une juste répartition des biens, une bonne gouvernance, la question de la progression démographique, même à la Malthus, ne se pose pas.

Dans la mesure où les ODD ne sont pas du côté de l'ordre économique mondial actuel qui semble favoriser le sous-développement de nombre de pays de la planète, ils pourraient être assurément un remède au mal du sous-développement et de la pauvreté.

[7] Nicholas Stern, *Vers une empreinte carbone minime*, in Finances et Développement, publication trimestrielle du FMI, Décembre 2015, volume 52, numéro 4, p.8

« Aujourd'hui, ce sont les objectifs de développement durable (ODD) qui définissent le cadre global du progrès : les atteindre est un objectif partagé dans le monde entier »[8].

De tout ce qui précède, il ressort que les buts de l'OHADA et les ODD sont en symbiose, car intimement entremêlés et convergents, dans l'espace géographique OHADA.

Nous sommes dans « un village planétaire », avec des aspirations communes, l'une des plus partagées étant la sortie de la pauvreté matérielle et intellectuelle.

Étant donné que l'OHADA ne dispose pas d'un mécanisme de contrôle de l'entreprise, car cela n'entre pas dans sa mission, la présente étude se propose d'accompagner en interne les entreprises et autres organisations de l'espace OHADA, qui se trouveraient confrontées à des problèmes essentiellement d'ordre technique, en particulier au niveau de l'organisation du travail et du système de fonctionnement, par le rappel de quelques principes généraux de gestion. Elles ne pourront jouer leur rôle central dans la réalisation des ODD que si elles fonctionnent bien et sont génératrices d'une valeur ajoutée. L'OHADA est la garantie juridique et judiciaire de l'entreprise.

Cet ouvrage se veut un instrument pouvant contribuer à sa garantie technique.

---

[8] (*in Expertise France, La coopération statistique en exergue*, 73 rue de Vaugirard-75006 Paris, 2007, p.4: Avant-propos d'Isabelle VALOT, *www.expertisefrance.fr).*

INTRODUCTION

Sous le vocable organisations, on regroupe les administrations et les entreprises privées ou semi-privées, à but lucratif ou non. Il y a donc des organisations marchandes et non marchandes. C'est dans ces entités que se pratique le *management* qui est l'expression moderne pour désigner la saine, la bonne et l'honnête gestion de l'organisation, sa bonne gouvernance économique, l'art de la conduire. Ses principales étapes sont la planification, la mise en œuvre et le contrôle de l'activité, quelle qu'en soit la nature (économique, sociale, culturelle), dans le but d'atteindre des objectifs préalablement définis. C'est à la fois une science et l'art de conduire les organisations. Cette science enregistre la contribution de plusieurs auteurs.

Adam Smith (1723-1790), philosophe et économiste écossais, a été le premier économiste à démontrer l'importance de la division du travail et son influence sur le développement de la production dans une organisation. Il reste dans l'histoire comme l'un des pères de la science économique moderne. Pour lui, l'origine de la richesse est le travail des hommes. La prospérité économique vient de l'attachement au travail.

Son sens de l'observation l'a conduit à écrire en 1776 son ouvrage principal intitulé "*Recherches sur la nature et les causes de la richesse des nations*", (chez Guillaumin Éditeur, 1843, Paris, tome 1), dans lequel il traite de la division du travail, et décrit ce qu'il a vu, en ces termes (pp.7, 8, 9 et 13): « Prenons un exemple dans une manufacture de la plus petite importance, mais où la division du travail s'est fait souvent remarquer : une manufacture d'épingles. Un ouvrier tire le fil à la bobille, un autre le dresse, un autre coupe la dressée, un quatrième empointe, un cinquième est employé à émoudre le bout qui doit recevoir la tête... ; enfin l'important travail de faire une épingle est divisé en dix-huit opérations distinctes ou environ, lesquelles dans certaines fabriques, sont remplies par autant de mains différentes, quoique dans d'autres, le même ouvrier en remplace deux ou trois.

« ...Il est vrai que la nature de l'agriculture ne comporte pas une aussi grande subdivision de travail que les manufactures ni une séparation aussi complète des travaux... ; le laboureur, le semeur et le moissonneur sont souvent une seule et même personne...

« En dernier lieu, tout le monde sent combien l'emploi de machines propres à un ouvrage abrège et facilite le travail... C'est à la division du travail qu'est originairement due l'invention de toutes ces machines propres à abréger et faciliter le travail. Quand l'attention d'un homme est toute dirigée vers un objet, il est bien plus propre à découvrir les méthodes les plus promptes et les plus aisées pour l'atteindre, que lorsque cette attention embrasse une grande variété de choses... Une grande partie des machines employées dans ces manufactures où le travail est le plus subdivisé ont été originairement inventées par de simples ouvriers qui, naturellement, appliquaient leurs pensées à trouver les moyens les plus courts et les plus aisés de remplir la tâche particulière qui faisait leur seule occupation ».

Adam Smith cite les *physiocrates* dont la figure de proue est François Quesnay (1694-1774), et qui seront à l'origine des progrès techniques de l'agriculture.

« En 1758, Quesnay publie *Le tableau économique*, son œuvre la plus connue, qui décrit le premier exemple de circuit macroéconomique : la richesse prend naissance dans le travail agricole, puis elle se diffuse dans l'ensemble des classes de la société par le biais des dépenses des agriculteurs...(...). « La thèse principale de Quesnay est que seule l'agriculture est productrice de richesses naturelles, richesses qui sont ensuite réparties entre les différents groupes sociaux et qui, en circulant, permettent à ces derniers de vivre. La thèse est évidemment fausse, mais à l'époque, dans une société où la population active était agricole aux neuf dixièmes, elle n'était pas absurde »[9].

Dans la quasi-totalité des pays de l'espace OHADA, qui sont à vocation agricole, cette thèse n'a rien perdu de son actualité, de sa fraîcheur. Bien plus, la question du développement de l'agriculture mondiale qui ne représente actuellement que 4% du PIB mondial est d'une brûlante actualité, avec l'objectif des Nations Unies « Faim zéro », en ce nouveau millénaire.

L'ouvrage de Adam Smith est célèbre pour avoir mis l'accent sur l'importance du travail et pour avoir exposé les avantages de la division du travail.

La pensée économique de Smith s'est répandue rapidement et largement en Europe et est devenue la référence de tous les économistes du 19ème siècle et même du début du 20ème siècle, en matière de *management*, une discipline née au début du 20ème siècle, à la fois en France et aux États-Unis d'Amérique, avec deux ingénieurs économistes: Henri Fayol (1841-1925), ingénieur français, et Frederick Winslow Taylor (1856-1915), ingénieur américain, qui en sont les principaux pères fondateurs. À eux deux, ils ont inventé cette science,

---

[9] *Alternatives Économiques,* Poche n°021-novembre 2005

chacun de son côté, à la faveur de l'avènement des grandes entreprises en Occident.

Ils sont considérés comme des "praticiens de l'économie", dans la mesure où dans le cadre d'une organisation, ils ont été amenés à conseiller les décideurs de leur époque d'orienter les stratégies, en vue de l'atteinte d'objectifs de performance économique.

Les idées de ces deux pionniers du management sont toujours d'actualité, l'objectif prioritaire étant toujours le même, à savoir la productivité, rapport entre la quantité produite et un des facteurs de production tel que l'énergie consommée, le nombre d'heures de travail, la machine employée, etc. On peut produire trois fois plus de voitures avec trois fois moins de personnes. L'entreprise a pour ambition de produire en quantité pour augmenter la productivité et réduire les coûts unitaires ou coûts de production. La productivité divise par deux, trois voire dix, les coûts de production; on met alors moins de temps pour fabriquer un produit. La productivité améliore les performances de l'entreprise.

L'augmentation de la productivité horaire d'un travailleur dépend, entre autres, de la mécanisation ou de l'automatisation (robotisation) de son travail, du système de contrôle, des conditions de travail, etc., mais aussi de l'organisation du système de production dans lequel il s'insère.

C'est précisément à cette organisation du travail que Fayol et son alter ego anglo-saxon, Taylor, ont consacré l'essentiel de leur œuvre.

Ingénieur des mines, issu de l'école de Saint-Étienne, homme de terrain (président de la société des Houillères de Commentry, en Turquie), Fayol a élaboré une philosophie de l'activité de direction. Il cherche à diminuer le coût de revient en travaillant sur tous les postes de charge, en l'occurrence la main-d'œuvre, les matériaux et autres facteurs de production. Fayol laisse au mineur une certaine liberté d'organisation de son poste de travail, mais il compare les diverses organisations possibles. Il attache beaucoup d'importance à la qualité de l'encadrement des employés et ouvriers, ainsi qu'à la spécialisation de ces derniers, laquelle spécialisation permet à l'individu d'accumuler de l'expérience et d'être, de ce fait plus productif[10].

L'américain Taylor, quant à lui, s'est surtout attaché à la rationalisation de la production, à la division du travail, c'est-à-dire la répartition des tâches entre les différents postes de travail. Il recherche,

---

[10] Cf *Alternatives Économiques, n°254, janvier 2007, Paris: «Fayol et le métier de manager»*, Marc Mousli, pp.83-85

avant tout, la productivité de l'individu dans l'entreprise. Son objectif est de définir par des études, la meilleure manière ou le « one best way » de réaliser un travail, en le décomposant en ses phases successives, en cherchant les gestes les plus efficaces, et en adaptant les outils. Cette conception et ces études conduisent à observer les ouvriers, à décomposer leurs gestes, à les chronométrer, afin de trouver la façon de réduire au minimum leurs mouvements. Il observe que les résultats sont spectaculaires. Aussi les manutentionnaires des gueuses de fontes vont traiter sans effort supplémentaire 48 tonnes par jour contre 12,7 tonnes précédemment. Les gains de productivité sont tels que les salaires peuvent être revalorisés de 60%. Ceci étant, des syndicats américains, dès 1907, accusent Taylor de vouloir transformer les ouvriers en machines, mais ces attaques cesseront rapidement[11].

S'inspirant des travaux de Taylor, l'industriel américain Henry Ford, dès 1913, va théoriser le travail à la chaîne, un concept, du reste, déjà très ancien. «Henry Ford (1863-1947), d'abord réparateur de machines agricoles et constructeur d'une automobile assez rudimentaire au début des années1890, puis fondateur en 1903 de la Ford Company, fabriqua le premier, en grande série, un modèle de voiture proposé à un prix abordable pour le grand public, grâce à l'utilisation de nouvelles méthodes de travail (le taylorisme) »[12].

Dans le travail à la chaîne, l'ouvrier est réduit à effectuer un seul geste, et toujours le même, sur une chaîne de production.

Ainsi sur la ligne d'assemblage des voitures Ford T, « l'homme qui place une pièce ne la fixe pas, l'homme qui place un boulon ne met pas d'écrou et l'homme qui place l'écrou ne le visse pas »[13]. Cette révolution du mode de production va permettre une forte diminution du coût de production. Du même coup, avec l'augmentation de la production liée au processus, les ventes de Ford T vont décupler et passer de 250.000 véhicules en 1914 à 472.000 en 1916, puis 1 million au début des années 1920[14].

Jean Thoraval, dans son ouvrage[15], fait l'analyse suivante: « L'organisation du travail a progressé de façon considérable. Depuis

---

[11] *Internet: Google*, en tapant *Frederick Winslow Taylor*

[12] Pierre Bezbakh et Sophie Gherardi, *Dictionnaire de l'économi*e, Éditions Larousse, 2008, Paris, p. 328.

[13] *Internet*: *Google,* en tapant *le Fordisme*

[14] *Internet: Google: Idem, le Fordisme.*

[15] Jean Thoraval, *Les grandes étapes de la civilisation française,* Bordas Éditeur, 1978, Paris, p.601

le 19esiècle, le travail à la chaîne a permis de rentabiliser l'industrie, de fabriquer en masse des marchandises autrefois réservées aux privilégiés; mais il a posé aussi des problèmes humains tellement graves que l'on a cherché de nouvelles méthodes pour la rendre plus supportable. Les méfaits du travail à la chaîne qui transforment l'ouvrier en mécanique, sans qu'il puisse apporter à son activité le moindre élément personnel, ont souvent été dénoncés tant par les économistes que par les syndicats, et décriés par les écrivains.... Aujourd'hui, ces emplois sont occupés en majorité par des immigrés, des ouvriers étrangers, sans qualification et ignorant notre langue...[16] (p.602).

...« Après le travail à la chaîne, c'est l'ensemble des processus de fabrication qui entre sous la coupe de l'ordinateur. L'introduction de l'informatique a transformé le fonctionnement de l'administration, des bureaux d'étude et de recherche. En accélérant les opérations qui prenaient naguère des journées de travail à un employé ou à un ingénieur, la cybernétique a permis de mieux organiser et de rentabiliser bien des services, mais pose aussi de graves problèmes de chômage dans certains secteurs. Il semble que le « modèle américain » doive être adapté aux nécessités de la vie française »[17](*idem*, pp.604 et 605). Cette même critique est portée aujourd'hui sur la révolution numérique, responsable de suppression d'emplois, quand bien même elle en crée de nouveaux. On assiste à la numérisation de la société.

Pour Taylor, l'ouvrier n'est pas là pour penser, mais il est formé pour exécuter des gestes déjà mis au point pour lui. Et c'est par *l'imitation* qu'on enseigne des gestes simples: l'ouvrier voit faire, regarde faire, et après il saura faire. Il faut que chaque geste soit simple, pour être transmis simplement à des gens simples, des personnes n'ayant aucune notion du travail industriel. L'ouvrier ne connaît qu'un geste ou un ensemble de gestes. Entraîné et encadré, il sera davantage efficace.

De fait, Fayol et Taylor mettaient au travail des gens sans instruction, généralement des ruraux ou des immigrés, des analphabètes, des personnes qui ne parlaient pas forcément la langue du pays ou la même langue qu'eux. Fayol, par exemple, en Turquie, avait à mettre au travail des paysans, ne parlant pas français comme lui. D'où l'intérêt pour lui de l'enseignement par imitation ; c'est un modèle de style militaire. Il y a une relation entre la forme de l'organigramme élaboré et le niveau

---

[16] Jean Thoraval, *Op.cit.*, p.602

[17] Jean Thoraval, idem, pp.604 et 605

linguistique de la main-d'œuvre qui est sans qualification, un organigramme en pointe, c'est-à-dire très resserré. Par exemple, s'agissant du contremaître encadrant ou formant un certain nombre d'ouvriers, il faudrait un encadreur pour un nombre déterminé et restreint d'ouvriers (un cas: un contremaître pour superviser cinq ouvriers), selon la nature de l'activité.

Il en résulte que le pilotage de chaque organisation doit tenir compte de la mentalité des gens, du stade de développement atteint par le pays, du niveau des compétences linguistiques des populations, singulièrement dans certains pays africains.

Dans l'espace OHADA, il y a véritablement un effort de transposition à faire de tout ce qui précède. Une approche pragmatique s'impose. Thoraval cité plus haut, n'écrivait-il pas, en 1978: « Il semble bien que « le modèle américain » doive donc être adapté aux nécessités de la vie française »[18].

La vraie misère de l'Afrique, c'est l'ignorance, le manque d'instruction. Cette question du niveau linguistique des populations n'est pas secondaire.

Dans la zone OHADA où le taux d'analphabétisme est encore très élevé, les gens du commun parlent très souvent les langues locales ou dialectes, ou très approximativement les langues européennes (français, portugais), un genre de créole, pourrait-on dire. En Côte d'Ivoire, le "*nouchi*", bien que constituant en soi un enrichissement culturel, est le langage de certains jeunes adolescents déscolarisés du pays, compris entre eux seuls, et impliquant de plus en plus des adultes. Il se pourrait qu'on rencontre un problème de communication avec certains travailleurs dans l'entreprise, compte tenu des langues locales, et il conviendrait, dans ces conditions, de préconiser le système de l'enseignement par l'imitation et l'organigramme en pointe, nonobstant les critiques relevées à ce sujet par Thoraval. Il faut s'attacher à former et bien former les ouvriers.

Partout, et aussi longtemps qu'on rencontrera des obstacles, soit la barrière de la langue, soit celle de l'analphabétisme, on aura tout avantage à appliquer, faute de mieux, le système de l'enseignement ou *l'apprentissage par l'imitation*. C'est dire que les différentes situations doivent être examinées et traitées, au cas par cas, dans un esprit pragmatique et de pédagogie graduelle.

---

[18] Jean Thoraval, *Les grandes étapes de la civilisation française*, Bordas Éditeur, 1978, Paris, p.605.

Au demeurant, la formation du personnel, dans toutes ses composantes, constitue un impératif incontournable pour toute entreprise.

Pour ce qui est de ses cadres en particulier, ceux-ci auront avantage à se former de façon continuelle, pour toujours améliorer leur efficacité.

Avec de bons professionnels, une bonne organisation (structuration) et un bon encadrement, l'entreprise se donne toutes les chances de réussite.

Dans l'entreprise, le capital humain et la gestion des ressources financières disponibles sont des facteurs déterminants pour son bon fonctionnement et l'atteinte des objectifs, tant qualitatifs que quantitatifs, qu'elle s'est librement fixés. Et la formation initiale, purement technique ou académique, ne suffit pas à elle seule pour piloter correctement une organisation.

Actuellement, les pays africains, comme tous les autres pays du Sud, s'efforcent de prendre leur envol, d'entrer sur la scène économique, et aspirent profondément à sortir de la pauvreté. Comment donc y parvenir si leurs entreprises et autres organisations ne sont pas en bonne santé financière, ne sont pas bien gérées et rendues compétitives par l'amélioration de leur productivité, et donc capables de créer la dynamique interne nécessaire à la sortie de l'état de pauvreté ?

Le produit intérieur brut (PIB) et la croissance sont des indicateurs certes nécessaires, mais très insuffisants pour mesurer le niveau de prospérité des populations d'un pays. Encore faut-il évaluer l'indice de développement humain (IDH), c'est-à-dire tous les facteurs qui concourent à la réalisation de l'homme intégral, en l'occurrence de tout ce qui le sort du champ de l'animalité pour le porter au seuil de l'humanité. Le développement n'est pas seulement économique, mais suppose un développement intégral, un développement à visage humain. Il y a donc des facteurs à prendre en compte tels que l'emploi, la santé publique, l'alimentation, l'accès à l'eau potable (adduction d'eau, forage de puits, stations de potabilisation de l'eau) et à l'électricité, le logement, l'éclairage public, l'école, la route, le rail, la pratique du bon droit et de la justice sociale, la préoccupation pour les plus faibles, la sécurisation des personnes et des biens, calmer toutes les faims de pain, de respect, de liberté. Toutes ces choses sont indispensables pour le développement intégral, autrement dit le plein développement de l'homme, son épanouissement, dans *un Nouveau Monde de partage et de solidarité.*

Pour cela, les richesses créées par les entreprises et autres organisations qui opèrent dans l'espace OHADA sont déterminantes et participent à la marche de sortie de l'état de pauvreté.

À l'évidence, il y a corrélation entre les variables de la stabilité, de la sécurité, de la croissance et du développement économique des entreprises et autres organisations dans l'espace OHADA et les variants de l'indice de développement de chaque pays.

C'est l'organisation et la mise en œuvre de tous ces éléments qui conduisent à la prospérité et donc à la sortie du champ de la pauvreté.

Cet ouvrage intitulé « pilotage des organisations dans l'espace OHADA » se présente comme une sorte de *vade-mecum*, une aide pouvant éclairer l'action et contribuer à implanter le management au cœur des entreprises et autres organisations qui opèrent dans l'espace OHADA.

Il va sans dire que l'entreprise de ce 21ème siècle ne saurait vivre en vase clos. Elle est ouverte sur le reste du monde, ce monde dans lequel nous vivons et qui vit au rythme des grandes thématiques de notre temps que sont notamment : la croissance inclusive, la mondialisation, le dérèglement climatique, la culture, l'économie verte, la bonne gouvernance, la responsabilité sociétale de l'organisation. La diversité des thématiques passées en revue n'est pas diversion. Elle ramène à la pauvreté qu'il convient de combattre.

Dans un contexte mondialisé, l'entreprise doit être en condition de comprendre son environnement externe et interne. Elle doit être informée de ce qui se passe autour d'elle, afin de lui permettre de mieux concevoir, créer, organiser et conduire ses activités.

Ce livre a quatre parties, divisées en chapitres.

Dans cette étude, après l'introduction, nous avons fait référence, dans la première partie, au classement international 2013 par PIB (PPA) et IDH de 188 pays, réalisé par le Fonds Monétaire International (FMI) et la Banque Mondiale, classement dont on peut tirer des leçons au profit des pays de l'OHADA ; référence également à la culture, au changement climatique, au concept d'entreprise surtout dans le contexte de la mondialisation.

Dans la deuxième partie, nous avons abordé la question de l'organisation interne (structuration) de l'entreprise, de la détermination des objectifs et des stratégies d'action de celle-ci, de la conquête de débouchés commerciaux pour les biens produits par elle. En particulier, dans un monde qui vit un changement, il conviendrait que l'entreprise soit bien organisée, bien structurée (éventuellement restructurée), pour mieux faire face aux défis des temps nouveaux.

Enfin, nos propositions concrètes, notre plan d'action, pour accompagner les entreprises et autres organisations sont exposées dans la troisième partie. Elles occupent sept chapitres. Ici, nous avons tenu à mettre tout particulièrement l'accent sur les éléments de pilotage économique que nous considérons comme indispensables : la statistique, la planification (prévision), la programmation, la budgétisation des actions entreprises, le contrôle de gestion, la direction par objectifs et la charte de gestion.

Dans la quatrième partie du livre, nous avons reproduit des témoignages édifiants que nous avons recueillis pour illustrer, de façon spéciale, deux valeurs fondamentales de l'entreprise : l'autodiscipline et l'esprit de travail.

En terminant cette introduction, nous voudrions indiquer, à l'attention du lecteur, que ce livre voudrait s'adresser en priorité aux entreprises toutes catégories confondues, aux administrations, aux étudiants, aux particuliers, aux décideurs nationaux et internationaux, à tout professionnel, mais aussi à tous les amis du progrès social, en Afrique et ailleurs dans le monde, ce progrès qui rend tellement plus heureux les autres.

Le monde change, l'Afrique aussi.

Souhaitons bon vent aux entreprises et autres organisations de l'espace OHADA, à l'heure de l'épreuve fondamentale de la sortie de la pauvreté, pour le continent, en dépit des pesanteurs socioculturelles, les facteurs-freins de tous genres, les zones de turbulence, les bourrasques et les tempêtes, les soubresauts, les vagues et les vents contraires, choses courantes, toujours surmontables, dans la vie des peuples comme des civilisations. Souhaitons également bon vent à l'OHADA, car des institutions se créent en Afrique, avec de nobles idéaux, mais périclitent au fil du temps, souvent par manque de ressources budgétaires. Bien mieux encore, souhaitons-lui, au-delà de l'espace actuel (17 pays), une vocation continentale, c'est-à-dire, englobant tous les pays africains, sans exception.

Première partie
L'ESPACE OHADA DANS UN MONDE CONCURRENTIEL

Chapitre I
L'IMPORTANCE DU PIB POUR LES PAYS DE L'OHADA

Un classement international des pays du monde a été effectué par le Fonds Monétaire International et la Banque Mondiale, en 2013, classement par PIB (PPA) et PIB par habitant. Ce classement, selon le critère ici choisi, le PIB, n'est pas sans importance pour les pays de l'espace OHADA. Même si les données statistiques datent de 2013, donc anciennes, elles interpellent et enseignent les pays de l'OHADA.

Le PIB et la croissance économique sont certes nécessaires, mais pas suffisants, pour sortir un pays de la pauvreté.

Par ailleurs, le PIB présenté en volume dans le tableau 1 ne traduit pas en soi une variable de bonne gouvernance; est bien plus significatif le PIB par habitant (voir le tableau 2), et mieux encore, le produit national brut (PNB).

Le PIB par habitant apparaît comme un critère plus pertinent de classement des pays, par rapport au PIB en volume. C'est, du reste, ce qui ressort du 2ème tableau où le Luxembourg occupe le 1er rang, suivi de la Norvège, du Qatar, de la Suisse, de l'Australie, du Danemark, de la Suède, de Singapour, des États-Unis, du Canada, etc.

Internet consulté le vendredi 13 mai 2016, en tapant « *liste des pays par PIB en parité de pouvoir d'achat (PPA)* » sur le moteur de recherche *Google*, fournit les tableaux qui suivent plus loin, pour 188 pays des 193 États membres de l'Organisation des Nations Unies.

Le *mini atlas des objectifs de développement pour le Millénaire*[19] donne la définition suivante du PIB : « Produit intérieur brut (PIB) : Valeur ajoutée brute totale fournie par les producteurs résidant dans une économie donnée plus tout impôt sur les produits (déduction faite des subventions) non inclus dans la valeur des produits ».

Autrement dit, le PIB est le total des richesses produites au cours d'une année par l'ensemble des acteurs économiques, nationaux ou internationaux d'un pays.

[19] Éditions ESKA, Éditions SAINT-MARTIN, The World Bank, Washington, D.C, 2005, p.23

Il est par ailleurs très intéressant d'observer que l'indicateur qui permettrait de mesurer l'état de santé économique réel d'un pays, c'est le produit national brut (PNB), défini comme étant la richesse produite pendant une année par les nationaux d'un pays, y compris ceux qui sont à l'extérieur qui rapatrient une partie de leurs richesses dans leur pays d'origine.

Tableau 1 : Classement par PIB (PPA) en 2013

Liste du Fonds monétaire international (2013)			Liste de la Banque mondiale (2005-2013)				Liste de la Banque mondiale (2010)		
Rang	**Pays**	**PIB (en milliards de dollars)**	**Rang**	**Pays**	**PIB (en milliards de dollars)**	**Années**	**Rang**	**Pays**	**PIB (en milliards de dollars)**
	Monde	**101 933,9**						**Monde**	**69 808**
	Union européenne	17 578,9		**Monde**	**101 887**	**2013**		Union européenne	14 793
1	États-Unis	16 768,1	1	États-Unis	16 158	2013	1	États-Unis	14 256
2	Chine	16 149,1	2	Chine	6 774	2013	2	Chine	8 765
3	Inde	6 776,0	3	Inde	4 624	2013	3	Japon	4 159
4	Japon	4 667,6	4	Japon	3 623	2013	4	Inde	3 526
5	Allemagne	3 512,8	5	Russie	3 539	2013	5	Allemagne	2 806
6	Russie	3 491,6	6	Allemagne	3 012	2013	6	Russie	2 164[4]
7	Brésil	3 012,9	7	Brésil	2 437	2013	7	Royaume-Uni	2 139
8	France	2 534,5	8	France					
9	Indonésie	2 389,0	9	Indonésie	2 388	2013			
10	Royaume-Uni	2 320,4	10	Royaume-Uni	2 320	2013	8	France	2 108
			11	Italie	2 052	2013	9	Brésil	2 013
			12	Mexique	2 014	2013	10	Italie	1 740
11	Mexique	2 058,9	13	Corée du Sud	1 664	2013			
							11	Mexique	1 465
12	Italie	2 035,4	14	Arabie Saoudite	1 550	2013	12	Corée du Sud	1 364
13	Corée du Sud	1 697,0	15	Canada	1 520	2013	13	Espagne	1 360
			16	Espagne	1 498	2013			
14	Arabie Saoudite	1 553,1					14	Canada	1 281
			17	19 Turquie	1 422	2013	15	Turquie	1 116
15	Canada	1 518,4	18	Iran	1 207	2013	16	Indonésie	962
16	Espagne	1 488,8	19	Australie	1 007	2013	17	Australie	851
17	Turquie	1 443,5	20	Nigeria	972	2013	18	Iran	827
18	Iran	1 244,3	21	Taiwan	971	2013	19	Taïwan	735
19	Australie	1 052,6	22	Thaïlande	964	2013	20	Pologne	688
20	Nigeria	972,6	23	Argentine	928	2013	21	Pays-Bas	658

Liste du Fonds monétaire international (2013)			Liste de la Banque mondiale (2005-2013)				Liste de la Banque mondiale (2010)		
Rang	**Pays**	**PIB (en milliards de dollars)**	**Rang**	**Pays**	**PIB (en milliards de dollars)**	**Années**	**Rang**	**Pays**	**PIB (en milliards de dollars)**
21	Taiwan	970,9	24	Égypte	910	2013	22	Arabie Saoudite	
22	Thaïlande	964,5	25	Pologne	897	2013			
23	Argentine	927,9	26	Pakistan	856	2013	23	Argentine	572
24	Égypte	909,8	27	Pays-Bas	729	2013	24	Thaïlande	546
25	Pologne	896,8	28	Malaisie	692	2013	25	Afrique du Sud	492
26	Pakistan	835,1	29	Afrique du Sud	662	2013			
27	Pays-Bas	780,3	30	Philippines	643	2013	26	Égypte	442
28	Malaisie	693,6	31	Colombie	598	2013	27	Pakistan	439
29	Afrique du Sud	662,6	32	Venezuela	553	2013	28	Colombie	396
			33	Émirats arabes Unis	534	2012	29	Belgique	389
30	Philippines	643,1					30	Malaisie	384
31	Colombie	602,0	34	Algérie	522	2013	31	Venezuela	358
32	Émirats arabes unis	570,6	35	Iraq	508	2013	32	Suède	341,8
			36	Vietnam	475	2013	33	Grèce	341,6
33	Venezuela	553,3	37	Belgique	452	2013	34	Ukraine	336
34	Algérie	522,6	38	Suisse	434	2013	35	Autriche	328
35	Iraq	499,6	39	Singapour	425	2013	36	Philippines	320
36	Bangladesh	496,0	40	Suède	418	2013	37	Nigeria	315
37	Vietnam	475,0	41	Bangladesh	400	2013	38	Suisse	312
38	Belgique	455,0	42	Ukraine	400	2013	—	Hong Kong Région administrative spéciale de République populaire de Chine	307
39	Suisse	432,0	43	Kazakhstan	395	2013			
40	Singapour	425,3	44	Chili	386	2013			
41	Suède	418,2	—	Hong Kong	382	2013			
42	Chili	395,6	45	Autriche	374	2013			
43	Kazakhstan	395,5	46	Roumanie	372	2013	39	Roumanie	270
44	Ukraine	392,5	47	Pérou	358	2013	40	République tchèque	262
	Hong Kong	382,5							

Liste du Fonds monétaire international (2013)			Liste de la Banque mondiale (2005-2013)				Liste de la Banque mondiale (2010)		
Rang	**Pays**	**PIB (en milliards de dollars)**	**Rang**	**Pays**	**PIB (en milliards de dollars)**	**Années**	**Rang**	**Pays**	**PIB (en milliards de dollars**
			48	Norvège	333	2013	41	Norvège	256
45	Autriche	376,7	49	République tchèque	288	2013	42	Pérou	245
46	Roumanie	371,2					43	Chili	243
47	Pérou	357,6	50	Qatar	286	2013	44	Viêt Nam	240
48	Norvège	328,0	51	Grèce	283	2013	45	Singapour	238
			52	Koweït	278	2012			
49	Qatar	298,4					46	Portugal	235
			53	Portugal	271	2013			
50	République tchèque	287,6					47	Algérie	233
			54	Israël	264	2013			
							48	Bangladesh	224
51	Grèce	278,0	55	Maroc	242	2013			
							49	Israël	206
52	Koweït	275,4	56	Danemark	240	2013			
							50	Danemark	204
53	Portugal	268,8	57	Hongrie	220	2012			
54	Israël	257,5	58	Cuba	212	2011	51	Hongrie	196
55	Maroc	241,7	59	Finlande	208	2013	52	Finlande	190

Liste du Fonds monétaire international (2013)			Liste de la Banque mondiale (2005-2013)				Liste de la Banque mondiale (2010)		
Rang	**Pays**	**PIB (en milliards de dollars)**	**Rang**	**Pays**	**PIB (en milliards de dollars)**	**Années**	**Rang**	**Pays**	**PIB (en milliards de dollars**
							53	Irlande	158
56	Danemark	240,9	60	Sri Lanka	199	2013			
							54	Émirats arabes unis	
57	Hongrie	229,6	61	Irlande	199	2013			
58	Birmanie	221,5	62	Biélorussie	167	2013	55	Kazakhstan	177
59	Finlande	218,3	63	Equateur	165	2013	56	CZ Koweït	137
60	Irlande	213,3	64	Angola	162	2013	57	El Maroc	136
61	Sri Lanka	199,5	65	Azerbaïdjan	161	2013	58	Slovaquie	119
62	Équateur	172,1	66	'Oman	160	2013	59	Biélorussie	118
63	Biélorussie	166,8	67	Ouzbékistan	156	2013	60	Nouvelle-Zélande	115
64	Angola	166,1	68	Nouvelle-Zélande	153	2013			
65	Azerbaïdjan	158,5	69	Slovaquie	137	2013	61	Équateur	10,9
66	Ouzbékistan	156,5	70	Libye	133	2013	62	Angola	106,2
67	Oman	155,6	71	Soudan	128	2013	63	Irak	105
68	Soudan	152,3	72	Éthiopie	127	2013	64	Syrie	94,4
69	Nouvelle-Zélande	150,7	—	*Porto Rico*	127	2012	65	Qatar	94,2
			73	Syrie	122	2012	66	Bulgarie	93
70	Slovaquie	144,0	74	République dominicaine	122	2013	67	Sri Lanka	92
71	République dominicaine	126,8					68	Libye	90
			75	Tunisie	121	2013			
							69	Soudan	87

Liste du Fonds monétaire international (2013)			Liste de la Banque mondiale (2005-2013)				Liste de la Banque mondiale (2010)		
Rang	Pays	PIB (en milliards de dollars)	Rang	Pays	PIB (en milliards de dollars)	Années	Rang	Pays	PIB (en milliards de dollars
72	Éthiopie	126,7	76	Bulgarie	116	2013	70	Croatie	82,2
73	Libye	126,6	77	Guatemala	113	2013	71	Tunisie	82,2
74	Kenya	125,8							
			78	Ghana	103	2013	72	Serbie	79
75	Tunisie	119,7							
			79	Kenya	100	2013	73	République dominicaine	76
76	Bulgarie	119,6	80	Yémen	97	2013			
77	Syrie	115,1	81	Croatie	89	2013	74	Azerbaïdjan	74
78	Guatemala	112,9	82	Serbie	89	2013	75	Ouzbékistan	71
79	Ghana	103,0	83	Tanzanie (Mainland)	85	2013	76	Ethiopie	70
80	Yémen	102,3	—	*Macao*	81	2013	77	Birmanie	68
81	Serbie	89,7	84	Liban	77	2013	78	Guatemala	67
82	Croatie	86,6	85	Jordanie	76	2013	79	Oman	66
83	Tanzanie	84,9	86	Lituanie	73	2012	80	Lituanie	63
84	Liban	77,4	87	Turkménistan	66	2012	81	Kenya	60
85	Jordanie	76,2	88	Panama	64	2012	82	Slovénie	59
86	Lituanie	75,4	89	Costa Rica	64	2012	83	Yémen	55
87	Turkménistan	73,4	90	Uruguay	62	2012	84	Tanzanie	53
88	Panama	71,0	91	Slovénie	57	2012	85	Liban	49
89	Costa Rica	67,6	92	Bolivie	55,4	2012	86	Costa Rica	48

Liste du Fonds monétaire international (2013)			Liste de la Banque mondiale (2005-2013)				Liste de la Banque mondiale (2010)		
Rang	**Pays**	**PIB (en milliards de dollars)**	**Rang**	**Pays**	**PIB (en milliards de dollars)**	**Années**	**Rang**	**Pays**	**PIB (en milliards de dollars**
90	Uruguay	66,8	93	Cameroun	51	2012	87	Salvador	43,5
91	Bolivie	65,4	94	Ouganda	49,1	2012	88	Bolivie	43,4
92	Côte d'Ivoire	65,2	95	Luxembourg	48,6	2012	89	Uruguay	42
93	Cameroun	62,9	96	Salvador	45	2012	90	Cameroun	41
94	Népal	62,4	97	Lettonie	44	2012	91	Luxembourg	40
95	Ouganda	61,9	98	Paraguay	41,0	2012	92	ES Lettonie	38,7
96	Afghanistan	58,8	99	Népal	40,8	2012	93	Panama	38,5
97	Slovénie	58,7	99	Afghanistan	40,7	2011	94	Ouganda	36
g8	Bahreïn	**58,3**	99	**Côte d'Ivoire**	**40,5**	2012	95	Ghana	34
99	Zambie	57,1	100	Cambodge	37	2012	96	Côte d'Ivoire	34
100	Paraguay	54,7	101	Trinité-et-Tobago	35,6	2012	97	Honduras	32
101	République démocratique du Congo	50,5	102	Bosnie-Herzégovine	35,4	2012	98	Népal	31,5
			103	Botswana	34	2012	99	Jordanie	3,1
102	Salvador	49,2	104	Honduras	33	2012	100	Bosnie-Herzégovine	30,3
103	Luxemburg	48,5	105	Estonie	31	2012			
104	Lettonie	46,5	106	Bahreïn	29,89	2010	101	Turkménistan	30
105	Cambodge	46,1	107	Albanie	29,86	2012	102	Paraguay	29

Liste du Fonds monétaire international (2013)			Liste de la Banque mondiale (2005-2013)				Liste de la Banque mondiale (2010)		
Rang	**Pays**	**PIB (en milliards de dollars)**	**Rang**	**Pays**	**PIB (en milliards de dollars)**	**Années**	**Rang**	**Pays**	**PIB (en milliards de dollars**
106	Trinité-et Tobago	40,6	108	République démocratique du Congo	28	2012	103	Cambodge	28
							104	Estonie	27,2
107	Honduras	37,2	109	Chypre	26,72	2012	105	Trinité-et-Tobago	27
108	Herzégovine	37,1							
			110	Sénégal	26,68	2012			
							106	Bahreïn	26,9
109	Estonie	34,4	111	Géorgie	26,63	2012	107	Botswana	26,5
110	Madagascar	32,1	112	Gabon	26,26	2012	108	Chypre	22,7
111	Géorgie	32,1	113	Mozambique	25,81	2012	109	Guinée équatoriale	22,3
112	Gabon	32,1	114	Burkina Faso	24,90	2012			
113	Botswana	31,7	115	Macédoine	24,66	2012	110	Albanie	21,8
114	Sénégal	31,7	116	Nicaragua	24,39	2012	111	Sénégal	21,7
115	Laos	31,6	117	Zambie	24,10	2012	112	Géorgie	21,3
116	Brunei	30,0	118	Guinée équatoriale	22,3	2012	113	Afghanistan	21,3
117	Albanie	29,5	119	Brunei	22,0	2012	114	Gabon	21
118	Nicaragua	28,2	120	Madagascar	21,8	2012	115	Jamaïque	20,9
119	Burkina Faso	27,7	121	Jamaïque	21	2010	116	République démocratique du Congo	20,6

Liste du Fonds monétaire international (2013)			Liste de la Banque mondiale (2005-2013)				Liste de la Banque mondiale (2010)		
Rang	**Pays**	**PIB (en milliards de dollars)**	**Rang**	**Pays**	**PIB (en milliards de dollars)**	**Années**	**Rang**	**Pays**	**PIB (en milliards de dollars**
120	Mozambique	27,0	122	Papouasie-Nouvelle Guinée	20,8	2012			
121	Mongolie	26,8	123	Mauritanie					
					20,2	2012	117	Madagascar	19,7
122	Tchad	26,8							
			124	Arménie	19,7	2012		Brunei	19,6
123	Soudan du Sud	26,1							
			125	Laos	19,4	2012	119	Macédoine	18,8
124	Macédoine	26,1	126	République démocratique du Congo	19,2	2012	120	Arménie	18,7
125	République du Congo	26,1					121	Mozambique	18,6
			127	Tchad	18,6	2012	122	Burkina Faso	17,7
126	Zimbabwe	25,6	128	Mali	18,04	2012	123	Zambie	17,4
127	Guinée équatoriale	25,6	129	Tadjikistan	17,99	2012	124	Nicaragua	16,6
			130	Namibie	16,9	2012	125	Tchad	16,1
128	Chypre	25,3	131	Bénin	15,9	2012	126	Maurice	15,2
129	Mali	25,2	132	Rwanda	15,5	2012	127	Mali	15
130	Jamaïque	23,6	133	Mongolie	15,3	2012	128	République du Congo	14
131	Arménie	23,1	134	Malawi	14,3	2012			

Liste du Fonds monétaire international (2013)			Liste de la Banque mondiale (2005-2013)				Liste de la Banque mondiale (2010)		
Rang	**Pays**	**PIB (en milliards de dollars)**	**Rang**	**Pays**	**PIB (en milliards de dollars)**	**Années**	**Rang**	**Pays**	**PIB (en milliards de dollars**
132	Maurice	22,3	135	Kirghizstan	13,5	2012	129	Laos	13,7
133	Namibie	22,2	136	Haïti	12,5	2012	130	Namibie	13,4
134	Tadjikistan	20,6	137	Guinée	12,24	2012	131	Papouasie-Nouvelle-Guinée	
135	Bénin	18,5	138	Moldavie	12,19	2012			
136	Kirghizistan	18,2	139	Malte	12,14	2012	132	Tadjikistan	13
137	Haïti	17,6	140	Islande	12,0	2012	133	Bénin	13
138	Rwanda	17,4	141	Bahamas	11,8	2012	134	Islande	12
139	Papouasie-Nouvelle-Guinée	16,8	142	Niger	11,4	2012	135	Haïti	11,5
			143	Mauritanie	9,9	2012	136	Kirghizistan	11,5
			144	Monténégro	**9 89**	**2012**			
140	Moldavie	16,6					137	Malawi	11,3
141	Niger	16,3	145	Sierra Leone	8,1	2012	138	Moldavie	10,7
142	Kosovo	16,2	146	Togo	7	2012	139	Guinée	10,3
143	Guinée	14,7	147	Swaziland	6,5	2012	140	Niger	10,1
144	Islande	13,2	148	Burundi	5,5	2012	141	Rwanda	9,9
145	Malta	12,9	149	Bhoutan	5,0	2012	142	Malte	9,8
146	Malawi	12,8	150	Suriname	4,7	2012	143	Mongolie	9,3
147	Mauritanie	11,8	151	Fidji	4,3	2012	144	Bahamas	9,2
148	Sierra Leone	11,7	152	Lesotho	4,0	2012	145	Monténégro	6,9
149	Togo	9,5	153	République centrafricaine	3,9	2012	146	Mauritanie	6,2
150	Timor-Oriental	9,2					147	Swaziland	5,7
			154	Gambie	3,49	2012	148	Togo	5,3
151	Monténégro	9,1	155	Érythrée	3,47	2012	149	Barbade	5,2

Liste du Fonds monétaire international (2013)			Liste de la Banque mondiale (2005-2013)				Liste de la Banque mondiale (2010)		
Rang	Pays	PIB (en milliards de dollars)	Rang	Pays	PIB (en milliards de dollars)	Années	Rang	Pays	PIB (en milliards de dollars
152	Suriname	8,8	156	Maldives	3,07	2012	150	Suriname	4,4
153	Bahamas	8,8	157	Liberia	2,74	2012	151	Sierra Leone	4,2
154	Swaziland	8,4	158	Guyana	2,70	2012	152	Érythrée	3,7
155	Burundi	7,9	159	Djibouti	2,39	2012	153	Fidji	3,6
156	Érythrée	7,6	160	Belize	2,38	2011	154	Bhoutan	3,4
157	Fidji	6,9	161	Seychelles	2,37	2012	155	République centrafricaine	3,2
158	Bhoutan	5,4	162	Cap-Vert	2,19	2012			
159	Lesotho	5,3	163	Timor oriental	2,07	2012	156	Lesotho	3,1
160	Guyana	5,2	164	Sainte-Lucie	2,02	2012	157	Burundi	3
161	Barbade	4,5	165	Guinée-Bissau	1,98	2012	158	Guyana	3
162	Maldives	4,0	166	Antigua-et-Barbuda	1,78	2012	159	Belize	2,5
163	Liberia	3,6	167	Salomon	1,72	2012	160	Timor oriental	2,5
164	Cap-Vert	3,2	168	Saint-Vincent-et-les-Grenadines	1,20	2012	161	Gambie	2,2
165	Gambie	3,1					162	Djibouti	1,8
			169	Grenade	1,142	2012			
166	Belize	2,8					163	Sainte-Lucie	1,8
167	République centrafricaine	2,8	170	Vanuatu	1,139	2012	164	Seychelles	1,8
			171	Saint-Christophe-et-Niévès	0,97	2012	165	Cap-Vert	1,7
168	Djibouti	2,7					166	Maldives	1,7
			172	Dominique	0,91	2012			
169	Guinée-Bissau	2,4						Antigua-et-Barbuda	

Liste du Fonds monétaire international (2013)			Liste de la Banque mondiale (2005-2013)				Liste de la Banque mondiale (2010)		
Rang	**Pays**	**PIB (en milliards de dollars)**	**Rang**	**Pays**	**PIB (en milliards de dollars)**	**Années**	**Rang**	**Pays**	**PIB (en milliards de dollars**
			173	Comores	0,88	2012	167		1,6
170	Seychelles	2,2	174	El Samoa	0,85	2012	168	Liberia	1,4
171	Saint-Marin	1,97	175	Tonga	0,52	2012	169	Grenade	1,1
172	Antigua-et-Barbuda	1,92	176	Micronésie	0,395	2012	170	El Samoa	1,1
			176	Palaos	0,395	2012		Saint-Vincent-et-les	
173	Sainte-Lucie	1,88	178	Sao Tomé-et-Principe	0,35	2012	171		1
174	Grenade	1,21						Grenadines	
175	Saint-Christophe-et-Niévès	1,16	179	Kiribati	0,25	2012	172	Salomon	1
							173	Vanuatu	0,9
176	Vincent-et-les-Grenadines						174	Guinée-Bissau	0,8
	Saint-	1,16							
							175	Comores	0,7
							176	Saint-Christophe-et-Niévès	0,7
177	Comores	1,15							
178	Salomon	1,03							

Liste du Fonds monétaire international (2013)			Liste de la Banque mondiale (2005-2013)				Liste de la Banque mondiale (2010)		
Rang	**Pays**	**PIB (en milliards de dollars)**	**Rang**	**Pays**	**PIB (en milliards de dollars)**	**Années**	**Rang**	**Pays**	**PIB (en milliards de dollars**
179	Samoa	0,96					177	Dominique	0,7
180	Dominique	0,73					178	Kiribati	0,6
181	Vanuatu	0,65					179	Tonga	0,5
182	Sao Tomé-et-Principe	0,57					180	Sao Tomé-et-Principe	0,2
183	Tonga	0,50							
184	Micronésie	0,32							
185	Palaos	0,26							
186	Kiribati	0,17							
187	îles Marshall	0,17							
188	Tuvalu	0,03							

Tableau 2 : Classement des pays par PIB par habitant en 2013

Rang	Pays	PIB en nominal US$ par tête	Année	Rang	Pays	PIB en PPA US$ par tête	Année
1	Luxembourg	112 473	2013	1	Qatar	145 894	2013
2	Norvège	100 579	2013	2	Luxembourg	90 333	2013
3	Qatar	98 986	2013	3	Singapour	78 762	2013
4	Suisse	81 276	2013	4	Brunei	73 823	2013
5	Australie	64 578	2013	5	Koweït	70 785	2013
6	Danemark	59 129	2013	6	Norvège	64 363	2013
7	Suède	58 014	2013	7	Émirats arabes unis	63 181	2013
8	Singapour	55 182	2013	8	Suisse	53 977	2013
9	États-Unis	53 001	2013	9	États-Unis	53 001	2013
10	Canada	52 037	2013	—	Hong Kong	52 984	2013
11	Pays-Bas	50 816	2013	10	Arabie saoudite	51 779	2013
12	Finlande	49 055	2013	11	Bahreïn	49 633	2013
13	Autriche	49 039	2013	12	Pays-Bas	46 440	2013
14	Irlande	48 608	2013	13	Australie	45 138	2013
15	Belgique	45 538	2013	14	Irlande	44 663	2013
16	Islande	45 416	2013	15	Autriche	44 402	2013
17	Koweït	45 189	2013	16	Allemagne	43 475	2013
18	Allemagne	44 999	2013	17	Suède	43 407	2013
19	Émirats arabes unis	44 552	2013	18	Oman	43 304	2013
20	France	44 099	2013	19	Canada	43 253	2013
21	Nouvelle-Zélande	40 516	2013	20	Danemark	43 080	2013
22	Brunei	39 659	2013	21	Taïwan	41 539	2013

Rang	Pays	PIB en nominal US$ par tête	Année	Rang	Pays	PIB en PPA US$ par tête	Année
23	Royaume-Uni	39 372	2013	22	Islande	41 001	2013
24	Japon	38 468	2013	23	Belgique	40 760	2013
—	Hong Kong	37 955	2013	24	Finlande	40 045	2013
25	Israël	36 926	2013	25	France	39 813	2013
26	Italie	34 715	2013	26	Japon	36 654	2013
—	Union européenne	34 632	2013	27	Royaume-Uni	36 208	2013
27	Espagne	29 150	2013	—	Union européenne	34 563	2013
28	Bahreïn	27 926	2013	28	Italie	34 103	2013
29	Corée du Sud	25 975	2013	29	Corée du Sud	33 791	2013
30	Arabie saoudite	24 953	2013	30	Guinée équatoriale	33 767	2013
31	Chypre	24 867	2013	31	Nouvelle-Zélande	33 626	2013
32	Bahamas	23 639	2013	32	Israël	32 717	2013
33	Slovénie	23 317	2013	33	Espagne	31 942	2013
34	Malte	22 892	2013	34	Malte	30 567	2013
35	Grèce	21 857	2013	35	Trinité-et-Tobago	30 197	2013
36	Oman	21 456	2013	36	Chypre	28 748	2013
37	Portugal	20 995	2013	37	Slovénie	28 512	2013
38	Taïwan	20 925	2013	38	République tchèque	27 347	2013
39	Trinité-et-Tobago	20 622	2013	39	Slovaquie	26 616	2013
40	Guinée équatoriale	20 605	2013	40	Estonie	26 052	2013
41	République tchèque	18 871	2013	41	Portugal	25 643	2013

Rang	Pays	PIB en nominal US$ par tête	Année	Rang	Pays	PIB en PPA US$ par tête	Année
42	Estonie	18 852	2013	42	Lituanie	25 374	2013
43	Slovaquie	17 706	2013	43	Grèce	25 126	2013
44	Uruguay	16 421	2013	44	Bahamas	24 648	2013
45	Chili	15 776	2013	45	Russie	24 298	2013
46	Lituanie	15 649	2013	46	Seychelles	23 532	2013
47	Lettonie	15 187	2013	47	Pologne	23 273	2013
48	Barbade	15 173	2013	48	Hongrie	23 236	2013
49	Seychelles	14 918	2013	49	Malaisie	23 160	2013
50	Argentine	14 709	2013	50	Kazakhstan	23 038	2013
51	Russie	14 591	2013	51	Lettonie	22 832	2013
52	Palaos	14 022	2013	52	Chili	22 534	2013
53	Antigua-et-Barbuda	13 734	2013	53	Argentine	22 363	2013
54	Kazakhstan	13 509	2013	54	Antigua-et-Barbuda	21 967	2013
55	Pologne	13 435	2013	55	Libye	20 681	2013
56	Croatie	13 401	2013	56	Gabon	20 520	2013
57	Hongrie	13 388	2013	57	Croatie	20 222	2013
58	Gabon	12 326	2013	58	Uruguay	19 679	2013
59	Brésil	11 173	2013	59	Panama	19 080	2013
60	Panama	10 876	2013	60	Turquie	18 874	2013
61	Turquie	10 721	2013	61	Venezuela	18 453	2013
62	Libye	10 702	2013	62	Biélorussie	17 623	2013
63	Mexique	10 650	2013	63	Roumanie	17 440	2013
64	Costa Rica	10 528	2013	64	Mexique	17 390	2013
65	Malaisie	10 457	2013	65	Liban	17 326	2013
66	Liban	10 077	2013	66	Maurice	17 118	2013
67	Suriname	9 206	2013	67	Azerbaïdjan	17 028	2013

Rang	Pays	PIB en nominal US$ par tête	Année	Rang	Pays	PIB en PPA US$ par tête	Année
68	Maurice	9 165	2013	68	Bulgarie	16 518	2013
69	Roumanie	8 874	2013	69	Iran	16 165	2013
70	Colombie	8 031	2013	70	Suriname	16 080	2013
71	Azerbaïdjan	7 900	2013	71	Barbade	16 015	2013
72	Sainte-Lucie	7 888	2013	72	Botswana	15 241	2013
73	Grenade	7 697	2013	73	Palaos	15 005	2013
74	Biélorussie	7 577	2013	74	Brésil	14 987	2013
75	Venezuela	7 576	2013	75	Monténégro	14 666	2013
76	Bulgarie	7 328	2013	76	Irak	14 367	2013
77	Turkménistan	7 157	2013	77	Costa Rica	14 344	2013
78	Botswana	7 120	2013	78	Thaïlande	14 136	2013
79	Monténégro	7 112	2013	79	Algérie	13 788	2013
80	Dominique	7 031	2013	80	Turkménistan	12 863	2013
81	Chine	6 959	2013	81	Colombie	12 776	2013
82	Maldives	6 686	2013	82	Macédoine	12 587	2013
83	Afrique du Sud	6 621	2013	83	Afrique du Sud	12 507	2013
84	Irak	6 594	2013	84	Serbie	12 465	2013
85	Saint-Vincent-et-les-Grenadines	6 563	2013	85	République dominicaine	12 173	2013
86	Pérou	6 541	2013	86	Maldives	11 903	2013
87	Angola	5 964	2013	87	Chine	11 868	2013
88	Équateur	5 943	2013	88	Jordanie	11 639	2013
89	Serbie	5 902	2013	89	Pérou	11 557	2013

Rang	Pays	PIB en nominal US$ par tête	Année	Rang	Pays	PIB en PPA US$ par tête	Année
90	République dominicaine	5 882	2013	90	Grenade	11 481	2013
91	Thaïlande	5 676	2013	91	Sainte-Lucie	11 150	2013
92	Namibie	5 636	2013	92	Tunisie	10 998	2013
93	Algérie	5 606	2013	93	Équateur	10 908	2013
94	Jordanie	5 174	2013	94	Égypte	10 870	2013
95	Jamaïque	5 100	2013	95	Albanie	10 596	2013
96	Macédoine	4 931	2013	96	Saint-Vincent-et-les-Grenadines	10 560	2013
97	Iran	4 769	2013	97	Dominique	10 372	2013
98	Bosnie-Herzégovine	4 620	2013	98	Namibie	10 234	2013
99	Belize	4 619	2013	99	Indonésie	9 635	2013
100	Fidji	4 578	2013	100	Sri Lanka	9 583	2013
101	Tonga	4 572	2013	101	Bosnie-Herzégovine	9 563	2013
102	Albanie	4 565	2013	102	Mongolie	9 293	2013
103	Tunisie	4 317	2013	103	Ukraine	8 651	2013
104	Paraguay	4 281	2013	104	Jamaïque	8 487	2013
105	Samoa	4 165	2013	105	Paraguay	8 064	2013
106	Timor oriental	4 142	2013	106	Belize	8 014	2013
107	Mongolie	3 996	2013	107	Angola	7 978	2013
108	Ukraine	3 930	2013	108	Fidji	7 838	2013
109	El Salvador	3 835	2013	109	El Salvador	7 783	2013
110	Guyana	3 755	2013	110	Timor	7 678	2013
111	Cap-Vert	3 633	2013	111	Swaziland	7 646	2013
112	Georgia	3 597	2013	112	Maroc	7 356	2013

Rang	Pays	PIB en nominal US$ par tête	Année	Rang	Pays	PIB en PPA US$ par tête	Année
113	Maroc	3 575	2013	113	Guatemala	7 290	2013
114	Indonésie	3 510	2013	114	Bhoutan	7 197	2013
115	Guatemala	3 475	2013	115	Géorgie	7 156	2013
116	Swaziland	3 473	2013	116	Arménie	7 034	2013
117	Égypte	3 243	2013	117	Philippines	6 597	2013
118	Îles Marshall	3 236	2013	118	Guyana	6 573	2013
119	Congo	3 223	2013	119	Cap-Vert	6 248	2013
120	Micronésie	3 215	2013	120	Congo	6 232	2013
121	Sri Lanka	3 204	2013	121	Bolivie	5 928	2013
122	Arménie	3 173	2013	122	Nigéria	5 746	2013
123	Tuvalu	3 160	2013	123	Inde	5 450	2013
124	Nigeria	3 082	2013	124	Vietnam	5 295	2013
125	Vanuatu	2 996	2013	125	Ouzbékistan	5 176	2013
126	Bolivie	2 793	2013	126	Samoa	5 041	2013
127	Philippines	2 791	2013	127	Tonga	4 856	2013
128	Bhoutan	2 633	2013	128	Moldavie	4 666	2013
129	Honduras	2 283	2013	129	Laos	4 666	2013
130	Moldavie	2 239	2013	130	Nicaragua	4 593	2013
131	Papouasie-Nouvelle-Guinée	2 098	2013	131	Honduras	4 592	2013
132	Soudan	1 941	2013	132	Pakistan	4 574	2013
133	Îles Salomon	1 936	2013	133	Soudan	4 429	2013
134	Vietnam	1 902	2013	134	Birmanie	4 345	2013
135	Ouzbékistan	1 878	2013	135	Ghana	4 029	2013

Rang	Pays	PIB en nominal US$ par tête	Année	Rang	Pays	PIB en PPA US$ par tête	Année
136	Ghana	1 871	2013	136	Zambie	3 926	2013
137	Zambie	1 845	2013	137	Yémen	3 838	2013
138	Nicaragua	1 831	2013	138	Kirghizistan	3 230	2013
139	São Tomé-et-Principe	1 625	2013	139	Mauritanie	3 187	2013
140	Laos	1 594	2013	140	Tuvalu	3 168	2013
141	Djibouti	1 593	2013	141	Bangladesh	3 167	2013
142	Kiribati	1 546	2013	142	Îles Marshall	3 128	2013
143	Yémen	1 516	2013	143	Micronésie	3 127	2013
144	Inde	1 509	2013	144	Cambodge	3 056	2013
145	Côte d'Ivoire	1 332	2013	145	Kenya	3 009	2013
146	Cameroun	1 331	2013	146	São Tomé-et-Principe	2 999	2013
147	Kenya	1 316	2013	147	Djibouti	2 916	2013
148	Soudan du Sud	1 289	2013	148	Cameroun	2 861	2013
149	Kirghizistan	1 280	2013	149	Lesotho	2 765	2013
150	Pakistan	1 275	2013	150	Côte d'Ivoire	2 710	2013
151	Tchad	1 218	2013	151	Tadjikistan	2 536	2013
152	Lesotho	1 190	2013	152	Vanuatu	2 449	2013
153	Mauritanie	1 128	2013	153	Tchad	2 432	2013
154	Myanmar	1 113	2013	154	Soudan du Sud	2 401	2013
155	Sénégal	1 048	2013	155	Papouasie-Nouvelle-Guinée	2 290	2013
156	Tadjikistan	1 045	2013	156	Népal	2 245	2013
157	Bangladesh	1 033	2013	157	Sénégal	2 243	2013

Rang	Pays	PIB en nominal US$ par tête	Année	Rang	Pays	PIB en PPA US$ par tête	Année
158	Cambodge	1 028	2013	158	Zimbabwe	1 954	2013
159	Zimbabwe	1 007	2013	159	Afghanistan	1 924	2013
160	Comores	928	2013	160	Sierra Leone	1 924	2013
161	Haïti	820	2013	161	Tanzanie	1 834	2013
162	Sierra Leone	805	2013	162	Îles Salomon	1 829	2013
163	Bénin	805	2013	163	Bénin	1 793	2013
164	Tanzanie	719	2013	164	Haïti	1 703	2013
165	Burkina Faso	711	2013	165	Ouganda	1 681	2013
166	Rwanda	704	2013	166	Gambie	1 642	2013
167	Népal	692	2013	167	Burkina Faso	1 638	2013
168	Afghanistan	679	2013	168	Comores	1 617	2013
169	Mali	646	2013	169	Rwanda	1 608	2013
170	Togo	637	2013	170	Kiribati	1 562	2013
171	Ouganda	623	2013	171	Mali	1 493	2013
172	Mozambique	593	2013	172	Éthiopie	1 427	2013
173	Guinée-Bissau	567	2013	173	Guinée-Bissau	1 411	2013
174	Guinée	560	2013	174	Madagascar	1 398	2013
175	Érythrée	544	2013	175	Togo	1 390	2013
176	Éthiopie	518	2013	176	Guinée	1 321	2013
177	Liberia	479	2013	177	Érythrée	1 197	2013
178	Madagascar	463	2013	178	Mozambique	1 046	2013
179	Gambie	453	2013	179	Niger	984	2013
180	Niger	447	2013	180	Liberia	887	2013

Rang	Pays	PIB en nominal US$ par tête	Année	Rang	Pays	PIB en PPA US$ par tête	Année
181	République démocratique du Congo	388	2013	181	Burundi	877	2013
182	République centrafricaine	334	2013	182	Malawi	748	2013
183	Burundi	303	2013	183	République démocratique du Congo	655	2013
184	Malawi	223	2013	184	République centrafricaine	604	2013

Tableau 3 : Classement par IDH en 2013 (publié en 2014 par le PNUD)

3.1. IDH très élevé, 2013

Rang		Pays	IDH		Rang		Pays	IDH	
Données 2013	Variation de rang par rapport à 2012		Données 2013	Variation par rapport à 2012	Données 2013	Variation de rang par rapport à 2012		Données 2013	Variation par rapport à 2012
					26		Italie	0.872	0.000
1		Norvège	0.944	0.001	27		Espagne	0.869	0.000
2		Australie	0.933	0.002	28		République tchèque	0.861	0.000
3		Suisse	0.917	0.001					
4		Pays-Bas	0.915	0.000	29		Grèce	0.853	0.001
5		États-Unis	0.914	0.002	30		Brunei	0.852	0.000
6		Allemagne	0.911	0.000	31		Qatar	0.851	0.001
7		Nouvelle-Zélande	0.910	0.002	32		Chypre	0.845	0.003
					33		Estonie	0.840	0.001
8		Canada	0.902	0.001	34		Arabie Saoudite	0.836	0.003
9	(3)	Singapour	0.901	0.002					
10	(5)	Danemark	0.900	0.001	35		Lituanie	0.834	0.003
11	(3)	Irlande	0.899	0.002	35	(1)	Pologne	0.834	0.001
12	(1)	Suède	0.898	0.001	37		Andorre	0.830	0.000
13		Islande	0.895	0.002	37	(1)	Slovaquie	0.830	0.001
14		Royaume-Uni	0.892	0.002	39		Malte	0.829	0.002
15		Hong Kong	0.891	0.002	40		Émirats Arabes unis	0.827	0.002
15	(1)	Corée du Sud	0.891	0.003					
17	(1)	Japon	0.890	0.002	41		Chili	0.822	0.003
18	(2)	Liechtenstein	0.889	0.001	41		Portugal	0.822	0.000
19		Israël	0.888	0.002	43		Hongrie	0.818	0.001
20		France	0.884	0.000	44		Bahreïn	0.815	0.002
21		Autriche	0.881	0.001	44		Cuba	0.815	0.002
21		Belgique	0.881	0.001	46	(2)	Koweït	0.814	0.001
21		Luxembourg	0.881	0.001	47		Croatie	0.812	0.000
24		Finlande	0.879	0.000	48		Lettonie	0.810	0.002
25		Slovénie	0.874	0.000	49		Argentine	0.808	0.002

Rang		Pays	IDH		Rang		Pays	IDH	
Données 2013	Variation de rang par rapport à 2012		Données 2013	Variation par rapport à 2012	Données 2013	Variation de rang par rapport à 2012		Données 2013	Variation par rapport à 2012
50	(2)	Uruguay	0.790	0.003	77	(1)	Serbie	0.745	0.002
51		Bahamas	0.789	0.001	79	(1)	Brésil	0.744	0.002
51	(1)	Monténégro	0.789	0.002	79	(2)	Géorgie	0.744	0.003
53		Biélorussie	0.786	0.001	79	(1)	Grenade	0.744	0.001
54		Roumanie	0.785	0.003	82		Pérou	0.737	0.003
55	(5)	Libye	0.784 (Changement radical d'IDH dû à la révolution libyenne)	0.005	83		Ukraine	0.734	0.001
					84		Belize	0.732	0.001
					84	(1)	Macédoine	0.732	0.002
					86		Bosnie-Herzégovine	0.731	0.002
56		Oman	0.783	0.002	87		Arménie	0.730	0.002
57		Russie	0.778	0.001	88		Fidji	0.724	0.002
58		Bulgarie	0.777	0.001	89		Thaïlande	0.722	0.002
59	(1)	Barbade	0.776	0.000	90		Tunisie	0.721	0.002
60		Palaos	0.775	0.002	91	(2)	Chine	0.719	0.004
61	(1)	Antigua-et-Barbuda	0.774	0.001	91		Saint-Vincent-et-les Grenadines	0.719	0.002
62		Malaisie	0.773	0.008					
63		Maurice	0.771	0.002	93		Algérie	0.717	0.002
64		Trinité-et-Tobago	0.766	0.001	93	(1)	Dominique	0.717	0.001
					95	(2)	Albanie	0.716	0.002
65		Liban	0.765	0.001	96	(3)	Jamaïque	0.715	0.000
65	(2)	Panama	0.765	0.004	97	(4)	Sainte-Lucie	0.005	0.005
67	(1)	Venezuela	0.764	0.001					
68	(1)	Costa Rica	0.763	0.002	98		Colombie	0.711	0.003
69		Turquie	0.759	0.003	98		Équateur	0.711	0.003
70		Kazakhstan	0.757	0.002	100	(1)	Suriname	0.705	0.003
71	(1)	Mexique	0.756	0.001	100		Tonga	0.705	0.001
71	(1)	Seychelles	0.756	0.001	102		République dominicaine	0.700	0.009
73		Saint-Christophe-et-Niévès	0.750	0.001					
73	(2)	Sri Lanka	0.750	0.005					
75	(2)	Iran	0.749	0.000					
76	(1)	Azerbaïdjan	0.747	0.002					

3.2. Classement de l'IDH des pays africains en 2013

Rang Afrique	Pays	Rang mondial
1	Maurice	63
2	Seychelles	64
3	Algérie	83
4	Libye	94
5	Tunisie	96
6	Botswana	106
7	Égypte	108
8	Gabon	110
9	Afrique du Sud	116
10	Cap-Vert	122
11	Maroc	126
12	Namibie	126
13	Congo	136
14	Guinée équatoriale	138
15	Zambie	139
16	Ghana	140
17	Sao Tomé-et-Principe	143
18	Kenya	145
19	Angola	149
20	Swaziland	150
21	Tanzanie	151
22	Nigeria	152
23	Cameroun	153
24	Madagascar	154
25	Zimbabwe	155
26	Mauritanie	156
27	Comores	159
28	Lesotho	161
29	Togo	162
30	Rwanda	163

Rang Afrique	Pays	Rang mondial
31	Ouganda	163
32	Bénin	166
33	Soudan	167
34	Djibouti	168
35	Soudan du Sud	169
36	Sénégal	170
37	Côte d'Ivoire	172
38	Malawi	173
39	Éthiopie	174
40	Gambie	175
41	Congo (RDC)	176
42	Libéria	177
43	Guinée-Bissau	178
44	Mali	179
45	Mozambique	180
46	Sierra Leone	181
47	Guinée	182
48	Burkina Faso	183
49	Burundi	184
50	Tchad	185
51	'Érythrée	186
52	Rép. Centrafricaine	187
53	Niger	188

Remarque : Dans le tableau ci-dessus, seul le rang (rang Afrique et rang mondial) est indiqué, sans le chiffre de l'IDH correspondant pour chacun des pays, et ce, à la date de consultation du site sur l'*internet*, c'est-à-dire le 13/5/2016.

Tableau 4 : L'importance du PIB pour les pays de l'OHADA

À partir des tableaux 1 et 2 précédents, nous établissons le tableau ci-après, qui indique la place occupée par les 17 pays de l'OHADA dans le classement international par PIB.

Pays	Rang mondial	PIB en volume (en milliards de dollars)	Rang mondial	PIB/ Habitant (en dollars)
Bénin	135	18,5	163	805
Burkina-Faso	119	27,7	165	711
Cameroun	93	62,9	146	1331
Centrafrique	167	2,8	182	334
Comores	177	1,15	158	928
Congo	125	26,1	119	3223
Côte d'Ivoire	92	65,2	145	1332
Gabon	112	32,1	58	12326
Guinée-Conakry	143	14,7	174	560
Guinée-Bissau	169	2,4	173	567
Guinée équatoriale	127	25,6	40	20605
Mali	129	25,2	169	646
Niger	141	16,3	178	447
République Démocratique du Congo	101	50,5	181	368
Sénégal	114	31,7	155	1048
Tchad	122	26,8	155	1218
Togo	149	9,5	170	637

Il ressort de ce tableau, pour ce qui concerne le PIB en volume, que les cinq pays de l'OHADA les mieux placés au sein de l'OHADA sont, et par ordre décroissant: la Côte d'Ivoire, le Cameroun, la RDC, le Gabon et le Congo. De même, les 17 pays de l'OHADA représentent, d'après ce tableau 0,43% du PIB mondial. En revanche, au niveau du PIB par tête, les cinq pays les mieux placés dans l'OHADA sont, par ordre décroissant : la Guinée équatoriale, le Gabon, le Congo, la Côte d'Ivoire et le Cameroun. Il apparaît également que la Guinée équatoriale occupe la 40ème place au classement mondial, devançant la Russie (51ème), le Brésil (59ème), la Chine (81ème) et l'Inde (144ème), les quatre pays dits émergents.

Au regard de ce classement (voir tableaux précédents) réalisé d'après le PIB en volume, calculé en termes de Parité de Pouvoir d'Achat (PPA), les 188 pays considérés peuvent être répartis en trois groupes principaux :

-Le groupe du peloton de tête (à PIB élevé) : ce sont les pays allant de la 1ère à sensiblement la 62ème place. Ils occupent la tête du classement ;

- Le groupe du peloton du milieu (à PIB intermédiaire) : sensiblement de la 63ème à la 125ème place ;

- Le groupe du peloton de la queue (à PIB faible) : de la 126ème à la 188ème place.

Cette répartition en trois groupes est aussi valable pour le *PIB par habitant*.

Il est curieux de constater qu'en termes de PIB (en volume), le Japon (4ème), l'Allemagne (5ème), la Russie (6ème) sont devancés par la Chine continentale (2ème) et l'Inde (3ème). Ces deux derniers pays et le Brésil (7ème) passent également avant la France (classée 8ème), le Royaume-Uni (10ème), l'Italie (12ème), le Canada (15ème), l'Espagne (16ème), l'Iran (18ème), l'Autriche (19ème). À l'exception des États-Unis qui occupent la première place, il apparaît, dans le haut du tableau, que la Chine, l'Inde, la Russie et le Brésil qui constituent les BRIC, les quatre pays dits émergents, devancent de grands pays comme la France (8ème), le Royaume-Uni (10ème), l'Italie (12ème), le Canada (15ème), l'Espagne (16ème), les Pays-Bas (27ème), la Belgique (38ème), la Suisse (39ème), etc. Les États-Unis sont talonnés par la Chine et l'Inde ; le Japon et l'Allemagne sont suivis par la Russie et le Brésil.

Notons, en passant, que quand on ajoute aux BRIC l'Afrique du Sud (29ème) pour faire les BRICS, « les BRICS représentent un cinquième des richesses mondiales pour deux cinquièmes de la population en 2013 »[20]. L'Afrique du Sud est la 2ème économie du continent.

Le Nigéria (20ème) et l'Égypte (24ème), les deux premières puissances du continent africain, devancent les Pays-Bas (27ème). Ces deux pays africains et l'Afrique du Sud (29ème) passent avant la Belgique (38ème), la Suisse (39ème), la Suède (41ème), l'Autriche (45ème), la Roumanie (46ème), la Norvège (48ème), la Grèce (51ème), le Portugal

---

[20] *Revue Afrique contemporaine*, Agence Française de développement 2013-4, Dossier les BRICS en Afrique, p.15.

(53ème), le Danemark (56ème), l'Irlande (60ème), qui sont tous des pays du « Nord ».

Ces données du Fonds Monétaire International et de la Banque Mondiale, fort intéressantes, ont vraiment de quoi surprendre, et aussi de quoi déconstruire certaines idées reçues.

Mais, quand des pays du « Sud » (Nigéria, Égypte, Afrique du Sud) dépassent largement en performances économiques des pays du « Nord », on peut se demander ce que valent alors les concepts de « pays du Nord », « pays du Sud ». Ces notions apparaissent imprécises et favorisent un amalgame entre des pays qui peuvent être très différents. Par exemple, les pays du « Sud » ne sont pas plate uniformité, ceux du « Nord », non plus. Peut-être y aurait-il alors nécessité d'une terminologie plus précise, d'une classification mieux adaptée, appropriée, qui ne cache pas de grandes disparités ?

On retient, en tout cas, de ce classement que le « Sud » est pluriel ; et le « Nord » aussi.

Nous référant encore à ce classement réalisé par le FMI et la Banque Mondiale, on constate que huit pays de l'OHADA sont du peloton du milieu. Ce sont la Côte d'Ivoire (92ème), le Cameroun (93ème), la République Démocratique du Congo (101ème), le Gabon (112ème), le Sénégal (114ème), le Burkina Faso (119ème), le Tchad (122ème) et le Congo (125ème).

Les neuf autres pays de l'OHADA sont dans le peloton de la queue.

Mais le PIB (la richesse nationale), indicateur de performance, n'est pas en lui-même suffisamment significatif. Le PIB et sa croissance ont pour finalité l'amélioration de la qualité de vie des habitants d'un pays donné. L'homme demeure le destinataire, le but du PIB. C'est dire que le PIB ne saurait être une fin en soi. Il faut en connaître l'impact social.

Pour ce qui concerne le PIB par habitant, le tableau indique que seuls deux pays membres de l'OHADA, la Guinée équatoriale (40ème) et le Gabon (58ème) sont dans le peloton de tête, un seul pays, le Congo (119ème), dans le peloton de milieu, et les quatorze autres, dans le peloton de la queue.

En tout état de cause, PIB et volet social forment un tout, sont indissociables : le premier doit avoir un impact sur le second. Le développement social doit être corrélé au PIB ou à son taux de croissance : le niveau de vie des populations doit épouser les courbes de la croissance. Seule une croissance inclusive, c'est-à-dire dont les populations perçoivent les retombées, peut sauver le monde de la pauvreté, précisément de la misère matérielle et de l'ignorance. D'où l'intérêt de l'indice de développement humain (IDH).

Pour rappel, l'indice de développement humain (IDH) a été créé en 1990 par le Programme des Nations Unies pour le développement (PNUD), pour permettre de mesurer le niveau de la qualité de vie des habitants d'un pays.

Le PNUD en donne la définition suivante : « Le développement humain ... processus d'élargissement des choix des individus et du niveau de bien-être des populations.... Ces choix concernent les capacités des individus à vivre longtemps et en bonne santé, à être instruits, à avoir des ressources par jour d'un niveau de vie raisonnable, de disposer de la liberté politique, de la jouissance des droits de l'homme et de l'estime de soi »[21]. « Conscient que la mesure de la croissance reposant uniquement sur la production de biens matériels ne rend pas compte de l'évolution du sort des populations, le PNUD a élaboré un indicateur intégrant un ensemble de données sociales (...) calculé sur l'ensemble de la population »[22].

En termes de PIB, le classement FMI-Banque Mondiale a fait apparaître assez clairement que les quatre pays émergents (Brésil, Russie, Inde, Chine) ont dépassé la France, le Royaume-Uni, l'Italie et le Canada.

On reste tout aussi surpris de constater que s'agissant de l'IDH, un des quatre pays émergents, en l'occurrence l'Inde (3ème au classement en PIB en volume), est marqué par une pauvreté encore importante (IDH bas, 130ème place au classement mondial). Cela voudrait donc dire que si on n'y prend garde, la pauvreté peut exister dans un pays dit émergent.

Dès lors, l'IDH apparaît comme de la valeur ajoutée ; il permet d'apprécier l'effort social, l'impact social du PIB correspondant, dans une économie donnée. Le PIB est déconnecté des réalités sociales lorsqu'il n'est pas en phase avec l'IDH, pourrait-on dire aussi. Autrement dit, le PIB a pour finalité les retombées sociales. De même, la croissance n'a pas pour seul but d'attirer les investisseurs.

Au niveau mondial, en matière d'IDH, sur 188 pays, la Norvège, l'Australie et la Suisse occupent en 2013 les 3 premières marches du

---

[21] PNUD, *Tendances et cartographie du développement humain en Côte d'Ivoire*, 4ème trimestre 2013, 80p., p. 1, in *Avant-propos ; www.ci.undp.org.*

[22] Pierre Bezbakh et Sophie Gherardi, *Dictionnaire de l'économie*, Édition Larousse, 2008, Paris, p.359.

podium, les USA sont 5ème, la France 20ème, la Russie 57ème, le Brésil 79ème, la Chine 91ème et l'Inde 130ème.

Le tableau de synthèse PIB-IDH, ci-après, dressé à partir des données PIB extraites du classement international FMI-Banque Mondiale de 2013 de 188 pays du monde, et du classement mondial PNUD 2013 de l'indice de développement humain (IDH) des pays africains fait le point de la situation dans les pays de l'espace OHADA (voir page suivante).

Pays	Rang mondial	PIB 2013 (en milliards de dollars)	IDH 2013 Rang mondial
Bénin	135	18,5	165
Burkina Faso	119	27,7	181
Cameroun	93	62,9	152
Centrafrique	167	2,8	185
Comores	177	1,15	159
Congo	125	26,1	140
Côte d'Ivoire	92	65,2	171
Gabon	112	32,1	112
Guinée	143	14,7	179
Guinée-Bissau	169	2,4	177
Guinée équatoriale	127	25,6	144
Mali	129	25,2	176
Niger	141	16,3	187
République Démocratique du Congo	101	50,5	176
Sénégal	114	31,7	163
Tchad	122	26,8	184
Togo	149	9,5	166

D'après ce tableau, le Gabon a le meilleur IDH, parmi les 17 pays de l'OHADA qui sont tous dans le peloton de la queue, en IDH. Suivent ensuite, et dans l'ordre décroissant : Congo (140ème), Guinée équatoriale (144ème), Cameroun (152ème), Comores (159ème), Sénégal (163ème), Bénin (165ème), Togo (166ème), Côte d'Ivoire (171ème), Mali (176ème), Réplique Démocratique du Congo (ex aequo: 176ème), Guinée-Bissau (177ème), Guinée (179ème), Burkina Faso (181ème), Tchad (184ème), Centrafrique (185ème), Niger (187ème). On relève, en passant, que c'est le même rang occupé par le Gabon, en PIB et IDH : 112ème.

En 2015, la Commission économique pour l'Afrique des Nations Unies a élaboré "l'indice africain de développement social", pour « Mesurer l'exclusion humaine dans une optique de transformation structurelle », et dont le « résumé analytique » est le suivant :

«Malgré une économie en croissance rapide et soutenue depuis deux décennies, l'Afrique n'est pas encore parvenue à transformer ses progrès économiques en progrès sociaux. De graves inégalités persistent dans de nombreux pays tandis que la croissance n'a pas été suffisamment inclusive ni équitable pour toutes les catégories de populations. L'exclusion de nombreuses personnes du processus de développement est ainsi devenue l'un des défis de développement de l'Afrique de demain. La transformation du continent ne sera réussie et durable que si elle est inclusive, en permettant à chaque personne de contribuer à la croissance, d'en bénéficier, et de participer activement au développement socioéconomique.

« L'élaboration d'un indice permettant de mesurer l'exclusion en Afrique répond à une demande des États membres qui souhaitaient disposer d'un outil africain pouvant rendre compte des défis sociaux spécifiques auxquels le continent fait face actuellement, et les aider à concevoir des politiques plus inclusives et plus équitables. L'Indice africain de développement social repose sur l'idée que le développement social doit se traduire par l'amélioration des conditions de vie des populations. En adoptant une approche fondée sur le cycle de vie, l'indice mesure les niveaux de l'exclusion humaine dans six dimensions essentielles du bien-être: la survie, la santé, l'éducation, l'emploi, les moyens de subsistance et la vie décente. Une de ses caractéristiques principales est qu'il offre des éléments de mesure dans le temps et qu'il peut être différencié par sexe et situation géographique, ce qui permet de rendre compte des types d'exclusion et d'inégalités à l'œuvre au sein des pays et parmi les différents groupes de population.

« L'indice a été mis au point pour les États membres africains, et en collaboration avec eux, en suivant un processus d'intenses consultations et en tenant compte des défis sociaux actuels et futurs de l'Afrique. C'est un outil simple et intuitif dont les pays africains peuvent se servir pour suivre et améliorer l'efficacité de leurs politiques sociales.

« Les résultats produits par l'indice serviront à cartographier et à évaluer les effets des politiques sociales sur la réduction de l'exclusion humaine, conformément à l'aspiration que nourrit l'Afrique de réaliser un développement inclusif et durable et de «ne laisser personne de côté», comme le prévoit l'Agenda 2063 et le Programme de développement durable à l'horizon 2030»[23].

« La société inclusive a été définie comme étant « une société pour tous, où chaque individu a des droits, des responsabilités et un rôle actif à jouer ». Elle est basée sur les valeurs fondamentales d'équité, de justice et de respect des droits humains et des libertés fondamentales. Elle doit également disposer de mécanismes permettant à ses administrés de prendre part aux processus décisionnels qui affectent leurs vies et façonnent leur avenir commun »[24].

L'amélioration de l'IDH et/ou de l'IADS, dans un pays, va favoriser sa cohésion sociale (la vie en commun des habitants) et sa stabilité politique. L'IDH est un instrument d'unité nationale. Ne dit-on pas que la paix civile précède le développement ? Pour se développer, les pays africains ont besoin d'un climat de paix.

De toute cette analyse, il apparaît que le PIB trouve sa finalité, son but, dans l'IDH. C'est dire que dans le principe, il n'y a pas d'opposition ni de séparation entre PIB et IDH ; il y a même complémentarité entre les deux. C'est seulement lorsque le PIB se trouve, éloigné de son objectif qui est l'IDH, qu'il pourrait y avoir problème.

Quand le PIB ne tient pas compte de l'IDH, il reste vide. Le progrès social c'est cette chose qui rend plus heureux les autres ; c'est agir en faveur des plus défavorisés.

---

[23] Nations Unies, Commission économique pour l'Afrique, *Indice africain de développement social (IADS)*, publication février 2016, p. V, Addis-Abeba, P.O. Box 3001, Éthiopie, *www.uneca.org*

[24] Nations Unies, *Op.cit.*, p.2.

Chapitre II
STRATÉGIE POUR PASSER D'UN PELOTON DE QUEUE À UN PELOTON DE TÊTE EN PIB ET EN IDH DES PAYS DU MONDE

Le phénomène de la mondialisation des économies et des échanges a créé un climat de compétition internationale, ce que reflète, pour ainsi dire, le classement FMI-Banque Mondiale, en termes de PIB (voir chapitre précédent).

Le PIB peut apparaître comme une compétition entre pays, différente de la solidarité entre pays.

Mais peut-on dire que de dernier on ne puisse pas passer premier ? En l'occurrence, seul le découragement est l'adversaire.

Que fait l'élève, dernier de sa classe, qui aspire cependant à faire mieux ? Que fait l'élève moyen qui a envie de devenir premier de la classe ?

Dans un climat de saine émulation, la prise de conscience aidant, la volonté personnelle détermine tout le reste.

L'élève déterminé à relever le défi de la réussite se donne, avant tout, les moyens d'y parvenir. Il avancera en s'efforçant de lutter contre tout ce qui peut faire obstacle à sa progression.

Ils sont légion les exemples d'élèves derniers, parvenus premiers. *A contrario*, il y a, hélas des premiers devenus derniers, n'ayant pu ou su se maintenir à leur place.

Certes, l'élève qui a envie de travailler ne sera pas aussitôt premier. Logiquement, de dernier, il voudra d'abord chercher à gagner une ou deux, voire trois places. Ensuite, gagner dix, vingt, vingt-cinq places, etc. L'élève moyen fait pareillement.

De même, en matière de développement économique, seule la détermination compte. Les derniers d'aujourd'hui seront peut-être demain parmi les premiers, car les temps et le monde changent. Aucune situation n'est figée ni définitive. Le cas du Japon en est une illustration.

Dans la première moitié du 20ème siècle, ce pays n'était guère économiquement bien classé et ses produits étaient la risée des consommateurs: "c'est du Japon" expression d'alors, pour désigner la pacotille. Les produits japonais apparaissaient comme de pâles copies de produits occidentaux. Ce n'est plus le cas aujourd'hui.

Tout pays conscient de son retard économique et déterminé à quitter un tel état devrait pouvoir se dire : je suis en retard, et parce que je suis en retard, je gravirai tous les sommets de la prospérité, pour n'en plus jamais redescendre. La conquête du mont Éverest, "le toit du monde", est certes longue et ardue, mais elle reste ouverte à tous les alpinistes. Il en est de même du "mont Éverest" de l'économie, accessible par tout pays. Il ne faut pas rester au bas de la montagne, il faut monter. C'est aussi comme au "mondial" de football, qui est ouvert à tous les pays, grands ou petits. Et des petits pays parviennent à se hisser au sommet de la gloire. Ainsi, des petits peuvent devenir des grands, des poids lourds. Aucun pays n'est condamné à végéter toujours. Le développement est une démarche de foi et une action collective. Il faut s'armer de courage, avancer, contre vents et marées, avec un moral de victoire. Même les premiers de cordée du peloton de tête des pays sont à toujours se développer. Le développement est un processus continu. C'est aussi comme une échelle qu'on monte, marche par marche, mais une « échelle sans fin », pour reprendre le titre d'un livre de l'auteur ivoirien V. Mathieu Ékra[25]. Le développement, ça ne se donne pas, ça se prend, et ce, avant tout, par l'application au travail.

Il y a une magnifique application de la dialectique au domaine de l'économie. La citation qui suit constitue un réel motif d'encouragement pour les pays en devenir, à se tenir fermes dans la course au développement. Elle montre clairement que les premières places ne sont nullement réservées définitivement à une catégorie de pays ni inaccessibles à qui a de l'ambition, et que par conséquent, il n'y a pas de place pour le fatalisme: aucun pays pauvre ne doit se dire irrémédiablement perdu.

«Un exemple en économie: Montrer que la richesse en ressources naturelles ne suffit pas pour permettre à un pays de se développer.

« *Thèse* : Importance des ressources naturelles. Certains pays comme la Grande-Bretagne et les États-Unis ont bénéficié d'importantes ressources naturelles comme le charbon, puis le pétrole pour les USA. C'est pourquoi ils sont devenus les premiers pays industriels.

« *Antithèse* : Un pays comme le Japon a peu de ressources naturelles: un terroir agricole réduit, un peu de charbon et c'est presque tout. Mais il a une population industrieuse et instruite, sans doute à cause de la « *struggle for life* » (lutte pour la vie). Par contre, certains pays ont d'immenses ressources naturelles (terres cultivables, forêts, mines de cuivre, diamants, or, tungstène, etc.), mais ils sont victimes de la

[25] V. Mathieu Ékra, *L'échelle sans fin*, Éditions France-Impressions, 1977, Paris.

convoitise de pays plus avancés ou voisins ; ils n'ont pas la paix chez eux, et n'ont pas pu former les cadres compétents en nombre suffisant ni réunir les capitaux voulus. L'existence de ressources naturelles ne suffit pas pour expliquer l'essor d'un peuple.

« *Synthèse:* Les ressources naturelles sont certainement un élément déclencheur qui facilite la production à des coûts intéressants : c'est le cas du charbon de terre en Grande-Bretagne et du pétrole aux États-Unis. Mais il a fallu la paix civile, l'esprit d'initiative, les connaissances techniques, les capitaux et le travail acharné de toute une population sous un régime politique qui favorisait la libre initiative et encourageait l'éducation.

«On a constaté que l'existence du charbon ne suffisait pas pour expliquer la prospérité de la Grande-Bretagne : il a fallu que des ingénieurs inventent la machine à vapeur qui a permis d'actionner des pompes à eau et des treuils pour les mines, des chemins de fer, des bateaux à vapeur. Des connaissances scientifiques et techniques sont indispensables pour le progrès d'un peuple, tandis que l'existence des ressources naturelles abondantes n'est pas indispensable, ainsi que le montre l'exemple du Japon »[26].

C'est la révolution industrielle qui s'avère incontournable pour sortir véritablement un pays du sous-développement. C'est la révolution industrielle donc qui a fait d'abord le développement de la Grande-Bretagne, et ensuite des autres pays de l'Europe, et après, les États-Unis d'Amérique et les autres pays industrialisés.

Pour ne pas viser un développement au rabais, Daniel Anikpo, écrit que « toute économie qui se veut moderne, doit s'industrialiser »[27]. Par ailleurs, il a mis en relief « le chaînon manquant, à l'origine du sous-développement »…

« Si nous appelons S, l'ensemble des deux secteurs industriels d'une économie nationale moderne développée, ce système industriel S comprend le secteur 1 de production des biens d'équipement S1, et le secteur 2 de production des biens de consommation S2.

« Soit S = S1 + S2. Une telle économie qui dispose des deux secteurs industriels est industrialisée et dite développée et moderne. Elle marche sur ses deux pieds. Elle est endogène. Elle se suffit à elle-même. Elle assure son autosuffisance industrielle et technologique. Elle n'a pas

---

[26] Yves Morel, *Maîtriser la langue française*, les Éditions du CERAP, 2009, Abidjan, pp.91-92-93.

[27] Daniel Anikpo, *La Méga-Économie, Revoir le Développement*, Éditions L'Harmattan, 2004, Paris, p.87.

besoin de l'extérieur pour résoudre les besoins fondamentaux de sa population en biens de consommation, en biens d'équipement et en machines… C'est donc fondamentalement, l'existence des deux secteurs industriels qui détermine le développement et la modernité d'une économie nationale »[28].

… « Le sous-développement, c'est donc l'incapacité des économies nationales à produire, en leur sein, c'est-à-dire de façon endogène, des biens d'équipement et des machines »[29]. On assiste ici au fait que tous les biens d'équipement (véhicules, tracteurs, ordinateurs et autres machines) sont importés.

Selon le même auteur, sont appelés « pays en voie de développement, les pays dans lesquels une partie des biens d'équipement est fabriquée, le reste étant importée ». C'est le stade qui précède celui des « nouveaux pays industrialisés ».

… « La révolution industrielle que l'économie sous-développée doit faire pour sortir des prisons du sous-développement est de type nouveau. Elle est fondée sur la formation d'une masse critique d'ingénieurs, de chercheurs et d'entrepreneurs industriels »[30]. Ainsi donc, la meilleure façon pour un pays de se développer, c'est maîtriser les technologies de développement pour ne pas avoir à dépendre de l'extérieur.

En résumé, pour le méga-économiste Daniel Anikpo, « un pays industrialisé est un pays qui fabrique les biens d'équipement, les machines et appareils dont le pays a besoin pour transformer ses produits agricoles, ses matières premières, ses ressources minières, pétrolières et gazières. Quand un pays est arrivé à ce niveau, on peut dire qu'il est un nouveau pays industrialisé »[31].

Pour illustrer l'idée de l'industrialisation, le même économiste relate, à titre d'exemple, que « le général Park Chung-Hee n'a mis que 19 années pour industrialiser la Corée du Sud. Il a formé son capital humain, il a fabriqué les biens d'équipement, il a mis le pays sur les rails et ils se sont industrialisés en 19 ans »[32].

À ce sujet, on pourrait évoquer, en Afrique, le cas de deux pays, parmi tant d'autres, la Guinée-Conakry et la République Démocratique

[28] Daniel Anikpo, *idem*, p.32.
[29] Daniel Anikpo, *idem,* p.34
[30] Daniel Anikpo, *Op.cit.*, p.132.
[31] *L'intelligent d'Abidjan,* N°4393 du 21 Mars 2019, p.5 ; *www.lintelligentd'abidjan.info*
[32] *L'intelligent d'Abidjan, idem*, p.5.

du Congo, qui ont de grandes richesses du sol et du sous-sol (la Guinée renferme les 2/3 des réserves mondiales de bauxite, la RDC est qualifiée par certains de « véritable scandale géologique », car toutes sortes de richesses naturelles y abondent) et qui cependant, occupent, l'un, la RDC, la 101ème place et l'autre, la Guinée-Conakry, la 143ème place, dans le classement FMI-banque Mondiale de 188 pays en 2013 par PIB (PAA), comme relevé précédemment).

Le classement par PIB, réalisé par le FMI, s'avère donc fort intéressant, car il constitue un référentiel formidable pouvant permettre à chaque économie nationale de se situer, de mesurer son niveau de performance par rapport aux autres pays, et le chemin qui lui reste à parcourir pour atteindre les sommets. Naturellement, le développement s'inscrit dans la durée; le développement est une question de patience, de persévérance, de constance dans l'effort, d'endurance, et cela peut prendre beaucoup d'années. C'est un processus long et continu. On peut comparer le développement d'un pays à un escalier que l'on monte, marche après marche, jusqu'au sommet.

Pour avancer dans le développement, il ne faut pas craindre de voir et de vouloir grand. En visant simplement à la moyenne, on risque de ne pas dépasser la médiocrité. Il faut toujours viser plus haut. D'après un proverbe berbère : « Vise toujours la lune ; si tu la manques, tu atterriras quand même parmi les étoiles ». Un développeur est un homme qui est fait pour se surpasser, pour conduire vers les plus hauts sommets de la prospérité économique, les cîmes.

Le combat pour le développement est une aventure passionnante, exaltante, dans laquelle chacun a sa place, manœuvre, ingénieur ou patron.

Il convient, enfin, de noter que le peloton de tête est le peloton le plus envié et par conséquent le plus fragile, et il doit toujours maintenir la cadence. C'est lui que tout le monde attaque, qu'on peut fragmenter plus facilement. S'il ne fait pas preuve d'endurance, le peloton du milieu viendra le rattraper et même le dépasser. On s'en rend compte aisément dans le classement FMI-Banque Mondiale de 2013, notamment avec l'avènement des BRIC : la Chine est devenue la 2ème puissance économique mondiale, et l'Inde occupe la 3ème place.

Comme déjà signalé, aux pages précédentes, PIB et volet social sont indissociables, et le premier doit avoir un impact sur le second. D'où l'intérêt du PIB par habitant et de l'indice de développement humain (IDH). Ces réserves s'imposent, car le critère de classement PIB (en volume) n'est pas un critère pertinent en matière de social. Le critère pertinent serait le PIB par habitant et mieux encore, l'IDH, et c'est finalement sur ces terrains que devrait se jouer la compétition entre pays (si tant est qu'on puisse parler de compétition entre pays), pour le meilleur devenir de leurs peuples. La pauvreté tend à saper la cohésion sociale. L'IDH doit produire la cohésion sociale dont les pays ont besoin pour bien fonctionner.

Chapitre III
MISE EN ŒUVRE DE LA STRATÉGIE DE PASSAGE D'UN PELOTON DE QUEUE À UN PELOTON DE TÊTE

Dans le chapitre précédent, nous avons défini la stratégie, pour passer d'un peloton de queue à un peloton de tête, en PIB et en IDH des pays du monde.

Le présent chapitre est consacré à l'étude de la mise en œuvre de cette stratégie, notamment par les moyens suivants : l'école, l'industrialisation, la recherche scientifique, les administrations publiques, un modèle économique adéquat.

Aucun pays n'a en main les mêmes cartes, les mêmes atouts, pour parvenir au développement.

Chacun devrait s'examiner et puiser en lui-même les ressources matérielles (matières premières, minérales et végétales, soleil, cours d'eau, mer…) et même immatérielles (optimisme, courage, détermination, constance, application au travail, esprit de compétition, esprit de conquête, moral de victoire) capables de le faire avancer de façon marquante sur la voie du développement économique et social, du développement « durable ». Quand un pays ou un peuple sait ce qu'il est, il saura ce qu'il va faire.

Chaque pays a sa structure économique et chaque peuple a son potentiel de croissance économique. Il importe à chacun de déceler ce potentiel, puis après l'avoir décelé, le libérer.

1. L'école

L'école est la base du développement économique et social. L'école, c'est l'éducation qui inclut la formation du capital humain. Elle est axée sur l'homme et son développement intégral (une solide formation humaine, académique, professionnelle et éthique). L'éducation commence à la maison, dans la famille, et se poursuit à l'école et dans la société; c'est un processus continuel.

À cette éducation qu'on pourrait qualifier de classique, vient aujourd'hui s'ajouter la dimension environnementale (éducation au civisme écologique). Le climat est devenu un réel problème existentiel ; il mériterait d'être introduit dans les programmes scolaires, dès le primaire, tout comme l'éducation civique et morale et le civisme fiscal.

Mais on aura beau inscrire cette discipline dans les programmes, si d'aventure le respect de l'environnement n'est pas trouvé par l'enfant chez les adultes ou les parents, ne serait-on pas en train de construire un château de cartes ? Les adultes ou les parents sont le miroir de l'enfant. Il est intéressant de voir que dans bon nombre de pays, le Conseil économique et social est devenu le Conseil économique, social et environnemental (CES.E).

L'école demeure le meilleur investissement, pour sortir un pays de la pauvreté. Par ailleurs dans un contexte de mondialisation des économies, mais aussi des cultures, comment l'individu pourrait-il travailler avec le reste du monde s'il n'a pas le niveau requis, des compétences en savoir-faire ? Comment jouer son rôle de citoyen du Monde ?

Cette école doit être adaptée et répondre aux exigences du développement du pays.

À la Conférence panafricaine sur la transformation et l'émergence du continent, en novembre 2013 à Brazzaville, Dr Kitsoro Firmin Kinzounza, dans sa contribution "*Les trois (03) leviers de l'émergence économique en Afrique*", déclare: «Comment amener les universités, les Écoles d'ingénieurs et les centres de recherche à jouer le même rôle que leurs homologues de l'Occident, dans le processus d'émergence économique ? *L'université de développement* apparaît à cet égard comme la seule réponse valable à cette interrogation; quant à la *technopole*, elle apparaît comme une modalité d'opérationnalisation du concept d'université de développement…

« L'objectif visé par toute université de développement est d'assurer une couverture adéquate des besoins de la société à travers un système national de production capable de créer des emplois durables et de réduire les importations des denrées alimentaires, des pièces de rechange, de l'expertise et des appareils électroménagers.

« Dans cette perspective, les universités de développement doivent mettre à la disposition du système productif national tourné vers la satisfaction des besoins sociaux, des ressources humaines compétentes, motivées, intègres et patriotes »[33]. Mais comment pourrait-on réaliser un tel objectif ?

Le *Dictionnaire de l'économie* définit *la technopole* comme suit : «Zone réunissant en un même lieu laboratoires de recherche et

---

[33] Dr Kitsoro Firmin Kinzounza, IHEM-ISTI-CIRPEC, *Les trois leviers de l'émergence économique en Afrique,* Brazzaville, Novembre 2013, pp.21-22.

entreprises, petites ou grandes, pour favoriser la « fertilisation croisée »[34], c'est-à-dire les échanges de savoir entre chercheurs et industriels. Une *technopole* est toujours créée à l'initiative de collectivités locales. La première technopole française, *Sophia-Antipolis*, fut créée en 1972, dans l'arrière-pays cannois, par Pierre Lafitte, sénateur des Alpes-Maritimes » ».

Combinant les concepts d'université de développement et de technopole, il y a en France, trois universités de technologie: UTC, UTT et UTBM.

« L'Université de Technologie de Compiègne a été créée en 1972, celle de Troyes en 1994 et celle de Belfort-Montbéliard en 1998.

«Les trois Universités ont pour mission essentielle la formation, la recherche et le transfert de technologie, centrées sur la promotion et le développement de la technologie.

« Ces établissements publics délivrent des diplômes d'ingénieurs habilités par le Ministère de l'Éducation Nationale et reconnus par le monde professionnel. Ils occupent une place originale au sein de l'enseignement supérieur français.

«Les Universités de Technologie combinent la renommée des Écoles d'ingénieurs et les atouts des Universités.

«Les professeurs des UT sont des intervenants issus de l'industrie et également des chercheurs. Cette démarche vient alimenter leur travail pédagogique et offre une mise à jour constante des enseignements délivrés.

«Dès la rentrée [l'étudiant est] mis en relation personnelle avec un enseignant, qui sera son « conseiller» et l'encadrera tout au long de sa formation.

«Ouverture sur l'international : stage en Chine, au Danemark, aux États unis, au Canada, en Argentine, au Mexique, en Espagne, au Japon, en Corée, etc.»[35]. Le stage à l'étranger, c'est lorsque l'étudiant peut se le payer, ou bénéficier d'une bourse.

À côté des universités classiques, il y aurait donc lieu de promouvoir aussi des universités de technologie.

Une école de qualité crée, à tous égards, les conditions favorables à l'industrialisation, cet autre passage obligé pour parvenir véritablement au développement économique du continent africain.

---

[34] Pierre Bezbakh et Sophie Gherardi, Le *Dictionnaire de l'économie* Éditions Larousse, 2008, Paris, p. 603.

[35] Notes extraites du prospectus *UTBM, UTC, UTT, Futurs ingénieurs, Mai 2003 www.univtechno.net.*

L'industrialisation est conditionnée par une bonne formation du capital humain, d'où l'intérêt de développer l'enseignement technique et la formation professionnelle.

Se fixer des objectifs de développement sans une école de qualité, c'est vouloir récolter les fruits sans avoir planté l'arbre. Les entreprises ont besoin de trouver sur place le personnel qualifié dont elles ont besoin.

2. L'industrialisation

L'industrialisation améliore considérablement la productivité et la compétitivité des biens produits.

3. La recherche scientifique

Un volet incontournable pour un développement économique harmonieux est la recherche scientifique, en particulier la recherche appliquée. La recherche doit toujours accompagner le développement, car elle prépare l'avenir. Il convient de veiller à ce que les résultats de la recherche soient transférés dans le système productif du pays (État ou secteur privé) et non rester à l'état de projet, d'où l'importance de nouer des partenariats.

Dans les pays africains, la recherche agronomique est chose vitale, non seulement en amont de la production agricole pour en accroître la quantité et en améliorer la qualité, mais aussi, en aval, lorsque par exemple un produit agricole se trouve injustement frappé d'ostracisme sur le marché mondial, du fait d'une certaine concurrence déloyale. Il reviendrait alors aux chercheurs d'Afrique de fournir l'argumentaire scientifique, c'est-à-dire ce qui est tout à fait conforme à la réalité, pour faire échec à toute campagne de désinformation. Par ailleurs, de nos jours, il faut une « veille technologique » sur tous les produits agricoles, en faisant notamment de la recherche d'améliorations génétiques des produits ; autrement, on se trouve vite dépassé.

Il y a quelques années, une polémique était née en France autour de l'huile de palme. Le quotidien *L'Inter*, sous la plume de Irène Bath, en fait un large écho :

« Un atelier a été organisé le mardi 1er septembre 2015 à Grand-Bassam pour "peaufiner une stratégie de communication appropriée face à la communication contre l'huile de palme"[36].

[36] Le quotidien *L'Inter*, édition N°5164 du mercredi 02 septembre 2015, Abidjan, p. 13.

« Le président de l'Aiph (Association interprofessionnelle des producteurs d'huile de palme de Côte d'Ivoire), Kouassi Constantin, a fait état de controverses de l'huile de palme sur la santé humaine, orchestrées par des associations de consommateurs soutenus par des producteurs d'autres huiles végétales alternatives. Et pourtant, fait-il remarquer, cette huile surclasse de loin les huiles végétales concurrentes. Il a cité, à titre de preuve des recherches démontrant la qualité supérieure de l'huile de palme ».

Indiquons, à ce sujet, qu'environ deux semaines auparavant, le vendredi 14 août 2015, a eu lieu à l'UFR des Sciences Médicales d'Abidjan, la très remarquable soutenance de thèse par Mademoiselle Sandra-Désirée Yapo, en vue de l'obtention du Diplôme d'État de Docteur en Médecine, sur le thème suivant :

"Évaluation des connaissances sur les valeurs nutritionnelles de l'huile de palme chez les patients porteurs de cardiopathie ischémique à l'Institut de Cardiologie d'Abidjan".

À cette occasion, le professeur Daniel Sess (médecin biochimiste nutritionniste biologiste des hôpitaux), président du jury a déclaré, en substance : « Si nous négligeons la recherche scientifique sur nos produits, sur nos matières premières végétales, animales et minérales, les pays du Nord vont nous imposer leurs produits, en nous faisant croire que les nôtres sont de moindre qualité. C'est le cas de l'huile rouge de palme d'une très grande valeur nutritionnelle, mais contestée par des chercheurs des pays du Nord. Le CNRA et l'Université, devraient faire des publications sur nos différents produits agricoles et leur valeur alimentaire ».

En une autre occasion, le professeur Sess déclare que: « ...la consommation régulière d'huile de palme a un effet protecteur sur l'organisme à cause des acides gras qu'elle contient»[37].

Dans son ouvrage, *Se soigner par les légumes, les fruits et les céréales,* le Docteur Jean Valnet écrit : «En pharmacopée africaine, elle [l'huile de palme] est utilisée en antidote de poisons. On en donne une ou deux cuillérées à soupe par jour jusqu'à la guérison. Les Africaines l'emploient surtout après l'accouchement (guérison rapide des tranchées, coliques, maux de ventre) en absorbant plusieurs cuillerées par jour. Elle embellit leur peau et démêle les cheveux. Aussi, de même que le beurre de karité, sert-elle de produit de beauté (pommades à base

[37] *L'Agriculteur Hebdo* du jeudi 08 au mercredi 14 décembre 2016, N°022, p.10 ; *www.lagriculteur.net.*

d'huile de palme). Cette huile brute est la base de nombreuses sauces, en particulier « la sauce graine », et sert à la préparation de nombreux aliments (fritures de bananes, viande, poisson, assaisonnement de riz, couscous et mets divers) »[38].

4. Les administrations publiques

Comme autre levier de l'émergence économique en Afrique, Dr Kitsoro Firmin Kinzounza indique que « les administrations publiques au service de l'émergence économique doivent être performantes ; elles doivent travailler selon les principes de la *Gestion Axée sur le Résultat* (Plans directeurs sur 3 ans ; plans d'action et budgets-programmes pluriannuels ; description des postes et des profils; contrats de performance, système d'évaluation des performances individuelles et collectives, etc.) »[39].

Pour ce qui concerne le secteur de l'administration publique, de la gestion des ressources publiques, la planification, la programmation, la budgétisation et le contrôle de gestion des activités, autrefois fort à la mode, restent donc encore valables aujourd'hui, en Afrique, en particulier dans les pays de l'OHADA. Des entreprises privées peuvent aussi s'approprier ce système de gestion, aux résultats toujours prodigieux. Nous y reviendrons.

De nos jours, la complexité des mécanismes économiques impose aux pays en retard de développement de faire des projections sur le futur, de faire des plans, ce qui offre l'énorme avantage de présenter l'image d'un pays bien géré, et attire tout particulièrement les investisseurs. Dès lors, la planification devient un outil indispensable de pilotage du développement de ces pays.

5. Quel modèle économique au service du développement ?

Il y a lieu d'évoquer ici, entre autres, deux visions, deux courants de pensée économique opposés, *l'ordolibéralisme* allemand et le *socialisme-étatisme* français, deux modèles de développement fort intéressants à analyser.

Dans son ouvrage *Géostratégie des entreprises, proposition pour la zone OHADA*, Claude Garrier écrit : « Le socialisme-étatisme qui

---

[38] Dr Jean Valnet, *Se soigner par les légumes, les fruits et les céréales* (Maloine, Éditeur, Paris, 1967, p.361),

[39] Dr. Kitsoro Firmin Kinzounza, *Op. cit.,* p.15

caractérise le système économique français montre ses limites, face au « miracle allemand » qui résulte de l'ordolibéralisme en œuvre dans ce pays...

« Les entreprises, pour croître, doivent bénéficier d'une totale liberté d'action tant à l'intérieur du pays que dans les relations, les investissements transfrontaliers »[40].

L'ordolibéralisme est entré en vigueur en Allemagne en 1948. C'est avant tout une méthode d'organisation. En Allemagne, c'est, pourrait-on dire, le capitalisme libéral pur et dur, avec un système fiscal allégé, soulageant les entreprises, au fur et à mesure qu'elles croissent.

Dans le libéralisme allemand, la concurrence est le maître-mot, pour le bonheur du consommateur (la concurrence va empêcher les prix de flamber). Du coup, il n'y a pratiquement plus de monopoles.

L'*ordolibéralisme* vise à réduire le rôle de l'État ; c'est moins d'État, mais un État qui prend des lois et des textes réglementaires pour favoriser et accompagner la libre concurrence : « Pour Walter Eucken, comme pour Friedrich A. Hayek, - cités par Claude Garrier- l'État légifère pour organiser la concurrence et plus généralement le bon fonctionnement du marché »[41]. C'est un système qui concilie économie de marché et justice sociale : on laisse les marchés jouer, mais comme ils ne peuvent pas s'autoréguler seuls, l'État intervient pour se soucier de la justice sociale.

« Ce système s'oppose à la pensée française qui, depuis Robespierre, privilégie le concept d'égalité »[42].

Au demeurant, ce type de gouvernance économique aura permis à l'Allemagne de la chancelière Angela Merkel, la première puissance économique européenne, et assurément l'une des meilleures économies du monde, de ressentir comme une brise légère (taux de chômage au plus bas: 5,7% en 2017) ce que d'autres pays de l'Union ont vécu comme un ouragan, s'agissant de la crise économique née de l'effondrement du système financier international de 2008, qui a frappé très sévèrement la plupart des économies du monde, un effet du capitalisme libéral.

L'ordolibéralisme s'oppose également au capitalisme d'État, un système dans lequel tout ou partie des moyens de production appartiennent à l'État. Il est particulièrement intéressant de constater

---

[40] Claude Garrier, *Géostratégie des entreprises, proposition pour la zone OHADA* L'Harmattan, 2014, Paris, p.19.

[41] Claude Garrier, *idem,* p.62.

[42] Claude Garrier, *idem,* p.63.

que la Chine est devenue la deuxième puissance économique mondiale, et serait même en passe de devenir la première, d'après certains observateurs. La Chine est ainsi passée d'un peloton de queue ou du milieu où elle était, il y a quelques décennies, à un peloton de tête, aujourd'hui. À en croire le livre de Marie-Claire Bergère[43], l'ordre socialiste a migré vers le capitalisme d'État, dans ce pays :

« La nouvelle vision qui s'impose au tournant des XXème et XXIème siècles est celle d'une Chine convertie au capitalisme et en marche vers la démocratie (p.9).

« Ce nouveau capitalisme d'État chinois constitue-t-il un modèle original de développement ? La combinaison qu'il réalise entre libéralisation économique et interventions persistantes d'un pouvoir autoritaire, caractérise ou a caractérisé les débuts de l'industrialisation dans de nombreux pays. L'originalité du modèle chinois ne pourra s'affirmer que dans la durée » (p.19).

Tout système de gouvernance mérite toujours d'être adapté à la situation locale, amélioré éventuellement en raison d'insuffisances, voire de failles, de tares qu'il peut comporter. Il y a aussi qu'un système peut être bon en lui-même, mais devenir pervers par le mauvais usage qu'on en fait.

Le bon système économique, pourrait-on dire, c'est celui qui apporte à un pays le progrès social, fruit du labeur d'un peuple, un travail accompli avec responsabilité par chacun de ses membres, attaché à une fonction importante ou modeste, ce qui suppose une mobilisation générale des énergies nécessaires, avec un accompagnement pédagogique (notamment la sensibilisation, la communication) : par exemple, inculquer la passion du travail bien fait à la jeunesse. Celui qui, à sa place, accomplit bien sa tâche, fait progresser la société.

En conséquence, pour passer d'un peloton de queue à un peloton de tête, tout pays qui en aurait l'ambition, doit être en mesure de développer l'école, une école de qualité, et de stimuler la production intérieure par une gouvernance adéquate, qui ne devrait être ni d'inspiration socialiste ni d'inspiration capitaliste, le marxisme-léninisme et le capitalisme ayant montré leurs limites, l'un avec la chute du mur de Berlin en novembre 1989 et la destruction des frontières de l'URSS en 1991, et l'autre avec l'effondrement du système financier international en 2007-2008. L'étatisme-socialisme peut conduire à un

[43] Marie-Claire Bergère, *Chine, le nouveau capitalisme d'État,* Éditions Fayard, 2013, Paris.

encadrement excessif et étouffant des entreprises et autres organisations, tandis que le système capitaliste pur et dur peut être source d'inégalités sociales graves, s'il ne prône pas le partage, la solidarité.

Selon le FMI (Rapport d'octobre 2017), il y a une reprise de l'activité mondiale, une amélioration de la conjoncture mondiale: «Comme les chiffres du premier semestre de 2017 ont été généralement meilleurs que prévu, les révisions à la hausse de la croissance concernent de nombreuses régions ou pays, y compris la zone euro, le Japon, la Chine, les pays émergents d'Europe et la Russie…

« Cependant la reprise n'est pas totale…

« Les perspectives de beaucoup de pays émergents et pays en développement en Afrique subsaharienne, au Moyen-Orient et en Amérique Latine sont médiocres, et le revenu par habitant stagne dans plusieurs de ces pays »[44].

Quelle conclusion tirer donc de cette situation, sinon une grande interrogation? Les systèmes économiques traditionnels d'Occident, qui visiblement sont à la recherche d'un nouveau souffle, conviennent-ils encore aux nations africaines? Ces dernières devraient-elles songer à chercher dès à présent leur propre voie, la voie africaine du développement, inspirée de leurs valeurs propres, de leurs traditions, de leurs us et coutumes, de leur culture? Il y a bel et bien des valeurs de solidarité, de partage, et basées sur l'organisation économique traditionnelle. Et il y a assurément nécessité de changer de paradigme, compte tenu des réalités de l'heure. Les vicissitudes traversées récemment par le monde socialiste et le monde capitaliste incitent à la prudence.

Les modèles de développement érigés en systèmes de par le monde ne le sont pas *ex nihilo*. On part généralement de l'observation ou de l'expérimentation, pour ensuite théoriser, conceptualiser. Le capitalisme, le socialisme et leurs dérivés ne dérogent pas à la règle.

Il conviendrait donc de chercher à théoriser aussi les pratiques économiques d'Afrique tout comme, par exemple, l'Occident l'a fait des siennes. L'organisation sociale et l'organisation économique sont l'âme d'un peuple, et constituent la matrice du développement (pourrait-on dire).

---

[44] *Internet* (Google) consulté le vendredi 03 novembre 2017, à 18h 40 GMT, en tapant « *FMI : perspectives et politiques économiques mondiales en 2017* »

« En s'inspirant du système économique traditionnel africain tel que décrit par George Ayittey (2005), l'on peut affirmer que dans l'Afrique traditionnelle, une sorte de libéralisme économique était équilibrée par la défense du bien commun.

En effet, écrit-il, « À moins que la poursuite de la prospérité par un individu n'interférasse avec les intérêts de la société, le chef ou le roi n'avait aucune autorité sur lui[45] ».

En Afrique, la société est traditionnellement organisée autour du village et de la cellule familiale. Celle-ci gère les biens au profit de tous et de chacun de ses membres; l'individu se trouve porté par la famille et la communauté villageoise. En Occident, la société est plutôt bâtie à partir de la propriété individuelle, chaque individu pouvant disposer librement de ses biens personnels comme il le juge opportun.

Il y a donc une sociologie des pratiques économiques africaines qui mériteraient d'être mieux connues, afin de trouver la voie, le modèle qui sied le mieux au continent africain dont l'espace OHADA ne constitue qu'une partie. Car il est bien évident que le schéma qui convient à l'Occident peut très bien ne pas convenir sous d'autres cieux, les contingences sociétales n'étant pas forcément les mêmes. Le Japon, actuellement 4ème puissance économique mondiale, a bâti son développement sur ses fortes valeurs culturelles. L'Afrique devrait construire aussi, elle-même, sa manière de faire le développement, c'est-à-dire à partir de ses valeurs culturelles les plus positives et utilitaires.

Un vieux proverbe africain dit : « Si tu ne sais pas d'où tu viens, comment sauras-tu où tu vas ? »

« Si on n'a pas de valeurs, si on vient de nulle part, on n'a pas d'avenir », déclarait récemment, dans le même sens, un homme politique français. « La culture n'est pas le handicap de l'Europe, elle est son principal atout, mais il lui reste à trouver la subtile combinaison des paramètres économiques, politiques, sociétaux et culturels constitutive de l'art de sa croissance pour les prochaines décennies[46] ».

« La culture est une arme, l'éducation est une arme » (Nelson Mandela).

---

[45] François Pazisnewende Kaboré, *Responsabilité sociétale de l'entreprise et management éthique en Afrique*, les Éditions du CERAP, 2017, Abidjan, page 188, citant Ayittey, G., 2005, *Africa Unchained*, Palgrave Macmillan, p.483.

[46] ESCP-EAP et BAIN et COMPANY, *L'art de la croissance*, les Échos Éditions/Éditions Village Mondial, 2007, Paris, p. 39.

Dès lors, quel avenir économique pour les pays africains sans leur culture, et singulièrement ceux de l'espace OHADA ?

Voici, à ce propos, les analyses d'économistes africains :

« En effet, l'Afrique possède des valeurs culturelles qu'il faille protéger et utiliser à des fins de développement à visage humain…

« L'Afrique de tout temps est caractérisée par des structures sociales fortes qui ont donné naissance depuis les Vème et XIVème siècles, à de puissants empires…

« Mais pour y parvenir, l'Afrique doit investir dans l'élément humain, car l'exemple des nouveaux pays industriels d'Asie illustre parfaitement l'importance de l'éducation dans le progrès économique et social. En investissant dans l'éducation fondamentale, les États ont créé les conditions d'un décollage vertigineux de leur économie ».[47]

« Voilà environ deux siècles que la plupart des pays d'Amérique latine ont acquis leur indépendance. Pourtant, en ce début du XXIème siècle, force est de reconnaître qu'à quelques exceptions près, ils sont encore à patauger dans la pauvreté et le sous-développement. Bien que les évolutions historiques et les contextes sociopolitiques soient différents, leur expérience présage du sort qui attend les pays d'Afrique subsaharienne si, d'ores et déjà, rien n'est fait pour changer de cap et refondre profondément les structures politiques, économiques et sociales. Dans deux siècles, ces pays risquent aussi de se retrouver dans la même situation que leurs « grands-frères » sud-américains. Leurs économies restent toujours attardées et sous-développées »[48].

« L'analyse de l'histoire économique des pays émergents d'Asie fait apparaître que leurs succès économiques reposent essentiellement sur les transformations socioculturelles…

« En 1961, la Corée du sud se trouvait à un niveau économique égal à celui du Niger et du Tchad ; vingt ans plus tard, sous le leadership politique transformationnel du général Park Chung-Hee, la Corée du sud a atteint un niveau économique proche de celui du Japon. Au cours de la même période, le Tchad et le Niger ont continué à faire partie du groupe des pays sous-développés… »[49].

---

[47] Dr Touré-Diabaté Tenin, Socio-économiste, enseignante-chercheuse à l'Université de Cocody-Abidjan, *in* préface du livre *Le Mal ivoirien*, de Nguessé Joachim Bangassaro Coulibaly, Éditions l'Harmattan, 2009, Paris, p.10.

[48] Nguessé Joachim Bangassaro Coulibaly, *Le Mal ivoirien*, Éditions l'Harmattan, 2009, Paris, p.13.

[49] Dr Kitsoro Firmin Kinzounza, *Op.cit.*, pp. 2-3 et 5.

Ce qu'est donc *la « culture africaine »* ? « Il ne s'agit pas d'exalter ni de restaurer tout le patrimoine social africain. Tout n'y fut pas positif, juste progressiste, démocratique. Il ne s'agit pas non plus de rejeter ce que l'histoire nous a apporté d'Europe ou d'ailleurs. Il s'agit de rechercher dans notre culture authentique les valeurs permanentes qui faisaient l'unité, la stabilité, la solidarité et la cohésion des sociétés anciennes…et d'y ajouter à ce substrat originel les valeurs sélectionnées non point de la seule Europe…mais de toutes les civilisations et cultures du monde entier des vertus élevées[50] ».

« Certes, il existe des nuances selon que l'on se trouve à l'Est, au Nord, au Sud ou à l'Ouest du continent, mais celles-ci se fondent dans un moule commun ou, pour mieux dire, tirent leurs racines d'un socle commun. Malgré ses composantes écossaises, galloises ou irlandaises, personne ne songerait à mettre en cause l'existence d'une culture britannique ; pourquoi en est-il autrement de la culture africaine ?[51]

« L'Afrique doit, elle aussi faire sa part de chemin, en lançant de son propre fait une révolution culturelle profonde, qui lui permette de réintégrer le peloton des nations avides de progrès »[52].

Et cet auteur de faire la citation suivante : « Dieu ne change jamais une société tant que ceux qui la composent ne se changent pas eux-mêmes »[53].

Cet appel lancé en 1991, par l'économiste camerounais, Daniel Étounga-Manguelle, formé aux Universités de Paris et Harvard est toujours d'actualité. Il a parlé du besoin urgent d'un programme d'ajustement culturel (PAC) pour l'Afrique, non pas imposé de l'extérieur, mais endogène, ce qu'il a qualifié aussi de « *révolution tranquille* ». Mais pourquoi cette révolution culturelle ? La raison fondamentale, c'est qu'il faut savoir rester soi-même. Mondialisation n'est pas synonyme d'uniformisation, d'uniformité, d'homogénéité imposée. Cela revient à ne pas imiter, sans jugement, ce qu'on voit faire chez les autres ou par les autres. En somme, tout ce qui vient de l'extérieur ne peut être consommé comme des petits laits. Au final, c'est sur ce qu'il faut prendre chez les autres qu'il s'agit de travailler, car tout

---

[50] Iba Der Thiam, cité par Daniel Étounga-Manguelle, dans *L'Afrique a-t-elle besoin d'un programme d'ajustement culturel ?* Éditions Nouvelles du Sud, 1991, Ivan-sur-Seine, p.124.

[51] Daniel Étounga-Manguelle, *L'Afrique a-t-elle besoin d'un programme d'ajustement culturel ?*, p. 27.

[52] Daniel Étounga-Manguelle, *Op.cit.,* p. 125

[53] Coran, Sourate XIII, verset 12.

ne doit pas être intégré. L'Afrique a son identité, sa propre personnalité, des valeurs, des caractéristiques propres très positives, des qualités liées à sa culture et qui méritent d'être conservées. « L'être de l'être est de persévérer dans son être » (Léopold Sédar Senghor).

On peut remarquer que la plupart des lois ancestrales, en Afrique, sont fondées sur la préoccupation du bien de l'autre, de fait sur l'amour, cette ouverture à l'autre. C'est le cas, lorsqu'au Cameroun, *en pays bamiléké* (Bafoussam), tout le corps social se mobilise pour contribuer de son mieux à l'installation du jeune-adulte qui veut se créer une activité économique. C'est le cas, quand, en Côte d'Ivoire, au Mali, au Burkina Faso, *en pays senufo*, les jeunes de la même génération s'organisent, par esprit d'entraide, pour cultiver ensemble, tour à tour, les champs de leurs parents. C'est encore le cas, lorsque tout le village se sent responsable de l'éducation de l'enfant, et dès lors, on n'attend pas les parents pour corriger l'enfant surpris en train de se conduire mal (par exemple, on lui donne la fessée, en lui disant : je le ferai savoir à tes parents). C'est toujours le cas lorsqu'*en pays akan*, en Côte d'Ivoire, la génération au pouvoir conduit les affaires du village en vrais démocrates. C'est le cas, lorsque tous les objets trouvés (y compris l'argent) sont déposés chez le chef du village auprès de qui chacun vient reprendre son bien. Dans cette Afrique-là, on préfère quémander plutôt que voler. Dans cette Afrique traditionnelle, tout se fait à l'unisson.

La panoplie des valeurs culturelles africaines est fort longue. Il y a lieu de ne pas omettre de citer ici également, celles-ci, pêle-mêle : le respect de la hiérarchie, des aînés et des anciens ; le respect des engagements pris, de la parole donnée, qui vaut signature ; le respect de la vie et ce, dès la conception (l'enfant est toujours bien accueilli) ; l'amour de la vérité et de la sincérité ; le refus des profits malhonnêtes ; l'amour du travail bien réalisé ; l'amour de la patrie ; le respect du bien commun et du vivre-ensemble ; l'horreur de la paresse au travail ou du désœuvrement, etc.

En cette ère de la mondialisation des économies et des cultures, par ce climat aussi de relativisme moral ("à chacun sa vérité, son opinion"), ces valeurs africaines peuvent être considérées comme un archaïsme, tandis que « la modernité et le progrès » apparaissent comme libérateurs de toute "aliénation", d'où qu'elle vienne. Mais la vérité est une et la vérité doit être aimée et défendue. C'est aussi cela la culture africaine, même si elle est ridiculisée. Au demeurant, un auteur français du début du siècle dernier écrivait, et nous citons : « L'erreur ne devient pas vérité, parce qu'elle se propage et se multiplie, et la vérité ne devient pas erreur, parce que nul ne la voit ».

Dans le chapitre suivant, nous revenons sur le concept, car il apparaît clairement qu'il conviendrait d'avoir une vision de la place de la culture dans la société : la culture représente un enjeu économique, aujourd'hui.

Chapitre IV
CULTURE ET DÉVELOPPEMENT

La culture s'avère être l'âme d'un peuple, son ADN, et la matrice du développement économique et social.

Au chapitre précédent, nous avons fait état des lois ou normes de vie sociale ancestrales. Leur champ est très vaste et plein de valeurs.

La connaissance par un peuple de sa propre culture n'est pas seulement de sensibiliser au retour aux valeurs, mais c'est pour que de nouvelles énergies surgissent, aussi bien pour discerner que pour mieux entreprendre des actions de développement de son pays. Le développement ne peut pas s'accommoder d'un sous-développement culturel. Dès lors, les questions qui se posent sont les suivantes : quelles valeurs fondent nos actions de développement ? Travaillons-nous à la sauvegarde de notre patrimoine culturel, pour ne pas courir le péril d'asservissement ou de manipulation ?

En cette ère de mondialisation, le rendez-vous du « donner et du recevoir », en vue de bâtir « la civilisation de l'universel » (*dixit* Léopold Sédar Senghor), chaque peuple du monde apporte ses valeurs personnelles, ses propres talents, au bien commun de la société humaine universelle. Et comme il serait bien triste que l'Afrique ne puisse avoir rien à proposer au reste du monde !

Que retenir globalement de la culture africaine sinon que, dans ses fondements, elle enseigne la fraternité et la paix, ce qui est important pour le développement. Elle est la culture du don de soi au service des autres, la culture de la solidarité, du respect de la dignité humaine, de l'art de vivre ensemble. C'est la culture du « un pour tous et tous pour un », car le groupe est toujours plus fort que l'individu, et l'ensemble plus fort que l'unité. C'est autant dire que la culture africaine peut devenir un ferment de la solidarité entre les peuples de la terre.

C'est pourquoi il conviendrait de promouvoir aussi le rapprochement entre les peuples par les rencontres culturelles, et ainsi favoriser le développement grâce à la compréhension réciproque.

En effet, « La solidarité signifie avant tout se sentir responsables de tous » (Pape Jean Paul II).

La mondialisation peut-être un instrument pour parvenir à la solidarité entre les peuples, notamment entre les pays sous-développés et les pays industrialisés. Pour ce faire, son orientation vers un développement humain, vers le développement solidaire s'impose. En particulier, il conviendrait d'en corriger les dysfonctionnements, par exemple en faisant en sorte que l'enrichissement des uns ne soit pas la cause de l'appauvrissement des autres.

Face à la situation d'un monde qui a besoin de se renouveler en profondeur au niveau culturel, et qui doit redécouvrir les valeurs de fond sur lesquelles il doit fonctionner, résonne, à ce propos, cette exhortation : « Les sociétés en voie de développement doivent rester fidèles à tout ce qui est authentiquement humain dans leurs traditions, en évitant d'y superposer automatiquement les mécanismes de la civilisation technologique mondiale. De multiples et singulières convergences éthiques se trouvent dans toutes les cultures »[54]. En effet, en connaissant son histoire, sa propre culture, l'individu pourrait mieux évoluer dans le présent et dans le futur.

Au chapitre qui suit, nous étudierons la question de la planète et son environnement naturel, dont l'enjeu est avant tout écologique.

---

[54] Pape Benoît XVI, *Caritas in Veritate, Sur le développement humain intégral dans la charité et dans la vérité*, Editions Paulines, 2009, Abidjan, pp.87-88.

Chapitre V
LA PLANÈTE ET LA QUESTION ENVIRONNEMENTALE

1. Le défi du changement climatique

La question de l'environnement est d'une brûlante actualité. Il s'agit, avant tout, d'une question grave et existentielle.

Il y a une interdépendance étroite entre développement économique et climat: l'activité économique de l'homme a un impact sur le climat et l'environnement naturel et vice-versa.

Le changement climatique et le réchauffement de la planète interpellent et mobilisent, depuis quelques décennies, l'ensemble des dirigeants du monde. La terre est en danger, la couche d'ozone est menacée de destruction. C'est là l'un des plus grands défis que notre époque doit affronter et qu'il est urgent de relever. Selon l'ONU, «2015, 2016 et 2017 sont les années les plus chaudes qui aient été enregistrées».

Les menaces sur l'environnement sont réelles. On peut saluer en la conférence de Rio de Janeiro sur la planète Terre en 1992, le début de la démarche écologique actuelle. En effet, « La conférence de Rio en 1992, a concrétisé une prise de conscience planétaire. Plus personne ne peut encore ignorer les dangers qui menacent la planète Terre, soumise à une croissance économique non maîtrisée (...).

« Cette prise de conscience est à l'origine de nombreux bouleversements au sein des organismes de développement et des institutions de recherche agronomique...(...). On n'utilise plus le mot « développement » sans lui adjoindre l'adjectif « durable »[55]. Le développement est « durable » lorsqu'il se rend compatible avec le respect de la nature.

Auparavant, on disait que l'homme est au début et à la fin du développement. Maintenant, depuis ce Sommet, on dit que l'homme est au centre du développement. Tout comportement décentré par rapport à l'homme doit donc être banni ; d'où l'importance de la question environnementale.

Lorsqu'on parle d'environnement, c'est de l'avenir de l'humanité qu'il s'agit, de sa survie, du fait que, de façon consciente ou

[55] *Memento de l'agronome*, CIRAD-GRET, Ministère français des Affaires étrangères, Éditions Quae, 2014, p.15.

inconsciente, l'homme court vers son autodestruction, par le non-respect de la nature. L'homme a complètement bouleversé l'équilibre de la nature. Le réchauffement de la terre, à son tour, bouleverse notre écosystème et élève le niveau des mers et des océans.

« Selon le 5ème rapport du Groupe intergouvernemental d'experts sur l'évolution du climat (GIEC), la température moyenne de la terre a augmenté de 0,85°C entre 1880 et 2012. Cette hausse des températures pourrait même atteindre 4,8°C à l'horizon 2100, d'après le scénario le plus pessimiste. Les pays du Sud sont les plus vulnérables aux impacts de ce changement climatique »[56].

« La responsabilité à l'égard de l'environnement, patrimoine commun du genre humain, s'étend non seulement aux exigences du présent, mais aussi à celles du futur : « Héritiers des générations passées et bénéficiaires du travail de nos contemporains, nous avons des obligations envers tous, et nous ne pouvons-nous désintéresser de ceux qui viendront agrandir après nous le cercle de la famille humaine. La solidarité universelle qui est un fait, et un bénéfice pour nous, est aussi un devoir. Il s'agit d'une responsabilité que les générations présentes ont envers les générations à venir, une responsabilité qui appartient aux États individuellement et à la Communauté internationale[57]».

Aujourd'hui, toutes les études de faisabilité des entreprises demandent : quel est l'impact environnemental de l'activité envisagée ? Il faut que l'homme tienne compte de son existence pour conduire le développement : c'est pour cela qu'il est dit précisément que l'homme est au centre du développement.

À la page 266, le *Compendium* poursuit : « La solution du problème écologique exige que l'activité économique respecte davantage l'environnement, en conciliant les exigences du développement économique avec celles de la protection environnementale. Toute activité économique qui se prévaut des ressources naturelles doit aussi se soucier de la sauvegarde de l'environnement et en prévoir les coûts, lesquels sont à considérer « comme élément essentiel du coût (…) de l'activité économique »… « Le climat est un bien qu'il faut protéger et il faut que, dans leurs comportements, les consommateurs et les agents d'activités industrielles développent un plus grand sens de responsabilité… « La recherche d'innovations capables de réduire

[56] IRD, Institut de recherche pour le développement, *Changement climatique, la recherche pour le développement relève le défi*, 2015, Marseille, p.4 ; www.ird.fr.

[57] Conseil pontifical Justice et Paix, *Compendium de la Doctrine sociale de l'Église*, Éditions Bayard, Éditions du Cerf, Éditions Fleurus-Mame, 2005, n.467, p.264.

l'impact sur l'environnement provoqué par la production et la consommation devra être efficacement stimulée ».

Le Pape François à l'ONU, le vendredi 25 septembre 2015, devant la 60e Assemblée Générale, déclare notamment :

« Toute atteinte à l'environnement est une atteinte à l'Humanité »

« L'homme peut être détruit par lui-même et non par les forces de la nature »

« La terre est notre maison commune, notre bien commun, nous avons un destin commun »[58].

Dans la Lettre Encyclique *Laudato Si Sur la sauvegarde de la maison commune*, le changement climatique, l'environnement, le Pape François écrit : « Il convient de mettre l'accent sur le Sommet planète Terre, réuni en 1992 à Rio de Janeiro. Il y a été proclamé que «Les êtres humains sont au centre des préoccupations relatives au développement durable ». Reprenant des éléments de la Déclaration de Stockholm (1972), il a consacré la coopération internationale pour préserver l'écosystème de la terre entière, l'obligation pour celui qui pollue d'en assumer économiquement la charge, le devoir d'évaluer l'impact sur l'environnement de toute entreprise ou projet. Il a proposé comme objectif de stabiliser les concentrations de gaz à effet de serre dans l'atmosphère pour inverser la tendance au réchauffement global [59]». Cette Encyclique est une défense de l'écologie.

Aux pages 139-140, 141, 147 et 161, de la même *Lettre Encyclique*, on peut également lire ceci (citations, pêle-mêle):

« Une étude de l'impact sur l'environnement ne devrait pas être postérieure à l'élaboration d'un projet de production ou d'une quelconque politique, plan ou programme à réaliser. Il faut qu'elle soit insérée dès le début, et élaborée de manière interdisciplinaire, transparente et indépendante de toute pression économique ou politique. Elle doit être en lien avec l'analyse des conditions de travail et l'analyse des effets possibles, entre autres, sur la santé physique et mentale des personnes, sur l'économie locale, sur la sécurité »[60].

« Dans toute discussion autour d'une initiative, une série de questions devrait se poser en vue de discerner si elle offrira ou non un véritable développement intégral : Pour quoi ? Par quoi ? Où ? Quand ?

---

[58] France 24, 25/9/2015, Journal de 15h GMT

[59] Pape François, Lettre Encyclique *Laudato Si Sur la sauvegarde de la maison commune*, le changement climatique, l'environnement, Éditions Salvator, Paris, 2015, p.129.

[60] Pape François, *idem*, pp.139-140.

De quelle manière ? Pour qui ? Quels sont les risques ? À quel coût ? Qui paiera les coûts et comment le fera-t-il? »[61].

«Un développement technologique et économique qui ne laisse pas un monde meilleur et une qualité de vie intégralement supérieure ne peut pas être considéré comme un progrès »[62].

Puis le Souverain Pontife indique, dans cette même *Encyclique,* les bases, les fondamentaux de la démarche environnementale :

« ... aujourd'hui, nous ne pouvons pas nous empêcher de reconnaître qu'une vraie approche écologique se transforme toujours en une approche sociale, qui doit intégrer la justice dans les discussions sur l'environnement, pour écouter tant la clameur de la terre que la clameur des pauvres »[63].

« Le réchauffement causé par l'énorme consommation de certains pays riches a des répercussions sur les régions les plus pauvres de la terre, spécialement en Afrique, où l'augmentation de la température jointe à la sécheresse fait des ravages au détriment du rendement des cultures »[64].

« Au lieu de résoudre les problèmes des pauvres et de penser à un monde différent, certains se contentent seulement de proposer une réduction de la natalité. Les pressions internationales sur les pays en développement ne manquent pas, conditionnant des aides économiques à certaines politiques de « santé reproductive »[65].

« La technique séparée de l'éthique sera difficilement capable d'autolimiter son propre pouvoir »[66].

« Le fait est que « l'homme moderne n'a pas reçu l'éducation nécessaire pour faire un bon usage de son pouvoir, parce que l'immense progrès technologique n'a pas été accompagné d'un développement de l'être humain en responsabilité, en valeurs, en conscience »[67].

« On ne peut plus parler de développement durable sans une solidarité intergénérationnelle. Quand nous pensons à la situation dans laquelle nous laisserons la planète aux générations futures, nous entrons dans une autre logique, celle du don gratuit que nous recevons et que nous communiquons... La terre que nous recevons appartient aussi à

---

[61] Pape François, *Op.cit.*, p.141.
[62] Pape François, *idem*, p.147.
[63] Pape François, *idem*, p.42.
[64] Pape François, *idem*, pp.43-44.
[65] Pape François, *idem*, p.42.
[66] Pape François, *idem*, p.107.
[67] Pape François, *idem*, p.84.

ceux qui viendront…(…). Une écologie intégrale possède cette vision ample »[68].

La responsabilité sociétale des entreprises (Rse) ou des organisations (Rso) suppose donc la prise en compte par celles-ci, des enjeux environnementaux, sociaux et économiques, en vue du développement durable. Le libéralisme effréné entraîne d'innombrables dégâts écologiques et humains. Face au contexte, la Rse (Rso) apparaît comme une nouvelle culture d'entreprise : tenir compte des voisins, ne pas nuire à l'environnement.

« Les Nations-Unies ont convenu ensemble d'une démarche globale, celle de redéfinir les agissements des entreprises et de remettre en question leur finalité de « maximisation du profit » : la Responsabilité Sociétale des Entreprises ou « Corporate Social Responsability (CSR). La RSE est la responsabilité d'une organisation vis-à-vis des impacts de ses décisions et activités sur la société et sur l'environnement, se traduisant par un comportement éthique et transparent qui contribue au développement durable, à la santé et au bien-être de la société, prend en compte les attentes des parties prenantes, respecte les lois en vigueur, qui est en accord avec les normes internationales de comportement et qui est intégré dans l'ensemble de l'organisation et mis en œuvre dans ses relations » *(Norme ISO 26000)*.

« Définie comme telle, la RSE incarne la mise en œuvre du développement durable dans l'entreprise et de ce fait contribue au développement des communautés locales »[69].

Il résulte de tout cela que le développement durable est avant tout un concept macro-économique : l'État fait le développement durable, et c'est la déclinaison opérationnelle du développement durable qui est la RSE (RSO) qui devient un élément de management des organisations. Celles-ci aident l'État à faire le développement durable.

La RSE (RSO) est un concept nouveau ; il est d'apparition récente dans les sommets mondiaux. Les normes internationales sont d'actualité.

Élaborée en 2010, la *norme ISO 26000* décrit également le développement durable en ces termes : « le développement durable répond aux besoins du présent sans compromettre la capacité des générations futures à répondre aux leurs. Il couvre trois dimensions :

---

[68] Pape François, *idem*, pp.123-124.

[69] François Pazisnewende Kaboré, *Responsabilité Sociétale de l'entreprise et management éthique en Afrique*, les Éditions du CERAP, 2017, Abidjan, pp.145, 146.

économique, sociale et environnementale. La responsabilité sociétale est la contribution des organisations au développement durable…

« Une démarche ISO 26000 peut ainsi constituer un formidable levier de croissance pour l'organisation : nouveaux clients, nouveaux marchés…

« Elle vise les organisations de tous types, quelle que soit leur activité, leur taille et leur localisation »[70].

Tout revient, pour l'organisation, à rendre son comportement cohérent avec la norme ISO 26000.

Il est intéressant de noter, par ailleurs, que certains financements des entreprises par des bailleurs internationaux, sont conditionnés par le respect de la RSE.

« Après une seule nuit de pluie, regarde vers les fleuves marron-chocolat, dans les parages, et souviens-toi qu'ils emportent le sang vivant de la terre vers la mer […]. Comment les poissons pourront-ils nager dans cet égout comme le rio Pasig, et tant d'autres fleuves que nous avons contaminés? Qui a transformé le merveilleux monde marin en cimetières sous-marins dépourvus de vie et de couleurs ? »[71].

Il apparaît clairement que le développement économique, lorsqu'il n'est pas maîtrisé, peut devenir comme un ogre qui dévore ses propres petits.

Conscients donc des graves menaces sur l'environnement, et par conséquent sur l'homme, les dirigeants de tous les pays se réunissent périodiquement, depuis le « Sommet » de Rio (1992), au chevet de la "mère" Terre, malade des inconséquences de ses enfants, malade du mal-développement. Le tableau est bien inquiétant:

- le réchauffement de la terre et la montée des eaux des mers et des - océans détruisent ou menacent certaines habitations riveraines. À titre d'exemples, la ville de Grand-Lahou Kpanda, en Côte d'Ivoire, est victime de l'érosion côtière, conséquence du réchauffement; ailleurs en Afrique, le lac Tchad se rétrécit à cause du réchauffement climatique, au Sénégal, la mangrove disparaît (c'est dans la mangrove que se reproduisent les poissons), la ville de Saint-Louis est menacée par la montées des eaux ; au lac Tanganyika (Tanzanie) des espèces de poissons sont en voie de disparition, l'érosion côtière en de nombreux pays, etc.

---

[70] *Internet* consulté le 22/5/2019 à 11h GMT ; *iso-26000-social-responsability.html.*

[71] Conférence Épiscopale des Philippines, Lettre pastorale : *What is Happening to our Beautiful Land*, 29 janvier 1988, citée par le Pape François, *La joie de l'Évangile*, Éditions Paulines, 2013, Abidjan, p.169.

- le dérèglement climatique a aussi d'autres impacts: sécheresse, désertification, canicules, assèchement des cours d'eau continentaux et nappes phréatiques, diminution du volume de la calotte glaciaire au pôle Nord, déplacements de glaces, tempêtes, ouragans, cyclones, et de façon générale, perte de la biodiversité.

- la déforestation et la dégradation des forêts sont une des causes du changement climatique.

- le pétrole et ses dérivés polluent l'air et les eaux. Ils émettent du bioxyde de carbone (CO2) dans l'atmosphère, un gaz à effet de serre (GES). Il convient de remplacer le pétrole, le charbon fossile et le gaz naturel par les énergies renouvelables (énergie solaire, énergie éolienne, géothermique, hydraulique...), des énergies dites "vertes", propres. Pour rappel, le charbon et le pétrole font tourner les usines depuis la révolution industrielle, au 18e siècle. Aux dires de spécialistes, le charbon fossile émet plus de gaz à effet de serre que le pétrole et le gaz naturel.

Le livre de Bruno Parmentier[72] révèle que «les États-Unis émettent près de 20 tonnes de gaz carbonique par habitant et par an, contre 8,5 tonnes en Europe de l'Ouest, 10,5 tonnes en Russie, 2,6 tonnes en Chine et guère plus de 1 tonne en Afrique ».

La situation semble cependant avoir évolué: la Chine est devenue le plus gros émetteur de gaz à effet de serre. La Chine est suivie par les États-Unis, puis l'Europe et l'Inde. La Chine a, du reste, déjà amorcé la transition verte.

L'Afrique n'émet que très peu de gaz à effet de serre (4% des émissions mondiales), sûrement du fait de sa faible industrialisation.

Bruno Parmentier note également que « Le pétrole fournit actuellement près de 40% des besoins énergétiques de la planète contre un peu moins de 25% pour, d'une part, le charbon, d'autre part, le gaz »[73].

À l'ouverture de la conférence internationale sur le climat tenue à Paris-Le Bourget (COP 21), où 195 chefs d'État et de gouvernement se sont réunis, du 30 novembre au 17 décembre 2015, on a assisté à une volée de déclarations solennelles, convergeant toutes vers l'urgence d'agir face au changement climatique. Nous rappelons quelques-unes d'entre elles:

---

[72] Bruno Parmentier, "*Nourrir l'humanité, les grands problèmes de l'agriculture mondiale au XXIème siècle*", Éditions la Découverte, 2009, Paris, p.119)

[73] Bruno Parmentier, *Op.cit.*, p.84.

« Nous avons décidé de sauver notre planète » (Barack Obama) ;

« Le monde est "au bord du suicide". Un accord doit intervenir maintenant ou jamais » (Pape François) ;

« Agir au nom de la justice climatique » (François Hollande) ;

« Il s'agit ici même de l'avenir du monde » (François Hollande)[74].

L'un des objectifs principaux de la Conférence de Paris a été de parvenir à obtenir des pays grands pollueurs, une réduction massive des gaz à effet de serre, de même qu'un soutien financier pour permettre aux pays non pollueurs, mais gravement touchés, de s'adapter au réchauffement dont ils sont les premières victimes (montées des eaux des mers et destruction de biens, sécheresse, cyclones...). Selon le principe du « pollueur/payeur », celui qui nuit à la nature doit financer les mesures pour sa remise en état.

Les points saillants de l'accord universel sur le climat intervenu à la COP 21, en 2015, ont été les suivants :

- maintenir en dessous de 2°C, si possible 1,5°C, la hausse de température, d'ici 2100.

En 2015, on était à moins de 1°C de réchauffement de la terre. La seule solution qui s'offre, ce sont les énergies renouvelables (énergie solaire, énergie éolienne ...) auxquelles il faut absolument aller, avec pour objectif la décarbonisation de l'économie : 0% de CO2 et de CH4, à terme (le bioxyde de carbone et le méthane étant des gaz générateurs d'un effet de serre). Lutter contre le réchauffement climatique, c'est lutter contre les énergies fossiles ou carbonisées.

- renforcer la recherche des technologies "vertes" pour se passer des énergies fossiles (pétrole, charbon de terre, gaz naturel, gaz de schiste) qui sont polluantes;

- un *fonds vert* climat a été créé pour le financement par les pays économiquement plus développés, d'un programme d'actions en direction des pays sous-développés qui ne sont pas responsables du dérèglement climatique, mais qui sont victimes de cette situation : 100 milliards de dollars (91 millions d'euros) par an. Concrètement, les pays bénéficiaires de la *finance verte*, pour atténuer le changement climatique, devront formuler et exécuter des projets d'investissement.

---

[74] *France 24*, 30/11/2015.

« L'objectif de 100 milliards de dollars est un bon moyen de vérifier la sincérité de l'engagement des pays riches de venir en aide aux pays plus pauvres »[75]. L'Afrique reçoit 5% de cet argent.

- l'Accord est applicable à partir de 2020, après ratification par au moins 55 pays représentant au moins 55% des émissions mondiales de gaz à effet de serre.

Cet Accord, qualifié d'«historique», a été adopté par consensus dans la liesse, le 12 décembre 2015 par les 195 États qui ont pris part à la Conférence de Paris : «Un accord différencié, juste, durable, dynamique, équilibré et juridiquement contraignant » (Laurent Fabius, président de la COP21).

Le 22 avril 2016, à New York, au siège de l'ONU, 175 pays sur les 195 qui s'étaient réunis à Paris, ont signé l'Accord sur le climat.

À cette occasion, « François Hollande a appelé le monde entier à traduire l'Accord de Paris en "actes".[76]»

La signature de l'Accord est un contrat de mise en œuvre des engagements. Les pays devraient ensuite ratifier, chacun, cet Accord avant la fin de l'année 2016.

C'est le lieu d'indiquer que la Convention-Cadre de lutte contre le réchauffement de la planète dont s'est dotée l'ONU à Rio de Janeiro en 1992 comptait, en 2016, 196 États (dont la Palestine qui a fait son entrée en mars 2016) et l'Union Européenne. À cette date, seuls deux pays du monde, la Syrie et le Nicaragua n'étaient pas à l'Accord. L'acronyme « COP » signifie « Conference Of Parties ». Les COP sont les négociations annuelles sur le climat, entre les parties.

Le 04 octobre 2016, le Parlement européen a ratifié l'Accord. À cette date, l'Accord a été signé par environ 100 pays représentant plus de 55% des États, donc valide.

À la COP 22 (du 7 au 18 novembre 2016 à Marrakech, Maroc) où les représentants de 195 pays se sont réunis, il a été essentiellement question de mettre à exécution les engagements climatiques de la COP 21 de Paris : il faut maintenant des engagements nationaux réels. Les pays signataires doivent, à ce stade, mettre en œuvre les mécanismes prévus par l'Accord, par leur traduction en règles et actions.

---

[75] Nicholas Stern, *Vers une empreinte carbone minime*, in *Finances et Développement,* Publication trimestrielle du Fonds Monétaire International, Décembre 2015. Volume 52. Numéro 4, p.7.

[76] *France 24*, 12/4/2016, 13h GMT, en boucle.

À la COP 22, l'enthousiasme et l'élan de Paris ont été réaffirmés, face à la menace climatique. Quelques déclarations marquantes résument cette même euphorie:

« Cet Accord de Paris est irréversible sur le plan juridique » (François Hollande).

« La France et l'Europe iront plus loin que les engagements qui ont été prévus » (François Hollande).

« L'inaction serait désastreuse » (François Hollande).

« L'Europe va prendre ses responsabilités par rapport à l'environnement » (François Hollande).

« On ne peut pas revenir en arrière » (Ban Ki-Moon).

« L'ONU, pour éliminer les subventions aux énergies fossiles » (Ban Ki-Moon)[77].

Contrairement à la COP 21 de Paris à forte tonalité politique, la COP 23, du 6 au 17 novembre 2017, à Bonn (Allemagne), qui a également enregistré une forte participation des pays, a été, de l'avis des observateurs, une COP de technocrates. Elle a été essentiellement consacrée à la mise en œuvre effective des engagements pris par les pays développés à la COP 21 à Paris, par rapport au fonds vert climat (100 milliards de dollars).

La COP 23 a été suivie, le 12 décembre 2017, de l'organisation par la France, d'un sommet international sur le climat (*One Planet Summit*), en banlieue parisienne, pour entretenir la dynamique de la COP 21, et remobiliser la communauté internationale pour le financement de la lutte contre le réchauffement climatique, suite au retrait américain de l'Accord de Paris.

Face aussi à ceux qui freinent la transition écologique, une marche pour le climat a eu lieu dans plusieurs villes, à travers le monde, le 9 septembre 2018. Ensuite s'est tenu, les 12, 13 et 14 septembre 2018, un Sommet à San Francisco entre maires, gouverneurs, élus et patrons du monde entier, car il faut changer les modes de production en agriculture, dans l'industrie, et aussi changer de comportement, par le respect de l'environnement. Ce sommet qui a été une réussite vise à faire pression sur les dirigeants du monde entier (les États) pour les amener à aller dans la direction des énergies renouvelables.

[77] *France 24*, en boucle, le 15/11/2016, à 17 H 15 GMT.

La COP 24 a eu lieu du 2 au 15 décembre 2018 à Katowice, en Pologne : « 200 pays face à l'impasse de l'urgence climatique »[78].

Cette conférence s'est tenue sur fond de multiples incertitudes : les promesses de la COP 21 n'ont pas été tenues par les pays. « Nous n'allons pas du tout dans la bonne direction sur le climat », constate Antonio Guterres, secrétaire général de l'ONU[79].

Enfin : « Les négociateurs parviennent à un accord », « La communauté internationale adopte les règles d'application de l'Accord de Paris »[80].

Au mois de septembre 2019, face à l'urgence climatique, a été organisée dans le monde entier, à l'initiative de la jeune Suédoise Greta Thunberg, la « Semaine mondiale pour le climat. Les citoyens se mobilisent face à l'inaction des politiques»[81].

Le 21 septembre 2019 : « Des centaines de jeunes délégués ont participé à un sommet sur le climat à l'ONU »[82].

« Greta Thunberg prend la tête d'une manifestation géante à Montréal »[83]

Dans ce domaine du climat, rappelons ici le discours d'avant-garde de Jacques Chirac en 2002, à Johannesburg : « Notre maison commune la terre brûle et, distraits, nous regardons ailleurs ». Rappelons également qu'entre novembre 2016 et décembre 2017, Thomas Pesquet, astronaute français a rejoint la station spatiale internationale d'où il a fait parvenir des images désolantes de la terre montrant des zones complètement détruites.

S'agissant de la COP25 qui a lieu en décembre 2019, le résultat a été le suivant : « COP25 sur le climat à Madrid, les États divisés, pas d'avancée majeure »[84]

Au demeurant, il conviendrait de continuer à lutter au fil des COP successives, pour gagner la bataille climatique, quand bien même certaines parties à l'Accord viendraient à manquer à l'appel.

---

[78] *France 24* du 3/12/2018 à 12 h 48 GMT

[79] *France 24*, *idem,* 12 h 42 GMT

[80] *France 24*, du 15/12/2018 à 21 h 28 GMT

[81] *France 24*, du 21/09/2019 à 13 h 33 GMT

[82] *France 24*, *idem,* 13 h 26 GMT

[83] *France 24*, du 28/09/2019 à 9 h 24 GMT

[84] *France 24*, du 13/12/2019 à 21 h GMT

2. L'Afrique face au climat

Au niveau de l'Afrique, c'est un grand défi à relever par le continent.

C'est le lieu de rappeler que «la population africaine (1,2 milliard d'habitants) doublera d'ici le milieu du siècle et atteindra 4,2 milliards en 2100 »[85], une démographie galopante.

En Afrique, comme ailleurs, les pratiques agricoles doivent entamer la transition verte ; il convient de changer le modèle agricole. De même, les villes responsables d'émission de grandes quantités de gaz à effet de serre doivent entamer la transition verte et ce, au niveau des transports publics, de l'éclairage public (lampadaires solaires), de la construction de bâtiments (utilisation de biomatériaux de construction), des foyers de cuisson des aliments (foyers améliorés qui consomment moins de bois), et de biocombustibles issus des résidus agricoles (pour lutter contre la déforestation et la désertification), les feux tricolores solaires, pressings travaillant avec des produits biodégradables, utilisation de sachets et sacs biodégradables, etc. Il y a lieu également de planter des arbres et d'aménager des parcs et jardins publics (espaces verts) dans les villes et reconstituer le couvert végétal, par la replantation d'arbres, partout où il a disparu. Pour séquestrer le carbone, la photosynthèse est le seul moyen : avoir donc des villes vertes, propres, où il fait bon vivre (en termes de rester en bonne santé). Au Togo, est célébrée, le 1er juin, chaque année, « la journée de l'arbre ».

Pour l'atteinte harmonieuse de tous ces objectifs, la planification et la programmation des actions à entreprendre sont d'une grande utilité.

La signature de l'Accord « historique » de 2015 sur le climat, s'il est respecté et effectivement appliqué, sonne comme la fin du règne du pétrole à travers le monde, et l'inauguration d'une ère nouvelle.

L'avènement des énergies renouvelables va influencer considérablement et positivement le panorama de l'économie mondiale, le quotidien de la vie de l'homme et la géopolitique planétaire dans son ensemble. L'énergie renouvelable, c'est une forme d'annonce de désarmement global, à terme. C'est donc une ère d'espérance. Par cet Accord, un petit bout de paix a été annoncé au monde.

L'Afrique peut tirer grand profit de l'avènement des énergies vertes. Son potentiel est considérable en ressources renouvelables: soleil, énergie géothermique, hydroélectricité… Il conviendrait donc que les populations africaines se les approprient. La lutte pour l'avènement des

---

[85] *UNICEF* citée par la revue *FORBES* Afrique 2014, n°18, Media SAS, Paris, p.23.

énergies renouvelables va dans le sens du combat de l'Afrique pour sortir du sous-développement et de la pauvreté.

L'électrification du continent à travers les énergies renouvelables est d'actualité. L'électricité verte est la grande chance du continent où 2/3 des populations n'ont pas accès à l'électricité.

Les « Sommets de la Terre », ouvrent la voie à l'exploitation d'une énergie verte bon marché, l'énergie solaire notamment, une opportunité à saisir.

Face à cette réalité nouvelle, l'Afrique doit relever le défi de l'énergie, car les problèmes énergétiques freinent son développement, son industrialisation.

« Près de 680 millions d'Africains, soit 56% de la population (et 70% en Afrique subsaharienne) n'ont pas accès à une source d'énergie fiable. L'électrification rapide du continent permettra d'accroître la productivité agricole, le développement social (en particulier dans les secteurs de l'éducation), et l'industrialisation. Elle encouragera une croissance plus rapide et plus inclusive»[86].

Il conviendrait de combler le déficit énergétique le plus vite possible, notamment par cette source intarissable qu'est le soleil, et cela par:

- la mise en place de centrales solaires, à l'instar des Philippines (où une centrale solaire a été construite pour remplacer les centrales à pétrole ou à charbon) ou de la Chine, qui aussi a déjà amorcé la transition vers les énergies renouvelables pour juguler la forte pollution atmosphérique que connaît le pays ;

- la construction par des firmes, de panneaux solaires à vocation familiale destinés à permettre aux populations rurales d'être éclairées sans être obligées d'avoir recours à des groupes électrogènes, gros consommateurs de gasoil. Par les panneaux solaires, les populations urbaines peuvent elles aussi ne plus avoir à dépendre des sociétés (publiques ou privées) de production d'électricité thermique par combustion de pétrole ou de gaz naturel, et n'auront plus de souci de facture d'électricité. Les panneaux sont installés sur les toits des maisons.

Un panneau solaire est une plaque énergétique destinée à capter et convertir le rayonnement solaire en énergie thermique ou électrique.

Avec le panneau solaire, l'électricité en continu est garantie (on s'affranchit des coupures de courant) et à moindre coût, à la campagne

[86] Banque Africaine de Développement, *L'Afrique sur la voie de l'accélération*, Rapport du Comité spécial de la BAD, Mai 2017, p.5.

comme à la ville. C'est une véritable aubaine. À titre indicatif, notons qu'en 2016, en Côte d'Ivoire, son prix d'acquisition, hors frais d'installation, était estimé entre 100 000 F CFA (152,43 euros) et 150 000 F CFA (229 euros) toutes taxes comprises. Il a une durée de vie de 20 ans environ. L'étude locale du prix de revient précisera le seuil indicatif ci-dessus.

Il est intéressant de noter que, de façon isolée, la Californie, aux États-Unis, installe des millions de panneaux solaires pour transformer l'énergie solaire en courant continu qui alimente des millions de foyers en électricité. De même, des voitures électriques rechargées à des stations d'électricité circulent en Californie[87].

« La Chambre de commerce et d'industrie de Côte d'Ivoire (Ccici) a lancé une « Consultation publique pour l'implantation et le développement d'une grappe industrielle pour l'utilisation des véhicules électriques en Côte d'Ivoire.

« Les pays africains comme le Rwanda ou encore l'Ouganda y sont déjà engagés.

« À ce jour, l'Afrique du Sud a envisagé de développer cette filière, l'Ouganda a construit quelques prototypes, le Ghana voisin est au stade d'incubateur universitaire. Non loin encore, de jeunes entrepreneurs togolais, suite à un partenariat avec un groupe chinois, ont mis en place une unité d'assemblage de voitures et motos électriques »[88].

Avec l'épuisement prévisible des réserves mondiales de pétrole et l'avènement des énergies vertes, la voiture électrique a des beaux jours devant elle, et les voitures à essence ou diesel d'aujourd'hui deviendront un jour des pièces de musée ou des "antiquités". En France, le ministère de la transition écologique a fixé 2040, comme date limite de la circulation des véhicules à essence ou diesel dans le pays. La France a déjà entamé le virage de l'industrie automobile.

La Chine veut s'imposer comme le premier fabricant mondial de panneaux solaires, assurant en 2013, 70% de la production mondiale[89].

En matière de production de panneaux solaires, il est particulièrement intéressant d'attirer ici l'attention du lecteur sur ce cas rare, d'un centre atypique d'enseignement technique et de formation professionnelle, le *Barefoot College* (Tilonia, Inde) dont les visées sont l'autonomisation des femmes rurales et la lutte contre la pauvreté. « En

---

[87] Cf *France 24* du 11/12/2015 à 8h 40 GMT

[88] *L'Inter*, du 09 juillet 2018, p.7, *www.linfodrome.ci*

[89] Internet: *httpp://fr.wikipedia.or/wiki/panneau solaire*

utilisant les leçons apprises sur les besoins en énergie solaire, en eau et en développement professionnel, l'école recrute des femmes analphabètes et semi-analphabètes des communautés rurales du monde entier. À Tilonia, elles suivent ensemble une formation complète durant six mois pour devenir ingénieures en énergie solaire.

« Nous avons permis à des femmes de devenir autonomes dans plus de 70 pays pour qu'elles puissent opérer des changements dans leur communauté.

« Le programme aide les gens à sortir de la pauvreté avec respect et dignité de soi.

« Burker Roy, Fondateur de Barefoot College [déclare] : "il s'agit de la seule école en Inde que vous ne pouvez pas fréquenter si vous avez un doctorat ou un master. Vous devez avoir échoué, avoir abandonné ou avoir été exclu pour l'intégrer ; vous devez être travailleur et montrer que vous possédez un certain savoir-faire dont vous pouvez faire profiter la communauté" »[90].

La production d'énergie *verte* dans un pays a évidemment un coût. Il y a lieu notamment de mettre en place les infrastructures énergétiques nécessaires : centrales solaires, éoliennes et géothermiques, barrages hydro-électriques, etc. À ce sujet, on peut lire avec intérêt ce qui suit, au sujet de la BAD, qui serait disposée à accompagner l'Afrique dans sa quête d'indépendance énergétique: produire de l'électricité pour accompagner la dynamique du développement.

« Le nouveau président de la Banque Africaine de Développement, Dr. Akinwumi Adesina, a pris ses fonctions à Abidjan le 1er septembre 2015.

« Dès son investiture, le président a insisté sur le lancement d'un "*New Deal*" pour l'énergie en Afrique. Il a déclaré: « Libérer le potentiel énergétique énorme de l'Afrique, pour l'Afrique, sera un axe majeur de la Banque ». « Pour ce faire, il a notamment évoqué l'établissement de nouveaux partenariats stratégiques visant à exploiter le potentiel de l'Afrique en énergies renouvelables ». Et d'ajouter « La Banque sera le chef de file de cette initiative cruciale, car rien n'est plus important pour la croissance et le développement de l'Afrique ». « Lors des consultations à Paris, dans le cadre des futurs accords sur le climat (COP21), il a martelé son ambition pour le continent : « La BAD soutient fermement la position de l'Afrique dans son besoin croissant

[90] *Barefoot College*, India, Rajastan. Villaggio di Tilonia, *www.barefootcollege.org*

de moyens pour garantir l'atténuation au changement climatique et l'adaptation à ses impacts »[91].

Pour l'Afrique, les énergies renouvelables représentent à la fois un enjeu économique et un enjeu environnemental.

3. La pensée écologiste, aujourd'hui

En 1974, René Dumont (1904-2001), ingénieur agronome français, spécialiste du tiers-monde, auteur du célèbre ouvrage *L'Afrique noire est mal partie*, paru en 1962, en avance sur son temps, a lancé pour la première fois en France, une organisation de l'écologie politique : le mouvement écologique. À ce titre, d'aucuns le considèrent comme le père du parti des *Verts.*

Premier candidat écologiste à l'élection présidentielle française de 1974, il a recueilli 1,32% des suffrages ; il a alors utilisé les médias pour faire connaître la pensée écologiste en politique. C'est ainsi qu'il a surpris l'opinion française en se montrant à la télévision avec à la main une pomme et un verre d'eau, pour expliquer combien ces ressources sont précieuses et en péril[92].

Aujourd'hui, le temps lui donne entièrement raison. La pensée écologiste a gagné le monde entier, ce monde appelé à se "*verdir*" pour sa propre survie. Le mouvement écologique qui se déploie sous nos yeux est une force dont la montée en puissance est irrésistible, irréversible. Un monde écologique est un monde qui reprend en main l'habitabilité de la planète. Nous assistons à la naissance d'une conscience écologique mondiale qui bouleverse notre mode actuel de développement. L'option verte, c'est le sens de l'histoire. Les énergies renouvelables vont générer une économie verte, créatrice de nouveaux emplois. L'économie mondiale est à repenser.

On voudrait pouvoir affirmer, aujourd'hui, à la faveur de l'avènement des énergies renouvelables, que désormais *l'Afrique noire est "bien partie"*, pour enfin sortir de la pauvreté. C'est une aube nouvelle. L'Afrique doit réussir la mutation énergétique, et par conséquent, les pays de l'OHADA aussi. L'*énergie verte* va créer les conditions propices à l'industrialisation de l'Afrique, pour sortir les pays africains de la pauvreté.

---

[91] Publication interne : Groupe de la Banque Africaine de Développement, *Finance climatique, en route vers la COP21, version web,* Édition n°32, juillet-août 2015, p.1 ; *climatefinance@afdb.org*

[92] *Internet*, *Google*, consulté le 13 mai 2016 à 19h : René Dumont.

« L'industrialisation est la seule et unique voie qui permet à un pays sous-développé de se développer et de prospérer, de génération en génération » (*dixit* Daniel Anikpo, économiste, ancien ministre ivoirien du Commerce et de l'Industrie).

L'Afrique a la chance de bénéficier aujourd'hui des *énergies vertes*, car il faut de l'énergie pour s'industrialiser. L'Afrique regorge de soleil.

Avec un programme de développement de l'industrialisation et les énergies renouvelables, chaque région de chacun des pays de l'OHADA peut édifier son pôle d'industrialisation, sans difficulté, et *booster* ses entreprises et autres organisations.

Au terme de cette présentation de la question environnementale, on peut affirmer, sans risque de se tromper, que le règne des énergies renouvelables sera l'un des événements les plus marquants du XXIème siècle. Il ne serait pas exagéré de dire que la transition énergétique (un changement de système) ouvre une nouvelle perspective dans l'histoire de l'humanité et singulièrement de celle de l'Afrique.

Compte tenu du changement climatique et de la dégradation de la biodiversité, il y a urgence à réaliser la transition écologique, énergétique, en recourant aux énergies renouvelables.

Chapitre VI
L'ENTREPRISE AFRICAINE FACE À LA MONDIALISATION

1. Définition du concept d'entreprise

Comme *organisation*, l'entreprise *moderne* (ainsi désignée depuis la fin du Moyen-âge, vers le XIème siècle) est une unité économique de production de biens et de services marchands. C'est la cellule de base de l'économie où se combinent les facteurs de production (matières premières, travail, capital). Elle est à la fois une unité de production destinée à vendre son produit, mais aussi un système composé d'individus faisant partie intégrante de la société civile. Elle participe pleinement à la vie économique, sociale et même politique de la collectivité nationale.

L'entreprise, pour assurer sa pérennité, se doit de vendre sa production. Exception faite de l'*entreprise sociale* (coopérative, par exemple) et de l'entreprise publique (qui n'a pas pour but de faire des profits, des bénéfices, mais de générer des ressources qui couvrent ses dépenses), elle a, entre autres, pour objectif, la maximisation du profit. Elle s'adresse à l'économie de marché, caractérisée par la concurrence, un « système économique dominé par des relations marchandes selon lesquelles la plupart des biens sont directement accessibles, et les conditions de vente, fixées librement par les acheteurs et les vendeurs…»[93]. On trouve parfois un contre-exemple de l'économie de marché, coexistant avec des prix administrés (prix gouvernementaux) pour certaines marchandises ou certains services. Dans le secteur agricole, par exemple, la politique d'achat de certains produits à prix fixe a l'avantage de soutenir la production locale et la pérennité de l'activité agricole.

L'entreprise marchande, par la production et la vente de ses produits, participe à la création de la richesse et à la redistribution des revenus.

2. Rôle de l'entreprise

L'entreprise est aussi un acteur social ; elle est citoyenne (elle a des droits et des devoirs). Elle fournit des emplois, s'insère dans la vie

---

[93] Pierre Bezbakh et Sophie Gherardi, *Dictionnaire de l'économie*, Éditions Larousse, 2008, Paris, p.422

locale et est source de revenus pour elle-même et pour d'autres agents économiques. Elle existe pour créer des biens, en vue d'améliorer la qualité de vie des hommes. La création d'une entreprise correspond toujours à un besoin économique et social. De ce fait, l'entreprise n'a pas pour seul but de faire du profit.

À ce sujet, le Pape François écrit: « L'activité d'entreprise, qui est une vocation noble orientée à produire de la richesse et à améliorer le monde pour tous, peut-être une manière très féconde de promouvoir la région où elle installe ses projets ; surtout si on comprend que la création de postes de travail est une partie incontournable de son service du bien commun »[94].

L'homme est au cœur de la finalité économique. Il est alternativement producteur et consommateur, et il est légitime de voir en lui la finalité principale de tout travail. L'entreprise se doit de participer à l'édification et au développement de la personne humaine et de la collectivité sociale. Telle est aussi la mission de l'entreprise. L'argent ne saurait par conséquent être la seule mesure du travail professionnel.

« Schumpeter voit la noblesse de l'entrepreneur dans son désir d'innovation et de création qui l'emporte sur la motivation financière et l'appât du gain »[95].

3. Classification des entreprises

Il y a une grande diversité des entreprises. Celles-ci sont globalement systématisées selon une nomenclature tirée de l'excellent manuel de Jean-Marc Chevrot et Maurice Sallée[96], et que nous adaptons ici au contexte africain :

a) La classification selon l'effectif de l'entreprise

L'effectif de l'entreprise est le premier critère qui va servir à l'identifier. Ainsi, on distingue, en France:

- la microentreprise, qui comprend 1 salarié ;
- la petite entreprise, dont l'effectif ne dépasse pas 20 salariés ;

[94] Pape François, *Encyclique pontificale Laudato Si, Sur la sauvegarde de la maison commun*e, Éditions Salvator, 2015, Paris, p.102.

[95] Citation tirée de l'ouvrage de Claude Garrier, *Géostratégie des entreprises*, L'Harmattan, 2014, Paris, p.86.

[96] Jean-Marc Chevrot et Maurice Sallée, *Initiation à l'économie générale*, Dunod, 1985, Paris.

- la moyenne entreprise, dont l'effectif est compris entre 20 et 500 salariés ;

- la grande entreprise, comprenant entre 500 et 1000 salariés ;

- la très grande entreprise : ses effectifs sont supérieurs à 1000 salariés.

b) La classification selon l'activité de l'entreprise

Cinq grands groupes sont également identifiés dans le manuel de Jean-Marc Chevrot et Maurice Sallée; on trouvera l'entreprise :

- artisanale : l'entrepreneur-artisan effectue un travail manuel et vend lui-même le produit de son travail; l'effectif se réduit généralement à 1 personne. En Afrique, c'est le cas du potier, du peintre, du menuisier, du couturier, du bottier, du tisserand, du ferrailleur, du sculpteur, de l'électricien, du plombier, du mécanicien, du bijoutier, du teinturier, du fabricant de tissus peints: *bogoolan* (Ségou, au Mali), toiles senufo de Fakaha et Sékongaha (dans les contrées de *Napié* et *Karakoro*, en Côte d'Ivoire).

On note qu'en France, l'entreprise artisanale qui est présentée comme étant « la première entreprise de France » peut compter jusqu'à 9 salariés. Le titre d'artisan y est protégé et ne peut être utilisé qu'en répondant à certaines caractéristiques. Dans la zone OHADA, cette activité est plutôt libre. L'artisanat est ici un pan important, mais pour l'heure, méconnu de l'économie formelle. Et pourtant organisé (structuré) et encadré, il peut avoir un impact considérable, car on y trouve des artisans talentueux, mais réduits à laisser leurs objets d'art exposés aux intempéries, le long des rues ou des routes, alors qu'ils peuvent avoir des hangars ou des salons d'exposition.

Les travailleurs de l'informel sont dans la précarité. Ils sont des travailleurs non enregistrés, non déclarés. Ce sont en réalité des chômeurs déguisés. Le secteur informel est, pour ainsi dire, une économie de survie.

- agricole : quand l'agriculture n'est pas hors-sol ou sous serre, la production est rythmée par les saisons et la climatologie, ce qui la caractérise essentiellement. Elle est soumise au rythme de la nature ;

- industrielle ; d'une part, la production des biens d'équipement et, d'autre part la production de biens de consommation. Dans les deux cas, il y a fabrication de produits matériels, et la production est standardisée : c'est une fabrication d'objets en série ;

- commerciale: il n'y a ni production ni transformation, mais commercialisation de produits ; ici l'entreprise achète et vend en l'état d'acquisition ;

- de services: elle est prestataire (fournisseur) de services, et c'est une production de nature immatérielle qui est vendue. Exemples:

cabinet d'étude, de conseil, audit, assurance, information, enseignement, finance, communication, tourisme, entreprise de sécurité, etc.

Naturellement, une même entreprise peut regrouper en son sein, à la fois les fonctions suivantes : industrielle, commerciale, et de services.

c) La classification selon la branche d'activité

Une branche d'activité correspond à l'ensemble des fractions d'entreprises ayant la même activité et réalisant le même type de produit au sein d'un secteur d'activité donné. Par exemple, le secteur du bois comprend les branches suivantes : le sciage, le déroulage, le tranchage, la charpenterie, la menuiserie, la production de charbon; c'est la première transformation de bois, dans certains pays de l'espace OHADA.

4. Entreprise et mondialisation

Dans un environnement de mondialisation, d'ouverture des frontières, le maître-mot demeure la *compétitivité*, c'est-à-dire la capacité à soutenir la concurrence avec les autres opérateurs économiques ou producteurs d'un même secteur d'activité, par les prix, la qualité et l'innovation. Le phénomène de la mondialisation de la concurrence oblige donc les entreprises à maîtriser leurs coûts de production et leurs prix. La concurrence est très féroce. La compétitivité économique des produits (marchandises ou services) de l'entreprise n'est rien d'autre que le fruit de la rigueur dans la gestion de ses ressources humaines, matérielles et financières, d'une part, et de la recherche constante de l'innovation, d'autre part. Cette compétitivité est le gage de la rentabilité de l'entreprise, notamment dans une économie mondialisée. Daniel Anikpo nous rappelle que :

« Hier, le monde était divisé en trois entités :

- le bloc Atlantique Occidental avec les États-Unis en tête qui était le camp du libéralisme économique,

- le bloc de l'Est communiste avec l'Union Soviétique en tête défendant le camp du socialisme scientifique, et,

- le camp des non alignés, du monde sous-développé qui jouait un rôle de neutralité dans le système mondial antagoniste Est-Ouest.

« Depuis 1989, avec la destruction du mur de Berlin et l'écroulement du bloc soviétique, nous avons un monde bipolaire avec, de nouveau, deux mondes antagoniques :

- le monde développé des pays riches dont le porte-flambeau est le groupe du G8,

- le monde sous-développé des pays pauvres ayant pour porte-drapeau le groupe du G20.

« Nous avons deux mondes typés. Le monde développé des pays riches qui se modernise à pas de géant, se mondialise, se globalise, alors que le monde sous-développé des pays pauvres se marginalise, s'appauvrit à pas de géant »[97].

Le phénomène de la mondialisation, la concurrence généralisée, ce nouvel ordre économique manifesté de façon plus éclatante depuis les années 1980, crée des opportunités à saisir, mais aussi des risques et des menaces qu'il implique et qu'il convient d'évaluer et maîtriser au plan du développement et de la réduction de la pauvreté dans les pays à faibles et moyens revenus. Ces nouvelles circonstances demandent des entreprises dynamiques, compétitives et innovantes. Dans la mondialisation, on passe de l'idée d'États-nations à celle d'un monde sans frontières physiques ni réglementaires des États.

C'est le lieu de rappeler qu'en 1980, le « *Consensus de Washington* » ("l'ensemble des politiques de réforme libérale réclamée par le Fonds monétaire international et la Banque mondiale"[98]) a changé les paradigmes de l'économie mondiale. C'est, pour ainsi dire, le démantèlement des frontières nationales. L'emprise du capitalisme libéral sur le monde est aujourd'hui considérable.

La globalisation économique est éthiquement admissible si elle est partagée, par exemple quand des pays riches investissent solidairement dans des pays pauvres.

«Pour les *altermondialistes*, il conviendrait de subordonner l'entrée des capitaux extérieurs à une participation à un projet de développement de long terme destiné à améliorer les conditions de vie de l'ensemble des populations »[99].

Pour les altermondialistes, il y a aussi l'idée qu'aucune entreprise étrangère ne devrait s'installer dans un pays sans s'associer avec des nationaux.

---

[97] Daniel Anikpo, *La Méga-Économie, Revoir le Développement*, Éditions L'Harmattan 2004, Paris, p.119

[98] *Internet, Google* consulté le vendredi 5 avril 2015, en tapant *consensus de Washington*

[99] Pierre Bezbakh et Sophie Gherardi, *Dictionnaire de l'économie*, Éditions Larousse 2008, Paris, p.95

« *L'altermondialisme* est un mouvement contestataire dénonçant les effets pervers de la mondialisation libérale, et préconisant une organisation solidaire des relations économiques internationales.

« En effet, pour les *altermondialistes*, influencés par les idées marxistes ou tiers-mondistes, l'interpénétration actuelle des économies s'explique par le besoin des pays capitalistes développés de trouver au « Sud » des débouchés pour leurs productions industrielles et agroalimentaires comme pour leurs semences génétiquement modifiées. Ces pays y délocalisent également une partie de leurs activités afin d'y profiter du faible coût de la main-d'œuvre. Mais les pays du « Sud » ne pourraient écouler au «Nord» toute la gamme de leurs produits en raison du maintien de règles protectionnistes à l'entrée des pays riches, de leur avance technologique ou de subventions accordées aux producteurs locaux. Ainsi, cette concurrence déloyale avantagerait les pays développés et accentuerait une spécialisation internationale ne permettant pas un véritablement développement au « Sud »[100].

D'aucuns vont même plus loin, au "Nord", pour réclamer le retour, pur et simple, au protectionnisme, à l'isolationnisme. C'est *l'antimondialisme*, c'est-à-dire la rupture avec le modèle libéral globalisé. C'est le rejet d'un système considéré comme une forme de pensée unique et de manière de vivre unique, au profit des riches et imposée par les puissances d'argent au reste du monde. Les *antimondialistes* donnent la priorité au développement économique interne des pays, au lieu d'un certain interventionnisme international. C'est le repli sur soi. Résonne ainsi la clameur de ceux qui disent: "mon pays d'abord", "ma région d'abord" ; "ne pas s'immiscer dans les affaires des autres pays". C'est la montée des forces qui refusent "l'idéologie du mondialisme", qui refusent la disparition des frontières.

En Occident, il y a eu en 2016 et 2017, quelques grands bouleversements.

Après le Brexit (sortie du Royaume-Uni de l'Union Européenne, le jeudi 23 juin 2016), un autre évènement marquant est survenu le mardi 8 novembre 2016, avec la victoire du candidat républicain Donald Trump à la présidentielle Américaine.

En France, on a observé le changement et la recomposition politiques du pays, avec l'arrivée au pouvoir, le dimanche 17 mai 2017, du candidat du mouvement "*En Marche*", Emmanuel Macron;

[100] Pierre Bezbakh et Sophie Gherardi, *Op.cit.*, pp.94-95

changement, compte tenu de l'élimination au 1er tour de la présidentielle, des deux formations politiques traditionnelles (droite et gauche) qui ont gouverné la France pendant 50 ans; recomposition, avec l'entrée au gouvernement et à l'Assemblée nationale de nombreux visages inconnus du grand public et issus de tous bords : droite, gauche, centre, écologistes, société civile, après appel à candidatures pour les investitures aux législatives (plus de 19 000 inscrits). Le "macronisme", c'est quelque chose d'absolument inédit sous la Vème République, selon certains observateurs de la vie politique française.

Au total, « La mondialisation, les uns s'en félicitent, car elle facilite la production de plus de richesse. Les autres la condamnent, car elle aggrave les inégalités et la domination d'un modèle culturel unique. Mais chacun s'accorde qu'on ne peut plus l'ignorer »[101]. C'est autant dire que nous sommes dans un monde qui balance entre mondialisation et protectionnisme. Face à une telle situation, il devient urgent que l'Afrique secoue sa torpeur, pour chercher sa propre voie du développement, bâtie avant tout sur ses valeurs culturelles. La culture est l'identité d'un peuple. De cette culture-là, les entreprises et autres organisations africaines tireront certaines valeurs pour fonctionner.

« La mondialisation, *a priori*, n'est ni bonne ni mauvaise. Elle sera ce que les personnes en feront »[102].

Compétition internationale oblige. L'entreprise doit, par ailleurs, être bien organisée, au plan intérieur et à l'international. La deuxième partie du livre s'efforce de répondre à ces préoccupations.

---

[101] CIRAD-GRET, Ministère des Affaires étrangères, France, *memento de l'agronome*, Éditions Quae, Éditions Cemagref, CIRAD 2014, p.14, Ifremer, Inra, *www.quae.com*

[102] Pape Jean-Paul II, Interview au quotidien catholique, *La Croix* du 20 août 1997.

Deuxième partie
ORGANISER SON ENTREPRISE, UNE PRIORITÉ

Chapitre I
LA PROBLÉMATIQUE DES PME DANS L'ESPACE OHADA. ESQUISSES DE SOLUTION

Il est intéressant de constater que la plupart des entreprises à travers le monde sont de petites et moyennes entreprises. En France, par exemple, ce sont les PME qui embauchent le plus. De fait, ce sont elles qui réalisent le gros de l'activité, qui créent le plus d'emplois. Elles constituent le socle sur lequel se construit l'économie d'un pays, surtout d'une jeune nation.

Dans l'espace OHADA, elles font entre 12 et 27% du produit intérieur brut (PIB) des pays, mais sont dominées par l'informel.

Une politique de développement qui prend en compte les petites et moyennes entreprises se donne beaucoup de chances de réussite, dans la mesure où elle améliore directement le sort des populations. Une politique de promotion des petites et moyennes entreprises a pour corollaire une croissance inclusive et redistributive. En effet, les PME occupent une place stratégique dans le processus de développement : elles offrent des emplois et contribuent à la réduction de la pauvreté et à la lutte contre l'inégalité.

Après la longue présentation de la nomenclature des entreprises, au chapitre VI précédent, arrêtons-nous à présent pour faire quelques observations sur le concept de petite et moyenne entreprise (PME), le rôle des PME dans l'économie et la problématique de leur financement en Afrique subsaharienne.

1. Le concept de PME

« Selon la Charte Nationale des PME/PMI au Bénin, la PME (Article 3) est une entreprise légalement constituée, tenant une comptabilité régulière, qui n'est pas une filiale de multinationale et satisfait aux critères d'un effectif de cinq (05) à cent (100) employés permanents, avec un capital social compris entre un million (1 000 000) et cinquante millions (50 000 000) de francs CFA, ou des investissements d'un montant compris entre cinq millions (5 000 000) et cinq cent millions (500 000 000) de francs CFA »[103].

---

[103] Tiré du livre de François Pazisnewende Kaboré, *Responsabilité sociétale de l'entreprise et management éthique en Afrique*, Les Éditions du CERAP, 2017, Abidjan, p.60

En Côte d'Ivoire, en son article 4 du chapitre 2, la Loi N°2014-140 du 24 mars 2014 portant orientation de la politique nationale de promotion des petites et moyennes entreprises donne la notion de PME suivante : « La Petite et Moyenne Entreprise, en abrégé PME, désigne toute entreprise, productrice de biens et/ou services marchands, qui emploie en permanence moins de deux cents personnes et qui réalise un chiffre d'affaires annuel hors taxes n'excédant pas un milliard de francs CFA. La PME est une entreprise totalement autonome, légalement constituée et tenant une comptabilité régulière. La PME peut être une entreprise exerçant une activité économique à titre individuel ou familial, une société de personnes ou de capitaux. La notion de PME inclut celle de Petite et Moyenne Industrie, en abrégé PMI ».

Dans le cadre de l'espace OHADA, qui exige l'harmonisation des droits et des pratiques du droit, on pourrait se demander ce qui explique cette différence de définition des petites et moyennes entreprises.

Sur un tout autre plan, dans une PME, les gens sont plus proches les uns des autres. La PME est à taille humaine, par rapport à la grande entreprise ou la multinationale.

2. Le rôle éminent des PME dans l'économie

«Sur le continent, selon les estimations de la Banque Africaine de Développement (BAD), on dénombre 65 millions de PME… Les PME représentent 90% du secteur privé et près des trois quarts des emplois en Afrique »[104], et ce, hors secteur agricole.

«Selon la Conférence des Nations Unies sur le commerce et le développement (CNUCED), les PME génèrent 60% à 70% de tous les emplois dans les pays en développement, et contribuent ainsi à la réduction de la pauvreté. À cet égard, nombre de pays africains ont accordé une grande priorité à la croissance des PME »[105].

3. La problématique du financement des PME africaines

Malgré le rôle déterminant des PME dans la lutte contre la pauvreté, elles éprouvent, dans la plupart des pays africains au sud du Sahara,

104 *Côte d'Ivoire Économie, le périodique des dirigeants et leaders d'opinion*, mensuel, mai 2014, n°34, p.12

105 Nations Unies, commission économique pour l'Afrique, Addis-Abeba, *Note d'orientation n° NTIS/003/2014 : Le commerce électronique peut-il favoriser la croissance des petites et moyennes entreprises en Afrique*?, p.1, *Site web : www.uneca.org*

d'énormes difficultés à se faire une place au soleil, en raison de l'absence ou de la faiblesse de financement, de l'absence de marché, parce qu'on les considère sans expérience.

La problématique du financement des PME africaines a fait couler et continue de faire couler beaucoup d'encre et de salive. Il leur est reproché, avant tout, un déficit d'organisation.

Dans son ouvrage[106], Paul Derreumaux, un banquier de renom, fondateur du groupe BANK OF AFRICA (BOA), fait le compte de la situation des PME, en ces termes :

« - Les banques souhaitent rencontrer chez leurs clients des structures bien organisées et encadrées, demandent des fonds propres substantiels capables de faire face aux imprévus, requièrent en permanence des entreprises qu'elles financent, une vision claire et précise de leur avenir, et espèrent toujours appuyer leurs concours sur des garanties solides apportées par les chefs d'entreprises et répondant bien aux critères requis de leurs Autorités de tutelle »[107].

« - Ces nombreuses caractéristiques sont très difficiles à réunir – au moins toutes ensemble – par la clientèle des PME en Afrique subsaharienne, quelle que soit la définition que l'on donne à ces entreprises, ainsi que les secteurs d'activité et les pays qu'on considère »[108].

« - L'amélioration de la situation suppose que des efforts multiples soient accomplis par chaque partie pour se rapprocher des attentes de l'autre »[109]. C'est un appel à établir le dialogue entre les banques et les PME.

Par ailleurs, on observe que, dans l'espace OHADA, et de plus en plus, des jeunes diplômés des universités ou des grandes écoles, de jeunes étudiants, des personnes d'un très bon niveau d'instruction, créent leur PME, avec un minimum de savoir-faire et des fonds propres. En général, ils choisissent une activité qui les passionne.

Il se trouve aussi que bon nombre de promoteurs de PME de l'espace sont des autodidactes, et certains d'entre eux ne sont pas devenus entrepreneurs par choix, mais par défaut.

---

[106] Paul Derreumaux, *Ombres et lumières d'Afrique* (NEI-CEDA, Abidjan, 2016), et sous le titre « *Les difficultés de financement des PME par les banques en Afrique subsaharienne : A qui la faute*? »

[107] Paul Derreumaux, *idem,* p.22

[108] Paul Derreumaux, *idem,* p.22

[109] Paul Derreumaux., *idem* p.21

Avec ces parcours singuliers, nous avons là des cas de personnes qui ont un grand besoin d'être accompagnées dans leur travail au plan de l'organisation, de la gestion, de l'encadrement technique, de l'encadrement juridique, du coaching personnalisé du dirigeant de PME, de la formation de ses collaborateurs, la recherche de financement, la recherche de marchés, etc.

À l'effet d'amener les parties autour de la table, de favoriser le dialogue indispensable entre les banques et les PME, et faciliter l'accès de ces dernières au financement, certaines dispositions non négligeables seraient à prendre par les PME, tout au moins pour faire leur part de responsabilité, par exemple: la formation du dirigeant et de ses collaborateurs, la bonne identification du projet ou des opportunités d'affaires, le système de gestion de l'entreprise, les garanties de remboursement (quand elles existent), etc.

La formation professionnelle est chose indispensable pour exercer n'importe quelle activité. On ne saurait, en effet, se lancer dans une activité donnée sans en avoir la formation théorique et pratique requise, qui peut s'acquérir, soit dans des centres de formation spécialisés, lorsqu'il en existe dans le pays, soit sur le tas chez des professionnels, à travers des stages, ou autrement.

L'élaboration d'une étude de faisabilité technique (business-plan), qui fait apparaître clairement la rentabilité financière du projet est aussi intéressante à fournir (voir ***annexe 1***, à titre indicatif: *un modèle de canevas d'étude de faisabilité d'un projet*).

De même, le projet ou l'activité, doit être bien identifié (localisation, justification, coût du projet, montant et durée du prêt sollicité, etc.) et son système de fonctionnement (organisation et gestion) présenté. Il serait également opportun pour la PME d'avoir un siège.

Enfin, la production de garanties de remboursement serait d'une grande utilité : sûretés personnelles (aval) et/ou sûretés réelles (hypothèque) effectivement mobilisables. Il convient de trouver un levier de maîtrise des risques de non-remboursement. Le crédit bancaire est toujours basé sur la confiance. Les banques vivent avec la perception du risque. Il y a un besoin d'informations sur les PME pour les financer.

Il est particulièrement intéressant de relever qu'en Inde, les PME sont très développées et ont une organisation et une gestion rigoureuses. L'État équipe les PME et leur cherche des marchés, tant à l'extérieur qu'à l'intérieur du pays. Il y a aussi des centres de gestion agréés pour le suivi rigoureux des PME.

L'Allemagne, quant à elle, dispose d'un large tissu de PME sous-traitantes de la grande industrie. Il apparaît qu'il n'y a pas que les subventions et les avantages fiscaux pour accompagner les PME.

« Dans le système allemand, les PME participent à la création de la richesse nationale à hauteur de 80%[110] ».

En Afrique subsaharienne, les PME qui sont souvent des entreprises familiales ne fonctionnent pas comme il conviendrait, parce qu'elles n'ont pas suffisamment de marchés et aussi parce que le système financier ne les accompagne pas assez. En particulier, les banques classiques (commerciales) ne sont pas très visibles dans le financement des PME, car elles ne sont pas toujours outillées pour cela. Exception faite de quelques banques commerciales ouvertes aux PME, c'est le secteur de la microfinance qui a pour cibles les PME. En Côte d'Ivoire, VERSUS BANK a reçu le prix de l'Établissement le plus innovant en matière de financement des PME. Pour l'heure, les ressources propres des promoteurs constituent l'essentiel du financement des PME.

4. Esquisses de solution

Selon PME Magazine[111] :

« Certaines initiatives ont été menées ces derniers mois en Côte d'Ivoire pour encourager les banques à accroître l'accompagnement financier à l'égard des PME. Alors, que proposent réellement les banques commerciales à l'endroit des PME opérant en Côte d'Ivoire ? »[112].

« Certaines banques […] trouvent les moyens d'offrir des produits bancaires aux PME malgré leurs faiblesses affichées »[113].

« Alors, quels sont les produits bancaires que les PME pourraient solliciter pour leur croissance ? Que proposent concrètement certaines banques dans ce sens ?[114]:

« 1. Les PME peuvent dans un premier temps bénéficier des financements d'exploitation. Pour prendre l'exemple de la SGBCI, elle offre plusieurs produits à cet effet. On y note la facilité de caisse, le découvert, la caution, l'avance sur produit gagé, le crédit spot et l'affacturage.

---

[110] *L'Inter* n°6336 du 10 au 12 août 2019, p.5
[111] *PME Magazine*, N°68-Mai 2018, 06 B.P 1779 Abidjan 06
[112] *PME Magazine, idem,* p.31
[113] *PME Magazine, idem,* p.33
[114] *PME Magazine, idem,* p.34

2. En second lieu, les PME ont la possibilité d'avoir accès aux financements d'investissements. La BOA Côte d'Ivoire propose à sa clientèle d'entreprises, un crédit à moyen terme ou un crédit à long terme adapté au projet de l'entreprise. La BICICI, de son côté, propose la Location Longue Durée (LLD) qui est un crédit de financement spécialisé aux entreprises et qui leur permet d'externaliser la gestion de flotte automobile professionnelle... Cette banque offre également le crédit-bail.

3. En troisième lieu, les PME peuvent bénéficier des financements pour les opérations internationales. Ces produits sont plus adaptés aux entreprises développant des opérations de commerce international ».

Dans le même document, on peut lire ceci :

« Dans l'optique d'encourager les banques commerciales à renforcer leur niveau d'accompagnement financier des PME, le secteur privé ivoirien a été témoin depuis deux ans de l'initiative « La finance S'Engage ». La finance S'Engage, est née d'un projet conçu par le Cabinet ESPartners et porté par le Patronat ivoirien et plus particulièrement avec la création de la Commission de Financement du Secteur Privé de la CGECI en partenariat avec la Banque Africaine de Développement dans le but de mobiliser le secteur financier pour offrir des solutions concrètes au financement de l'économie ivoirienne.

« Les PME, à travers la Fédération ivoirienne des petites et moyennes entreprises (FIPME) et le Mouvement des PME (MPME), se sont engagées en octobre 2017 à améliorer leur environnement afin de susciter le financement des institutions bancaires ou de microfinance, à l'ouverture de la 2ème édition du forum "La finance S'Engage".

« À cette occasion, un contrat d'engagement a été signé entre les acteurs du secteur financier, c'est-à-dire les banques et les Petites et moyennes entreprises... Les PME ont pris, entre autres, l'engagement de respecter les conditions de financement des institutions financières, de pérenniser leurs activités par une organisation efficiente, de promouvoir la bonne gouvernance, de renforcer de façon continue leur capacité managériale, d'exécuter les marchés publics dans les délais, conformément aux cahiers des charges.

« Les acteurs du secteur financier ont pour leur part pris l'engagement solennel d'accompagner 100 PME dans le cadre d'un projet pilote. Elles vont bénéficier d'un soutien et d'un renforcement de capacités dans les domaines de l'information financière, l'éducation financière et l'assistance technique.

« Le président de la Confédération générale des entreprises de Côte d'Ivoire (CGCI), Jean-Marie Ackah, réaffirmant l'objectif du patronat qui est de contribuer à la promotion d'un secteur privé dynamique et compétitif, a souligné que la Confédération entend ainsi promouvoir les initiatives favorisant le développement des entreprises au nombre desquelles l'amélioration de l'accès au financement.

« Espérons que ce genre d'initiatives se multipliera davantage et qu'au-delà des simples engagements pris de part et d'autre, les PME et les banquiers trouveront enfin des atomes crochus qui permettront à tout le monde de se rendre compte que le financement bancaire des PME est une réalité en Côte d'Ivoire. Il y va de l'avenir de l'économie nationale » (fin de citation).

De telles initiatives pourraient-elles servir d'exemples à d'autres pays africains, singulièrement ceux de l'espace OHADA, pour promouvoir enfin, de façon significative, le financement de leurs PME/PMI ?

On peut affirmer, sans risque de se tromper, que les PME constituent l'avenir du monde, l'avenir de l'Afrique, car elles favorisent une croissance plus inclusive, réduisant ainsi l'écart entre les riches et les pauvres. Car, aussi bien, les multinationales et la fonction publique ne suffisent pas à elles seules, à résorber le chômage. La prolifération des PME, c'est le sens de l'histoire. Encore faut-il qu'elles soient pérennes et prospères, et parviennent à contribuer à l'instar de l'Allemagne à 80% au PIB. En Afrique subsaharienne, l'expérience allemande a de quoi servir de modèle, en la matière.

En tout état de cause, un pays voudrait-il véritablement prendre ou reprendre en main son économie, qu'il fasse alors une politique des PME nationales.

Par ailleurs, l'organisation ou la restructuration est un élément pouvant contribuer à asseoir la pérennité et la prospérité de toute entreprise, y compris la PME.

Le prochain chapitre est consacré à la question de la restructuration (réorganisation) générale de l'entreprise, quelle que soit la taille de celle-ci.

Chapitre II
LA QUESTION DE LA RESTRUCTURATION GÉNÉRALE DE L'ENTREPRISE. LE CAS DE L'EX-S.A.T.M.A.C.I

1. La méthode

Toute entreprise déjà existante (qu'il s'agisse de la grande entreprise ou de la PME) qui veut innover, ou qui est confrontée à des difficultés et qui lutte pour sa redynamisation par un plan de relance de ses activités, devrait commencer par se prêter à une *évaluation*, c'est-à-dire un bilan-diagnostic sans complaisance, dans tous ses compartiments, autant que possible depuis sa création jusqu'à la période de l'évaluation, de préférence par un consultant, un expert indépendant, dans le but de déceler ses forces et ses faiblesses, les opportunités et les menaces.

Nous ne citons pas l'ex-SATMACI, société d'État, pour servir nécessairement de modèle, mais avant tout, pour faire ressortir la méthode pertinente applicable à tout type d'entreprise.

L'entreprise dispose de ressources humaines, de ressources matérielles et financières. Il est nécessaire de faire d'abord « l'état des lieux », c'est-à-dire :

1.1 L'évaluation des aptitudes ou qualités des agents pour la mission

Dans cette évaluation, il y a lieu d'analyser chaque poste de travail existant, pour savoir s'il y a adéquation entre le profil du poste (caractéristiques, mission, tâches à réaliser) et le profil de l'individu (niveau d'études, formation, ancienneté, expérience, équation personnelle...) qui l'occupe actuellement.

Plusieurs cas de figure peuvent dès lors apparaître :

- le profil de poste correspond au profil de l'individu en place ;
- le profil du poste est supérieur au profil de l'individu en place ;
- le profil du poste est inférieur au profil de l'individu en place.

Cette toute première étape exploratoire est extrêmement importante eu égard aux ajustements ultérieurs qui s'imposent, dans le cadre d'une réorganisation ou restructuration de l'entreprise.

Si le profil de l'emploi est en adéquation avec le profil-personnalité de l'individu, c'est l'idéal recherché, naturellement.

Si le profil du poste est supérieur à celui de l'individu, les solutions possibles sont les suivantes :

- l'individu est perfectible, et dans ce cas il suffira de lui donner un complément de formation, pour une mise à niveau ;
- l'individu n'est pas perfectible, en raison d'un niveau trop bas, d'un manque de volonté, d'un désintérêt manifeste ou démotivation, d'un manque du sens des responsabilités, etc. ; dans ce cas, il conviendrait de lui trouver un autre poste d'affectation plus conforme à son profil.

Si le profil du poste est inférieur à celui de l'individu, il faut chercher à réaffecter l'agent à un poste plus élevé (promotion) pour lui éviter d'être en sous-activité ou sous-emploi, et au moins par justice: « l'homme qu'il faut à la place qu'il faut». À chaque poste, chacun doit se sentir à l'aise, du point de vue intellectuel et psychologique. Dans cette évaluation, il y a lieu de tenir compte aussi du niveau linguistique de la personne.

On observe, par ailleurs, que les travailleurs (ouvriers, employés, cadres) de l'entreprise sont ordinairement partagés en trois catégories, selon leur rendement au travail :

- les bons ;
- les perfectibles ;
- et ceux qu'on dit« incapables » ou « irrécupérables ».

Quid de ceux considérés comme « irrécupérables » ? Une étude au cas par cas devrait pouvoir éclairer sur la décision définitive à prendre, les concernant, et on trouvera toujours une place où l'agent sera utile. S'il n'est pas bon pour un poste, il le sera sûrement pour un autre. Nul n'est délaissé. Donc: pas tout pour les meilleurs, mais le meilleur pour chacun, est-on tenté d'écrire !

1.2 L'analyse de l'organigramme existant

Cette analyse devra porter essentiellement sur les atouts et les faiblesses de l'entreprise, ce dont on tiendra compte nécessairement dans la nouvelle vision et le plan d'action à venir. Un nouvel organigramme des fonctions est alors élaboré.

1.3 Le bilan financier

Il convient de le rapprocher du compte d'exploitation prévisionnel, si tant est qu'il en existe déjà un au sein de l'entreprise, pour en tirer des enseignements et des leçons.

1.4 L'inventaire ou bilan des ressources matérielles

La comptabilité dite "matières" porte sur les biens meubles et immeubles de l'entreprise : l'inventaire est fait de toutes les ressources matérielles, en vue d'en optimiser la gestion.

1.5 L'analyse des nouveaux objectifs de production de l'entreprise

Elle doit se faire par le consultant, en étroite liaison avec la direction générale.

Pour la synthèse du diagnostic organisationnel, et afin de déboucher sur des infléchissements de politique ou des orientations nouvelles, l'évaluation des résultats passés de l'entreprise, par rapport aux objectifs quantitatifs et qualitatifs de production (sur les dernières années), pourrait adopter la démarche suivante, et dans l'ordre :

- le rappel des objectifs passés, année par année ;
- les résultats chiffrés par rapport aux objectifs quantitatifs, année par année ;
- la recherche et l'analyse des causes d'écarts entre résultats et objectifs ;
- la problématique, c'est-à-dire l'analyse de l'ensemble des problèmes et défis que l'entreprise devra surmonter pour son redressement et poursuivre sa croissance.

Cette démarche consistant à diagnostiquer, analyser et agir est indispensable pour administrer la thérapie nécessaire.

Il y a lieu de faire ici le *distinguo* entre politique et stratégie d'entreprise. De façon générale, la politique suppose une continuité dans l'action. C'est la définition des objectifs globaux de l'entreprise, par rapport à la vision de la direction générale. Quant à la stratégie, « c'est l'ensemble des décisions d'action, impliquant choix des moyens et articulation des ressources, en vue d'atteindre un objectif lointain, global »[115]. Dans la même ligne, on note que «La stratégie peut être définie comme une combinaison optimale de techniques, méthodes et moyens intelligents, astucieux, et extraordinaires qui a pour finalité de donner une plus grande chance à l'atteinte des objectifs »[116].

---

[115] Claude Garrier, *Op.cit.*, p.72

[116] Serge Abihona, *La Notion d'objectif et la pratique de la gestion axée sur les résultats*, Éditions Connaissances et Savoirs, 2013, Paris, p.23

Dans l'ouvrage *De la gestion de projet au management par projet*, de Michel Joly et Jean-Louis G. Muller[117], il est rappelé que « la stratégie est considérée comme un art par les militaires ».

1.6 Définition d'un plan d'action et réorganisation (restructuration) éventuelle de l'entreprise

Le processus est le suivant :

- mise en place d'un nouvel organigramme des fonctions ;

- point des besoins de formation complémentaire des agents en place, dans un but d'adaptation à l'évolution économique et/ou technologique ;

- mise en place d'un outil statistique performant pour la tenue à jour des statistiques du travail (production, personnel, états financiers, etc.) ;

- mise en place d'un service d'études et de planification ;

- mise en place d'un service de programmation, de budgétisation et de contrôle de gestion ;

- mise en place d'une cellule pour l'élaboration des normes techniques et financières et des normes qualité à mettre en œuvre au niveau de la production ;

- redéploiement par la direction générale, des effectifs du personnel, en fonction des compétences de chacun.

D'une manière générale, le bilan-diagnostic et le projet de restructuration de l'entreprise en difficulté ou en phase de croissance, sont réalisés de préférence par un consultant, une personne extérieure à l'entreprise, quelqu'un de compétent, indépendant et neutre.

Par la suite, il conviendra de refaire ce même exercice, de façon périodique, pour tenir compte d'un environnement qui est dynamique, afin de connaître et gérer les risques éventuels.

2. Une étude de cas

Dans notre étude, relatons ici à titre d'illustration, ce qu'a été naguère la restructuration de la Société d'Assistance Technique pour la Modernisation Agricole de la Côte d'Ivoire (en acronyme, SATMACI), une société d'État d'alors, qui, pour les besoins de la cause, a vu recentrer ses activités, en 1972, sur le café et le cacao, à l'exclusion de toute autre spéculation agricole.

---

[117] Michel Joly et Jean-Louis G. Muller, *De la gestion de projet au management par projet*, Éditions AFNOR Tour Europe, Paris La Défense, 1994, p.125

Pour sa restructuration, la SATMACI a fait appel à un consultant, la COFROR (Compagnie française d'organisation).

Au niveau du siège (Abidjan), tous les services ont été réorganisés.

Sur le terrain, il y a eu le découpage de la partie forestière du pays, en directions régionales, zones et secteurs.

La mission et les tâches de chacun des acteurs, à tous les niveaux, ont été clairement définies à travers des fiches de fonction, et les moyens mis en place pour la mission, tout cela, dans un cadre de planification, programmation, budgétisation des actions et de contrôle de gestion, avec le concours de la COFROR. Ce nouveau système a eu des effets absolument impressionnants.

On peut rappeler ici qu'en 1970, la production de cacao de Côte d'Ivoire n'était guère que de l'ordre de 125 000 tonnes de fèves, et celle du Ghana voisin, de 500 000 tonnes, ce qui plaçait le Ghana, premier producteur africain et mondial de cacao. Dans un climat de saine émulation politique, le gouvernement ivoirien d'alors, soucieux d'accroître rapidement et de façon significative la production de cacao, a dès lors entrepris la mise en œuvre d'une politique de développement « des plus hardies » de la cacaoculture, sur la décennie 1971-1980. Au niveau du terrain, les stratégies adoptées par la SATMACI ont été, en particulier, les suivantes:

- le recensement des planteurs de cacao ;
- l'inventaire du verger cacaoyer existant, l'âge des plantations, le matériel végétal (variété) utilisé et les rendements ;
- le cadastrage des plantations et leur étude pédologique, en vue de l'apport éventuel d'engrais ; des attestations de plantation sont délivrées aux planteurs. Ce cadastre n'avait aucune valeur foncière, son but étant seulement de permettre l'octroi d'un crédit agricole, en fonction des surfaces plantées de chacun, pour leur entretien courant ;
- après l'état des lieux (recensement et inventaire), les planteurs ont été organisés en groupements coopératifs de producteurs villageois devant bénéficier de l'encadrement technique agricole pour la régénération (réhabilitation) des vieilles cacaoyères, celle-ci consistant en des opérations d'un meilleur entretien des plantations (désherbage et rabattage du recrû, une fois par trimestre), de toilettage des arbres (élagage, égourmandage), de protection phytosanitaire (lutte conte les champignons, les insectes ravageurs et autres ennemis des cultures), d'apports d'engrais minéraux, etc. Ces actions simples ont donné des résultats spectaculaires : dès la première campagne agricole qui a suivi, les rendements ont doublé, le rendement moyen passant de 400 à 800

kg à l'hectare, sur des superficies établies à partir de vieilles variétés peu productives (variétés *amelonado*, de type amazonien) ;

- l'extension du verger, par la création de nouvelles plantations, avec de nouvelles variétés issues d'amélioration ou de sélection en station de recherche agronomique : du matériel végétal haut producteur (variété *trinitario* : 3 à 4 tonnes par hectare en station de recherche, et 1,5 à 2,5 tonnes en milieu paysan) et plus précoce (1ère récolte à partir de la 4ème année, au lieu de la 7ème) ;

- la mise en place d'un crédit agricole adapté, avec le concours de la BNDA (Banque Nationale pour le Développement Agricole), crédit accordé aux producteurs des groupements coopératifs, sous forme d'intrants (sachets et cabosses de cacao, produits phytosanitaires, engrais), d'appareils de traitements, petit matériel agricole tel que les machettes et les sécateurs. Les prêts étaient adaptés et subventionnés, et les taux d'intérêt de remboursement bonifiés (3 à 7%) ;

- l'octroi d'une prime d'incitation dite prime "cacao" de 60 000 F CFA (92 euros) aux planteurs, pour tout nouvel hectare créé. Cette prime était payée en deux fois (deux tranches de 30 000 F CFA), au vu de l'état des travaux réalisés ;

- l'encadrement technique des planteurs : les normes d'encadrement technique étaient les suivantes : 1 directeur régional pour 3 à 4 chefs de zone ; 1 chef de zone pour 7 assistants d'encadrement ; 1 assistant pour 7 conseillers ruraux tous basés dans les villages, 1 conseiller rural pour 7 groupements de planteurs villageois (1 groupement comprenait 15 à 50 personnes). Ils étaient tous placés sous la direction du chef d'opération cacao (siège).

L'efficacité de l'encadrement technique a été possible par la présence effective au quotidien des agents d'encadrement sur le terrain et du suivi rapproché des producteurs. Comme moyens de locomotion, il y avait 1 véhicule de type berline pour le directeur de l'opération, une berline pour le directeur régional, une camionnette bâchée pour le chef de zone, une voiture légère Renault 4 pour l'assistant, un engin motorisé à deux roues de type "mobylette" pour le conseiller rural. Toute la zone forestière était couverte par cet encadrement dense, assistants et conseillers ruraux vivant dans les villages des planteurs ;

- la réorganisation de la Direction Financière, comprenant désormais un service de comptabilité avec un corps d'inspecteurs comptables, a été également faite ;

- le battage médiatique (radio, télévision, presse écrite), en vue de la sensibilisation et de la mobilisation des candidats planteurs, a couronné le tout.

Il y avait aussi deux centres de formation pour assistants (niveau BEPC) et conseillers ruraux (niveau CEPE): à Gagnoa, pour la phase théorique, et à Divo pour la phase pratique, avec l'appui scientifique de l'Institut de recherche d'alors : d'abord l'Institut français du café et du cacao et autres plantes stimulantes (I.F.C.C), puis l'Institut de recherche du café et du cacao (I.R.C.C); tous les deux peuvent compter parmi les devanciers du C.N.R.A (Centre National de Recherche Agronomique) créé en 1998.

Il est intéressant de constater que de grandes entreprises, en France, ont leur propre centre de formation.

Cette politique volontariste et les stratégies d'accompagnement ont permis de hisser, dès 1977, la Côte d'Ivoire, au rang de premier producteur mondial de cacao.

En conclusion, le sens de l'*organisationnel* a son importance dans toute entreprise, quelle qu'elle soit.

Chapitre III
LA DÉTERMINATION DES OBJECTIFS ET DES STRATÉGIES D'UNE ORGANISATION DONNÉE. LE Ccc ET LE COCOBOD : DEUX CAS-TYPES

Toute organisation humaine se fixe généralement une mission et se propose des *objectifs* à atteindre. Elle se fonde sur les *stratégies* pour atteindre les objectifs qui peuvent être provisoires, point de départ vers d'autres objectifs.

De façon générale, les *objectifs* sont énoncés en termes de résultats souhaités ou attendus.

Ils sont de deux ordres : les objectifs quantitatifs (mesurables) et les objectifs qualitatifs. Il faut souligner qu'ils doivent être énoncés de façon claire, précise, en termes inéquivoques.

Les *stratégies*, quant à elles, se présentent comme l'art de contourner les obstacles, d'écrêter les difficultés, pour atteindre les objectifs. Ce sont des principes d'action (des décisions qui orientent l'action) assortis des moyens correspondants : humains, matériels, financiers et organisationnels. Les stratégies ne sont pas figées, mais susceptibles de changement à tout moment, en fonction des opportunités à saisir (pilotage à vue).

Face à un marché du cacao de plus en plus exigeant, il convient de produire, produire plus, certes, mais à la qualité (innocuité, saveur, arôme du produit commercialisé).

Une norme internationale de qualité en développement durable pour le cacao était en gestation. En effet, quand on tape les mots *« cacao durable écolabel »* dans le moteur de recherche *Google* sur *Internet* (décembre 2015), on obtient l'information suivante : *« À la recherche d'une norme mondiale pour le cacao « durable ».* Et cette norme deviendrait obligatoire.

Cette norme, c'est ISO 34101 sur le cacao durable et traçable.

On relève que le mercredi 13 mars 2019, la Côte d'Ivoire et le Ghana «ont fait une déclaration dite "déclaration conjointe sur la Norme *ISO 34101-4* sur le cacao durable et traçable. Cette déclaration d'Abidjan vise à informer les acteurs de la filière café-cacao et de l'industrie du cacao au plan national et international.

« La Côte d'Ivoire et le Ghana ont décidé de différer d'au moins un an la mise en œuvre de la Norme *ISO 34101-4* sur le cacao durable et traçable. Et ce, à partir de sa date de publication, d'une part, et d'autre part, afin de se donner le temps de s'approprier ladite norme et d'y ajouter les améliorations nécessaires en tenant compte des intérêts de l'ensemble des acteurs de la filière »[118].

Comme signalé précédemment, dans les années 1970, des objectifs quantitatifs éminemment volontaristes et des stratégies d'accompagnement avaient été définis en Côte d'Ivoire en matière de cacaoculture, pour accroître rapidement la production nationale de cacao.

Il va sans dire que les objectifs et stratégies ainsi élaborés étaient ceux d'une époque, et sont aujourd'hui, en partie, dépassés. À millénaire nouveau, objectifs nouveaux, stratégies nouvelles, pourrait-on dire !

Que pourraient donc bien être aujourd'hui les objectifs cacao?

« Depuis la fin des années 1970, la Côte d'Ivoire est le premier producteur mondial de cacao, avec annuellement environ 1,2 million de tonnes de fèves marchandes. En Côte d'Ivoire, la filière fait vivre environ 8 millions de personnes, fournit 30% des recettes globales d'exportations, et contribue à plus de 15% à la formation du P.I.B. Le cacao est produit essentiellement par de petits planteurs qui ont entre 0,5 hectare et 10 hectares de cacaoyers. La superficie plantée est de près de 2 millions d'hectares »[119].

Le circuit de commercialisation intérieure du cacao, à ce niveau, est le suivant : le petit planteur vend son produit au pisteur, le pisteur le vend au traiteur, et le traiteur, à l'exportateur.

Depuis 2015, le pays est également devenu le premier broyeur mondial du cacao, avec plus de 560 000 tonnes de fèves broyées par an.

Avec l'avènement du nouveau millénaire, et après un siècle de pratique de la cacao-culture en ce pays, on peut enclencher la vitesse supérieure : le cap pourrait être mis sur l'objectif de production de plus de 3 millions de tonnes par an, en veillant à prendre, bien entendu, les dispositions idoines pour favoriser l'atteinte de cet objectif certes ambitieux, mais qui prend en compte le potentiel réel de production du pays. La production est estimée à plus de 2,2 millions de tonnes, en 2018-2019.

Il est en tout cas particulièrement intéressant de constater que la production commercialisée en 2013-2014 a atteint un pic de 1740 842 tonnes, contre 1 440 514 tonnes pour l'exercice 2012-2013, soit une

---

[118] *Google,* 15 mars 2019 en tapant : *ISO 34101sur le cacao durable et traçable*

[119] CNRA : *bulletin Le CNRA en 2011*, p.14

brusque et extraordinaire progression de 20%[120]. Le chiffre définitif du cumul des achats de ladite campagne s'établit à 1 791 015 tonnes[121].

La production a été de 1,86 million de tonnes de fèves en 2016-2017, et 1,81 million en 2017-2018 (source : rapport mensuel de l'ICCO).

En ce début de siècle, il n'est question pour personne de croire qu'on peut produire du cacao, uniquement en quantité. Quand la quantité ne ressort pas de la qualité, on ne peut considérer que les objectifs soient véritablement atteints.

Le contexte international ayant considérablement évolué, on s'adapte aux circonstances, en l'occurrence au marché, au goût des consommateurs qui a bien changé aussi, et ce marché est devenu aujourd'hui de plus en plus exigeant. Autrefois, c'est la grosse industrie du chocolat ordinaire qui prévalait et qui était visée, via la Bourse des marchandises de Londres, et ce, au détriment des chocolats fins et aromatiques. Aujourd'hui, les pays producteurs doivent se fixer comme ligne de mire, la qualité.

Le chocolat-type, c'est le chocolat noir (au moins 70% de cacao). Le chocolat peut être blanc, s'il est issu de la variété *Criollo* dont l'amande est naturellement blanche. Dans ce cas, il n'est pas à confondre avec le chocolat au lait, chocolat souvent de grosse cavalerie, fabriqué à partir de fèves « tout-venant ». Le chocolat-type est fait à partir de fèves de variétés bien choisies, fermentées à point, bien séchées et bien triées.

Le bon chocolat, le chocolat fin (aux qualités sensorielles remarquables : couleur, saveur, arôme…) est tributaire notamment de trois facteurs : la variété de cacaoyer cultivée, le lieu de production, le mode de préparation des fèves marchandes.

1. Le paramètre variété

Les principales variétés de cacaoyers cultivées dans le monde sont au nombre de trois, bien identifiées[122]:

---

[120] *L'Agriculteur, Magazine de l'agriculture, des ressources animales et de l'environnement*, n°004, p.3, *Jedidia communication, Éditeur, Abidjan, info@lagriculteur.net*)

[121] *Fraternité-Matin* du 30 septembre 2016, N°15542 *www.fratmat.info*, p.11

[122] Van Den Abeele Marcel et Vandenput René, *Les principales cultures du Congo*, 1956, Bruxelles, pp. 402, 403, 404, 405, et 406

a) La variété Criollo

Son aire de culture s'étend aux pays d'Amérique du Sud et notamment les Antilles anglaises (Ile de Trinidad et Tobago, la Jamaïque, l'Équateur, le Pérou…).

Son amande est blanche, le goût peu amer et fin, ce qui fait du cacaoyer *Criollo* un producteur de haute qualité, mais malheureusement peu productif et moins rustique que les autres variétés.

Le *Criollo* donne du cacao fin, très prisé des consommateurs.

b) La variété Forastero Amazonien

Cette appellation s'applique à tout ce qui n'est pas *Criollo*, c'est-à-dire à plus de 90% des cacaoyers cultivés. Cette variété produit la plus grande partie des exportations mondiales.

Les cabosses sont de type « *Amelonado* », c'est-à-dire de forme ovale, à sillons peu profonds. Son amande est pourpre.

Est rattaché à cette variété, le sous-groupe «*West African yellow pod Amelonado* » cultivé au Ghana, en Côte d'Ivoire et au Nigeria.

La Côte d'Ivoire est dans le groupe des *Forastero*, et précisément dans le sous-groupe des bas-amazoniens.

c) Les populations* hybrides *forment le groupe des cacaos* Trinitarios, *intermédiaires entre les Criollo et les Forastero.

Au C.N.R.A (Centre National de Recherche Agronomique) en Côte d'Ivoire, des améliorations génétiques ont permis, par des croisements des bas-amazoniens (*Amelonado*) avec les hauts-amazoniens (le *Forastero* Amazonien) d'obtenir, depuis 2010, les hybrides actuels baptisés « *Mercedes* » par les planteurs. C'est toute une famille de « *Mercedes* » qui ont été mis au point.

L'appellation « *Mercedes* » est appliquée par rapport :

- d'une part, à la précocité de ce nouveau matériel végétal (18 mois pour les premières floraisons et récoltes, puis après trois à quatre ans, on peut récolter 2-3 tonnes à l'hectare et par an, en station de recherche agronomique, et au moins une tonne en milieu paysan, contre sept ans auparavant pour la 1ère récolte et 400-600 kg à l'hectare et par an, avec la variété *Amelonado*),

- d'autre part, à la résistance à certaines maladies et à la sécheresse. La durée de vie économique des Mercedes serait de 20 ans, en moyenne.

Le cacao « Mercedes» a par ailleurs des qualités organoleptiques (sensorielles) indéniables, ce qui en fait, aujourd'hui, un cacao de haut de gamme.

Le cacao ivoirien est très apprécié et très recherché de par le monde, à cause de ses caractéristiques stables (couleur, goût, arôme), stables même au cours de l'exportation. De façon générale, le cacao ouest-africain (Côte d'Ivoire – Ghana – Nigéria) a une finesse de saveur cacao reconnue.

La relance de la cacaoculture en Côte d'Ivoire, passe par la biotechnologie agricole développée, en la matière, par le C.N.R.A (pour la production massive, en un temps record, de plants de cacaoyers pouvant couvrir les besoins de l'ensemble des planteurs), mais aussi par le Conseil du Café-Cacao (Conseil de Régulation, de Stabilisation et de Développement de la filière café-cacao), le FIRCA, Fonds Interprofessionnel pour la Recherche et le Conseil Agricole, pour la mise à disposition et la vulgarisation, en milieu paysan, de ce nouveau matériel végétal, précoce, rustique et haut producteur, et l'ANADER (Agence Nationale d'Appui au Développement Rural), pour la professionnalisation des agriculteurs dans leur ensemble.

La biotechnologie agricole vient à son heure, car les champs semenciers (8 hectares) d'autrefois de Bingerville n'existent plus depuis 2009.

Les champs semenciers d'autrefois, sur d'autres sites du pays, quant à eux, existent cependant; de nouveaux champs ont été établis et c'est à partir d'eux que sont diffusées les cabosses hybrides aux planteurs.

Le suivi technique des champs semenciers est assuré par le C.N.R.A.

2. Le paramètre conditions pédologiques et climatiques

L'origine génétique de la région où le cacaoyer est cultivé a son importance et le sol impacte également la qualité du cacao.

C'est ainsi qu'on a du bon cacao ivoirien avec une diversité dans la qualité, étant donné les diverses régions productrices du pays et les différents microclimats.

Il est important de rappeler ici que, depuis le milieu des années 1970, et pour des raisons essentiellement climatiques, la zone de production du cacao s'est globalement déplacée d'est en ouest, et du nord au sud, vers les forêts primaires, c'est-à-dire de l'ancienne « boucle du cacao » (le Moronou) avec pour épicentre Dimbokro- Bongouanou – Anoumaba – M'batto, vers le Centre-ouest et le Sud-ouest de la Côte d'Ivoire (Soubré, Sassandra, Grand-Béréby, Grabo, Tabou, San-Pedro) « nouvelles terres de cultures », ce qui fait aujourd'hui de San Pedro le premier port mondial du cacao. La décennie 1970-1980 avait été marquée par la ruée vers le Centre-ouest et le Sud-ouest, et la réinstallation par l'État, de populations déplacées massivement du Centre et d'autres régions du pays, pour "coloniser" de nouvelles terres à très faible densité de population (en moyenne 3 à 4 habitants au km²). Aujourd'hui, sur les 22 zones de production, les principales zones productrices de cacao sont celles de Divo, Yamoussoukro, Daloa, Aboisso, Abengourou, Soubré, San Pedro et plus récemment Man et Guiglo. La région de Soubré (région de la Nawa) est actuellement la première zone productrice de cacao.

La culture du cacao a besoin d'une pluviométrie optimale annuelle de 1500 à 2500 mm, ce qui n'est pas le cas des zones de l'ancienne « boucle du cacao » à hauteur pluviométrique souvent déficitaire.

Les variétés de cacao «*Mercedes*», reconnues pour leur rusticité, leur résistance à la sécheresse, viennent donc pallier, ce facteur climatique limitant dans lesdites zones.

3. Le paramètre préparation du cacao marchand

Les cabosses sont récoltées manuellement à l'aide d'un sécateur, d'une machette, ou d'un émondoir, lorsqu'elles sont aux trois quarts orangées ou jaunes. Il existe des machines écabosseuses. Il est important d'effectuer plusieurs passages pour récolter les cabosses à bonne maturité.

En milieu paysan, après écabossage (ouverture des cabosses pour extraire les graines) au gourdin, à la machette ou à l'aide d'une écabosseuse mécanique, les fèves garnies de tout leur mucilage sont mises à fermenter en tas sur un lit de feuilles de bananier, avec couverture de ces mêmes feuilles ; les masses de fèves sont comprises entre 100 et 1000 kg. Des brassages doivent être effectués tous les 2 jours. La fermentation dure de 5 à 6 jours.

Ce travail favorise l'élimination de l'eau et fait se détacher une grande partie du mucilage qui entoure les graines. Une bonne fermentation favorise aussi la formation des arômes ; c'est pour cela que cette étape est très importante, car elle influe sur la qualité du cacao marchand.

Lorsque la fermentation est terminée, les fèves peuvent être lavées, mais le plus souvent elles sont séchées sans lavage préalable.

Le séchage s'opère à la température ambiante (séchage solaire), soit sur des bâches, soit sur des nattes ou des seccos. Lorsque les quantités sont élevées, la dessiccation artificielle s'effectue sur des séchoirs à air chaud. Le taux d'humidité du produit final ne doit pas dépasser 7 ou 8%, pour assurer la bonne conservation des fèves. Les fèves sont considérées comme sèches lorsqu'elles croustillent en les pressant dans la main.

Après séchage, il convient de stocker les fèves dans un état de siccité approprié (6 à 8% d'eau dans le produit), à l'abri de l'humidité (local bien aéré), afin d'éviter le rancissement de leur matière grasse et une dépréciation de la couleur, de la saveur, ou même de l'aspect des fèves. Quand les fèves n'ont pas subi une bonne préparation, le cacao marchand subit une décote.

« Les cabosses pèsent de 300 à 500 g. Pour obtenir 1 kilo de cacao marchand, il faut de 20 à 30 cabosses. Les graines fraîches représentent environ 25% du poids de la cabosse. Les graines marchandes correspondent à 35-40% du poids des graines fraîches »[123].

Les fèves de cacao bien séchées ou cacao marchand, contiennent environ 50 à 55% de matière grasse (beurre de cacao). La poudre de cacao est constituée par l'amande dégraissée et finement broyée.

Au niveau de l'industrie chocolatière, le beurre (huile) et la masse (amande torréfiée et broyée) de cacao interviennent dans la fabrication du chocolat. Le beurre est aussi utilisé en cosmétologie et en pharmacie.

D'après la littérature scientifique, on apprécie le beurre par rapport à la dureté, à la consistance : plus le beurre résiste à la température ambiante et mieux cela est ; au plan chimique, son taux d'acidité doit être inférieur à 1,75.

Le beurre de cacao est vendu environ deux fois plus cher que la poudre de cacao (environ 7 euros, le kilogramme). Il est devenu facultatif dans l'Union Européenne, remplacé par d'autres graisses végétales moins chères.

Il ressort des considérations purement techniques qui précèdent, que la qualité du chocolat dépend, certes de la variété et du facteur sol, mais surtout de la phase post-récolte.

Si les fèves sont bien fermentées, bien séchées, bien triées et bien conservées, la qualité est garantie. C'est là la pierre de touche de la qualité.

Dans certains cas, on peut être conduit à limiter la fermentation à 3-4 jours, pour éviter un goût putride, car avec la fermentation à 7 jours,

---

[123] Marcel Van Den Abeele et René Vandenput, *Les Principales cultures du Congo*, Direction de l'Agriculture, des Forêts et de l'Élevage, 3ème édition, 1956, Bruxelles, p.424

le maximum d'arôme se développe. En revanche, il y a un risque de putréfaction.

Certains consommateurs occidentaux, en particulier les Britanniques, ne veulent pas de goût altéré, putride, et préfèrent un cacao fermenté à 3-4 jours, un cacao à goût un peu acide.

Des pays producteurs s'orientent de plus en plus vers les 6 jours de fermentation pour éviter le goût putride et afin d'obtenir un arôme suffisamment développé. *In fine*, la segmentation du marché du cacao peut servir de critère pour la détermination de la durée de la fermentation. Le cacao fermenté à 3-4 jours constitue en soi une niche.

Au siècle dernier, des normes internationales, applicables au cacao marchand, avaient été très tôt mises au point par la FAO, avec définition de deux qualités[124]:

« 1ère qualité (grade 1) :
- fèves moisies < 3%
- fèves ardoisées < 3%
- fèves défectueuses (germées, mitées) < 3%

2ème qualité (grade 2) :
- fèves moisies : entre 3 et 4%
- fèves ardoisées : entre 3 et 8%
- fèves défectueuses: entre 3 et 6% ».

En Côte d'Ivoire, et ce jusqu'en 2011, l'aspect post-récolte était quelque peu négligé, à la fois par les producteurs et les acheteurs, la tendance générale étant de vendre et d'acheter à la quantité, ceci en l'absence de prix différentiel au producteur selon la qualité. L'acheteur regardait la qualité de ce qui lui était présenté. Il négociait au besoin de prendre 100 kg au prix de 80 kg. Ainsi le tarif public est négocié et l'acheteur privé retrouvait son compte.

Vu strictement sous l'angle de la qualité du produit, l'avènement du Conseil du Café-Cacao (Ccc), un organe de régulation créé en 2011, et en charge de la gestion de la filière Café-Cacao, a été assurément un évènement majeur dans la filière. En peu de temps, le Conseil a relevé le défi de la qualité, grâce au contrôle rigoureux opéré bord champ par ses services.

Pour l'heure, on peut affirmer qu'il n'y a plus de problème de qualité du cacao ivoirien.

---

124 Secrétariat d'État aux Affaires Étrangères, République française, 1971: *Mémento de l'agronome*, p.464

En tout cas, il était important pour la filière Café-Cacao d'opérer une mue par cette avancée considérable, consistant à mettre, avec détermination, l'accent sur la qualité de la préparation du produit marchand, ce qui devrait à terme contribuer dans une large mesure à ouvrir l'éventail de la clientèle, en attirant en particulier celle des chocolatiers fins qui ont des exigences, et qui parfois sont obligés de se rendre dans les pays d'Amérique latine pour se procurer des fèves de qualité. Il ne convient surtout pas de perdre de vue que la chaîne d'approvisionnement du cacao couvre plusieurs continents.

C'est le lieu d'indiquer que quelques groupes d'acheteurs ou de fournisseurs de cacao, tels que SACO (Société Africaine de Cacao, filiale du groupe suisse BARRY CALLEBAUT) et les deux groupes américains, CARGILL cocoa et ADM (Archer Daniels Midland) dont la branche cacao a été rachetée en octobre 2015 par la société de négoce singapourienne Olam, qui veulent des cacaos certifiés au plan des qualités nutritionnelles, gustatives et sanitaires, mènent une politique d'achat à la qualité à des coopératives de planteurs villageois, d'où un prix au producteur plus élevé que celui fixé par la filière café-cacao. Une prime de certification (de 70 à 120 F CFA par kilogramme) est versée aux coopératives de producteurs. Notons, en passant, que ces coopératives à elles seules produisent environ 54% de la production nationale.

Ces mêmes groupes se trouvent être aussi des broyeurs qui font la semi-transformation (poudre de cacao, masse et beurre de cacao), qu'ils vendent localement ou exportent à des chocolatiers, le reste des fèves marchandes achetées étant exporté en l'état. Au mois de mai 2015, un groupe français, le chocolatier *Cémoi* a inauguré son usine d'Abidjan.

« Des initiatives, dont des mesures d'incitation fiscale ont été prises par le gouvernement afin d'accompagner les transformateurs. Des entreprises telles que CARGILL, OLAM et BARRY CALLEBAUT ont signé en 2017 une convention relative à une hausse de leur niveau de broyage individuel à hauteur de 7,5% afin de bénéficier de ces avantages »[125].

« …avec l'augmentation de la capacité de broyage installée ainsi que l'installation de nouvelles unités, la Côte d'Ivoire atteindra son objectif qui est de transformer 50% de la production nationale de cacao »[126].

[125] *L'Inter*, N°6001 du 27 juin 2018, *www.linfodrome.ci*, p.7
[126] *L'Inter*, *idem*, p.7

« Pour les opérateurs, le défi majeur demeure la qualité des produits, de sorte à gagner non seulement le marché national, régional, mais également international »[127].

Il est particulièrement intéressant de noter que lors de la troisième édition des *Journées nationales du cacao et du chocolat* 2016, à Abidjan, le label « cacao Ivoire » a été créé, « un produit *Made in Côte d'Ivoire* présenté par le représentant du syndicat du chocolat ». À cette même édition, a été annoncé « le projet de création d'une université régionale (Afrique de l'Ouest et Centre) du cacao et du chocolat, spécialisé dans la formation et la recherche »[128].

L'avènement des hybrides dits « *Mercedes* » constitue une formidable opportunité pour s'orienter vers les chocolats fins et aromatiques, notamment par la pratique continuelle d'une bonne fermentation des fèves.

Aujourd'hui, dans ce pays, on s'excite beaucoup sur l'hévéaculture, la culture du palmier à huile et le teck. Pourquoi ne s'exciterait-on pas aussi sur le cacao fin ?

Par ailleurs, pour conforter davantage la production de cacao, quelques mesures d'accompagnement semblent être d'une très grande utilité :

a) Le verger cacaoyer ivoirien est vieillissant (la rentabilité de la plantation décroît après une trentaine d'années de production). Il y a nécessité de renouveler le stock de cacaoyers par la régénération et la replantation. De même, la population des cacaoculteurs est vieillissante, ce qui pose le crucial problème de « la relève paysanne» de demain, à ce niveau : une nouvelle génération de cacaoculteurs modernes est indispensable ;

b) Le soutien à la formation technique agricole axée sur le cacao est une autre nécessité. À ce sujet, il y a lieu d'évoquer ici ce cas de plantations-écoles d'agriculture au Ghana. Le *rapport d'étude de la fondation ICI*[129] en donne la description suivante : « Une école pratique d'agriculture est en fait une simple salle de classe en plein air, installée dans une exploitation de cacao choisie par la communauté. 20 à 40 agriculteurs locaux, hommes et femmes, s'y réunissent régulièrement avec un formateur, qui peut être soit un agent de vulgarisation agricole, soit un agriculteur ayant suivi la formation dispensée par une école

---

[127] *L'Inter* du 26 juillet 2018, p.6

[128] *Fraternité Matin* du 3 octobre 2016, N°15544, *www.fratmat.info,* Abidjan, p.11

[129] *Rapport d'étude de la fondation ICI (International Cocoa Initiative de 2011*, pp. 91 et 92

pratique d'agriculture. Le programme suit le calendrier de la culture du cacao et à chaque étape, les agriculteurs découvrent et utilisent les meilleures pratiques sur le terrain, puis rentrent dans leurs propres exploitations pour les mettre en application….

… « Les cours sont participatifs et interactifs, avec des cours théoriques, des démonstrations et des travaux de groupe. L'exploitation fait office de vitrine, les autres membres de la communauté pouvant découvrir ce qui y est enseigné et les résultats obtenus...

«De nombreux éléments montrent que les écoles pratiques d'agriculture aident les exploitants à augmenter leur production et, partant, leurs revenus. L'évaluation 2009 du programme de l'ICI au Ghana a relevé à plusieurs reprises des exemples d'agriculteurs qui, fréquentant des écoles de ce type, ont multiplié par trois ou quatre leurs récoltes. Ainsi, les écoles pratiques d'agriculture luttent contre la pauvreté en augmentant les revenus des agriculteurs».

Ainsi donc, au Ghana, on assiste également à la parfaite illustration du système d'enseignement par l'*imitation*, système par lequel on enseigne à des gens simples, des gestes simples à accomplir simplement, ce dont il a été largement question en début de cet ouvrage.

Le Ghana fait de la culture du cacao l'un des axes stratégiques de son développement, notamment par la replantation d'une partie du verger. Son économie étant, entre autres, bâtie sur le cacao (« Le cacao représente 25% des exportations du Ghana et contribue à hauteur de 8,2% de son produit intérieur brut »[130], ce pays travaille donc activement à la relance de sa cacaoculture, pour rapidement dépasser le cap des 800 000 tonnes par an, et aller le plus loin possible dans la production. C'est ainsi qu'un organe consultatif composé de compétences seniors de la filière cacao existe pour conseiller l'État, mais surtout « coacher » les juniors du Ghana Cocoa Board (COCOBOD), dans le cadre d'une sorte de contrat de générations (chaîne des générations), développant ainsi l'éthique « intergénérationnelle ». C'est « la gestion du savoir », un concept tout à fait nouveau, qui se développe depuis quelques années en Occident, notamment en France, en Allemagne et aux États-Unis.

Selon le rapport d'étude de la fondation ICI (*International Cocoa Initiative* de 2011 « Le Ghana Cocoa Board (COCOBOD) est un organisme semi-public, responsable de tous les aspects de l'industrie du cacao. Il mène notamment des activités de recherche et de contrôle de

[130] *Fraternité Matin* du 14 Avril 2017, N°15706, Abidjan, p.13

qualité sur le cacao et propose des services de vulgarisation aux producteurs. « C'est le COCOBOD qui fixe le prix payé au producteur en début de saison. Le COCOBOD joue un rôle central dans la production de cacao au Ghana ». Le COCOBOD achète tout le cacao aux producteurs pour le revendre ensuite.

On retient aussi que les structures d'appui à la cacaoculture (institut de recherche, encadrement technique des planteurs ...) sont intégrées au COCOBOD, si bien que la question de leur financement ne se pose pas.

Il est à souligner que le Cocoa Board, *l'alter ego* du Conseil du Café-Cacao, est un modèle de gouvernance dont les pays anglophones producteurs sont coutumiers. La filière est pilotée de bout en bout par l'État.

La Côte d'Ivoire et le Ghana cumulant à eux deux, environ 60% de la production mondiale de cacao, cela représente un poids économique considérable et constitue un atout pour ces pays, quand l'on sait que l'industrie du cacao dans le monde fait partie du peloton de tête des grandes industries, telles que celles du pétrole et de la guerre.

Le jeudi 13 avril 2017, à l'issue de « deux jours de travaux, les équipes du Conseil du café-cacao de Côte d'Ivoire et du Cocoa Board du Ghana ont abouti à la signature d'un accord-cadre manifestant la volonté des deux pays d'élaborer des politiques communes de commercialisation et de valorisation du cacao»[131]. Un cartel du cacao ? Cela est possible, s'il y a rapprochement entre les deux systèmes de commercialisation. L'union fait la force.

À ce propos, il est intéressant de noter l'extrait suivant du journal *L'Inter*[132]: «À l'issue d'une rencontre tenue les 13 et 14 décembre 2018 entre des représentants du Conseil du café-cacao et du Ghana cocoa board, d'importantes résolutions ont été prises par les deux parties relativement au cacao.

« Dans le cadre de la coopération entre les deux pays, la Côte d'Ivoire a décidé de modifier son système de commercialisation de cacao pour le faire migrer vers celui du Ghana. Le communiqué livré vendredi 14 décembre 2018 précise que les deux pays se sont accordés à définir un prix plancher du cacao.

« En Côte d'Ivoire, notre système nous demande de vendre le cacao à petites doses durant toute l'année. Nous nous sommes rendu compte

[131] *Fraternité Matin* du 14 avril 2017, N°15706, Abidjan, p.13, *www.fratmat.info*

[132] L'*Inter* n°6142 du 15 au 16 décembre 2018, p.8, *www.linfodrome.ci*

qu'on pouvait faire autrement. Nos autorités ont accepté. À partir de maintenant, nous pouvons désormais sortir du marché quand le prix n'est pas bon », a indiqué le directeur général du Conseil du café-cacao. À cette même occasion, le directeur exécutif du Ghana cocoa board a déclaré que le prix plancher du cacao qui sera accepté, « c'est un prix en dessous duquel le Ghana et la Côte d'Ivoire ne vendront pas leurs produits ».

Considérons encore, dans la présente étude, la question de la transformation locale du cacao.

Il était frappant de voir qu'après plus d'un siècle de pratique de la cacaoculture (les premiers plants de cacaoyers ont été introduits vers 1880 en Côte d'Ivoire), les deux géants du cacao mondial, la Côte d'Ivoire et le Ghana, en soient encore à exporter principalement des fèves. La tendance a été récemment inversée, comme déjà signalé. Actuellement, entre 30 et 35% du cacao ivoirien est transformé sur place, en Côte d'Ivoire. Transformer, c'est créer de la valeur ajoutée et c'est créer plus d'emplois.

On ne le dira jamais assez : la transformation plus complète du cacao sur place, et plus globalement la transformation des produits agricoles en produits finis ou semi-finis, est génératrice de croissance et d'emplois. Le secteur agricole en lui-même est un important gisement d'emplois, et ce, quelle que soit la filière considérée, dans les domaines de la recherche scientifique, de la production végétale et animale, de la transformation et de la commercialisation.

Pour Claude Garrier, «les pays de l'UEMOA ne peuvent se développer qu'en construisant une industrie exportatrice, notamment orientée vers la transformation des matières premières locales, ce qui implique de très importants investissements et l'acquisition de compétences»[133].

À la 6ème réunion conjointe des ministres de la Planification et de l'Économie et des Finances de l'Union Africaine, réunie à Abidjan le 25 mars 2013 pour réfléchir pendant quatre jours sur l'avenir industriel de l'Afrique, sur l'émergence du continent, il a été souligné avec force ce qui suit: «Sous-sol très riche, abondance de terres arables, grande production agricole. Malgré ce potentiel inestimable, ce continent continue de dépendre fortement de l'extérieur pour son développement. Le diagnostic reste toujours le même. Mauvaise prise en charge des besoins réels de développement de l'Afrique. À Abidjan, une nouvelle

[133] Claude Garrier, *Op.cit.*, p.162

vision est en train de naître. L'Afrique mérite mieux que ce visage qu'elle présente aux yeux du monde. Elle doit atteindre l'émergence assez rapidement. Elle doit donc s'industrialiser. L'idée majeure qui se dégage est d'accorder une place de choix à la production manufacturière... Donc, renoncer progressivement à l'exportation de produits bruts. Les uns et les autres estiment que le moment est propice pour agir. Et qu'il faut une volonté pour aller de l'avant »[134].

Carlos Lopes, alors secrétaire général adjoint de l'ONU et secrétaire exécutif de la Commission économique pour l'Afrique (Cea), et Madame NKosazana Dlamini-Zuma, alors présidente de la Commission de l'Union Africaine déclarent également, à cette même réunion : « Si nous ratons cette occasion, on dira de nous que nous sommes la génération des occasions manquées (...), l'industrialisation n'est pas un luxe pour l'Afrique, c'est une nécessité »[135].

- Les forêts ivoiriennes sont passées de 16 millions d'hectares en 1920 à 12 millions en 1960, à 6 millions en 1966 (à la création de la SODEFOR, Société pour le développement de la forêt) et à moins de 2 millions en 2014 (source SODEFOR). D'où l'intérêt de protéger la forêt naturelle contre l'action destructrice de l'homme et les feux de brousse, et de poursuivre et intensifier le reboisement pour préserver la climatologie qui conditionne toute l'agriculture.

À ce sujet, le ministre des eaux et forêts d'alors, Babaud Darret a indiqué, le 26 février 2015, que seulement 380 000 hectares de forêts ont été reboisés de 1929 à 2014, et d'ajouter: «À ce rythme, la Côte d'Ivoire n'aura plus de forêt d'ici 2040»[136].

On relève, par ailleurs, que « Les forêts denses ne recouvrent plus que 4% de la Côte d'Ivoire »[137].

La savanisation a beaucoup progressé, et la pointe du « V baoulé » a atteint Dabou. Compte tenu, par ailleurs du changement climatique, la sauvegarde de l'environnement, et plus singulièrement de la forêt, est une condition essentielle de la « cacaoculture durable », car la forêt conditionne la pluviométrie.

L'amandier des tropiques ou badamier ou « KOKOMA » en langue locale (*Terminalia catappa*), proche du fraké et du framiré, autres essences forestières, peut être utilisé pour le reboisement, en région forestière ou en zone de savane ou semi-désertique. Par ailleurs, son

---

134 *Fraternité Matin n°14497 du 26 mars 2013*, p.4

135 *Fraternité Matin n°14497 du 26 mars 2013*, p.5

136 *L'inter, n°5015 du 27 février 2015*, p.12, *www.linfodrome.ci*

137 *L'Inter*, N°57689 du 14 septembre 2017, p.10

bois (un bois dur) est très recherché en ébénisterie. La grume peut être commercialisée à partir de la 15ème année. Sa durée de vie est d'au moins 150 ans.

L'exploitation de carrière industrielle ou même artisanale de granit ou autres, ajoutée à la déforestation, ont un rôle néfaste sur le climat, sur l'environnement, et risquent d'accentuer la savanisation dans les sous-préfectures de Dabou, Songon et Sikensi qui sont des zones de production de cacao. En particulier, les carrières sur des terres agricoles décapent les sols des horizons pédologiques jusqu'à la roche-mère, laissant des terres dévastées, sans vie, impropres à l'agriculture.

En Côte d'Ivoire, il est quasiment impossible de parler de la production de cacao sans parler aussi de son *alter ego*, le café, ne serait-ce que succinctement, car le binôme Café-Cacao constitue toujours et malgré tout l'assise de l'économie nationale. Ils sont les deux produits agricoles-phares du pays.

Rappelons qu'en 1970, la production de cacao était de l'ordre de 125 000 tonnes, et celle de café *Robusta* de 225 000 tonnes. La production annuelle de café a atteint ensuite 300 000 tonnes, plaçant ainsi la Côte d'Ivoire au rang de troisième producteur mondial.

Pendant la campagne 2013-2014, la production de cacao a été de 1 791 015 tonnes. Celle du café, de 100 000 tonnes, plaçant ainsi la Côte d'Ivoire au rang de 13ème producteur mondial de café et 3ème en Afrique. En 2016-2017, la production de cacao a été de 1,86 million de tonnes de fèves. En 2018, la production de café est tombée à 50 000 tonnes.

Il y a eu un désintérêt certain des paysans pour la caféiculture, suite à la chute drastique de 70% des cours du café sur le marché mondial entre 1997 et 2001.

Il conviendrait certes de relancer l'opération café *Robusta,* mais en faisant aussi la promotion de *l'Arabusta*, un hybride, un mélange sur l'arbre, de l'*Arabica* et du *Robusta*, alliant fort bien l'arôme de l'Arabica à la force du Robusta.

Le Centre d'Étude et de Développement de *l'Arabusta* (CEDAR), sous le contrôle du C.N.R.A, a ses blocs culturaux, toujours à Soubré, route de Meagui (à 15-20 km de Soubré).

L'Arabusta a été créé, au début des années 1970, par l'agronome-chercheur belge, Capot, à la station de recherche de Bingerville, en Côte d'Ivoire. Ce nouveau matériel végétal porte, du reste, le nom botanique de *Coffea Arabusta Aké Assi Capot*.

C'est le lieu de souligner que le café *Arabica* a un fort arôme et une teneur faible en caféine (1,6%), tandis que le café *Robusta* a un arôme relativement peu marqué et beaucoup de caféine dont l'action bien connue est tonique. Le *Robusta* de Côte d'Ivoire contient 2,5 à 3% de caféine. *L'Arabusta*, c'est à la fois de l'arôme et du tonus (2% de caféine).

Le café moulu du commerce est souvent un mélange, dans des proportions appropriées, de ces deux types commerciaux de café. *L'Arabusta* a l'avantage incomparable de réaliser ce mélange sur l'arbre.

L'Arabica est une plante d'altitude (1300 à 2500 m en Éthiopie, son pays d'origine). En Afrique tropicale, l'optimum est de 1500 à 1800 m[138].

Le *Robusta*, quant à lui, est originaire d'Afrique centrale. Il ne prospère pas en altitude. Le caféier *Robusta* est principalement cultivé en Angola, en République Démocratique du Congo, à Madagascar et en Côte d'Ivoire[139].

En raison des exigences écologiques de chacun de ces caféiers, *l'Arabusta* (hybride issu des deux) pousse mieux en altitude. À Soubré (basse altitude), le rendement ne dépasse guère 800 kg à l'hectare. Il s'ensuit que des essais multilocaux d'adaptation sont entrepris dans des régions d'altitude par les chercheurs du CEDAR, notamment à Divo, Hiré (située sur l'axe Oumé-Divo) et Man.

L'Arabusta pourrait devenir aussi un autre produit-phare de l'agriculture ivoirienne, compte tenu de ses qualités gustatives et de ses potentialités commerciales très remarquables, supérieures à celles du *Robusta*. Le prix bord champ au producteur devrait alors, en tout état de cause, être largement supérieur à celui du *Robusta*, pour véritablement favoriser la relance de *l'Arabusta* en Côte d'Ivoire, son pays d'origine.

Le CNRA a récemment créé un nouveau matériel végétal, le caféier robusta appelé "*café 12 mois*" ou "*café tabouret*", aux caractéristiques particulières suivantes (source : *CNRA, Côte d'Ivoire*):

- il produit à partir de 12 mois ;
- le rendement est de 3 tonnes de café marchand par hectare et par an, en station de recherche, et de 1,5 tonne en milieu paysan ;

---

138 Secrétariat d'État aux affaires étrangères, République Française, 1971, *Memento de l'agronome*, p.467

139 *Memento de l'agronome*, Édition de 1971, p.475

- 100 gros grains pèsent 14-16 grammes ;
- La caféine représente 2,8-3% de la matière sèche.

Au terme de ce chapitre, signalons que « l'Afrique de l'Ouest représente plus de 70% de la production mondiale de l'or brun (38% pour la Côte d'Ivoire, 21% pour le Ghana, 5% pour le Cameroun et 5% pour le Nigeria)... On produit aussi du cacao au Togo, en Sierra Leone et au Liberia, mais en quantité moindre. Le cacao est la principale exportation agricole de la région et a représenté près de la moitié des recettes totale (46%, soit 4 milliards USD) en 2006 »[140].

On note que trois pays de l'OHADA (la Côte d'Ivoire, le Cameroun, et le Togo) sont producteurs de cacao, un produit qui peut devenir une source abondante de prospérité pour ces pays, de la production à la commercialisation, en passant par la transformation industrielle locale.

Plus encore, la *cacaoculture biologique* constitue une niche merveilleuse, et ceux des cacaoculteurs ivoiriens qui, par sens du *prévisionnel*, se sont déjà lancés dans cette dynamique de production de *cacao bio* ont assurément fait un choix audacieux et bon : le beurre de cacao bio, la poudre de cacao bio, le chocolat bio, ont de beaux jours devant eux ; la clientèle des bioconsommateurs, de plus en plus nombreuse, existe déjà. L'avenir est à l'agriculture biologique ou *écoagriculture,* comme cela sera analysé plus loin, dans ce livre.

La culture du *cacaoyer bio* est une culture sans apport d'engrais chimique, sans traitements phytosanitaires chimiques, sans conservation du produit post-récolte à l'aide d'éléments chimiques.

Les engrais utilisés sont exclusivement des biofertilisants (dont les crottes d'animaux, les composts, les parches de café et de cacao, et autres débris végétaux). Les parcelles sont, autant que possible, isolées des parcelles voisines non cultivées de façon biologique, pour éviter toute contamination par les eaux de ruissellement. Il en sera de même, pour la culture du *caféier bio.*

Dans le prochain chapitre, est abordée globalement la question des débouchés commerciaux pour les produits de l'espace OHADA, y compris naturellement le cacao et le café.

---

[140] Fondation ICI- International Cocoa Initiative, *rapport d'étude réalisé en 2008 dans les communautés de producteurs de l'Afrique de l'Ouest*, p.20

Chapitre IV
DÉBOUCHÉS COMMERCIAUX POUR LES BIENS PRODUITS DANS L'ESPACE OHADA

Lorsqu'on produit des biens, il est alors question de s'organiser pour pouvoir les vendre.

Mais quels débouchés commerciaux pour les marchandises et les services qui sont ou seront produits en Afrique par les entreprises? En 2017, l'Afrique a représenté environ 2% des échanges mondiaux, contre 1,7% en 2000.

«Dès leur indépendance, conscients de l'exiguïté de leurs marchés nationaux, les pays africains nouvellement indépendants ont signé de nombreux accords commerciaux régionaux (ACR) dont, par exemple la CEDEAO (Communauté économique des États de l'Afrique de l'Ouest) et surtout l'UEMOA (Union Économique et Monétaire de l'Afrique de l'Ouest), l'Union Douanière et Économique de l'Afrique Centrale (UDEAC), la Communauté Économique des États de l'Afrique Centrale (CEEAC)[141].

En ce qui concerne tout particulièrement l'UEMOA : « L'UEMOA a bien progressé aujourd'hui sur la voie de la réalisation de ses objectifs ; outre la mise en place effective d'une union douanière, elle a mis en place les instruments nécessaires au fonctionnement d'un marché commun et est en passe de devenir une Union Économique et Monétaire totale… »[142].

… « L'UEMOA s'étend sur une superficie de 3 509 600 km². Sa population est évaluée à 100 millions de personnes en 2012, et atteindra plus de 270 millions de personnes en 2050 selon les chiffres de la CNUCED»[143].

De ce qui précède, on peut déduire que dans l'espace OHADA, pour la conquête de nouveaux débouchés, il est important d'être innovant, y compris dans la communication et le marketing.

« L'Afrique subsaharienne comptera en 2050 près de 1,8 milliard de femmes et d'hommes, soit près du double d'aujourd'hui, et pèsera près

[141] PACIR: *La Côte d'Ivoire et les Accords Commerciaux régionaux en Afrique de l'Ouest*, etc.», p. 14

[142] PACIR, *Op.cit.*, p.45

[143] *La Côte d'Ivoire et les Accords commerciaux régionaux en Afrique de l'Ouest*, publié en 2014 par le PACIR, *Programme d'appui au commerce et à l'intégration régionale*, p.45

de 20% de l'humanité contre environ 12% en 2008. Ce sera un formidable atout pour le sous-continent et ceux qui travaillent avec lui, avec les possibilités de marché, d'investissement et de main-d'œuvre que cette croissance démographique va générer. Il faudra toutefois que les politiques nationales et internationales s'unissent pour créer les conditions favorables minimales pour l'exploitation de ces possibilités »[144].

Ainsi donc, l'économiste Paul Derreumaux indique, de façon très claire, que la croissance démographique est un « formidable atout » pour l'Afrique subsaharienne. C'est une donnée objective : l'Afrique subsaharienne n'est pas surpeuplée (l'auteur ne dit pas qu'il y a un trop plein). Par conséquent, elle a besoin de bras pour poursuivre son développement.

Au chapitre III de la 2ème partie, nous avons souligné l'importance toute particulière de la qualité du produit marchand, s'agissant du cacao. Le concept de la qualité est valable aussi dans plusieurs autres secteurs de l'activité économique, afin de disposer d'un critère solide d'appréciation d'un produit ou service. Le dictionnaire Larousse donne la définition suivante de la *normalisation*: « établissement et mise en application d'un ensemble de règles et de spécifications (normes) ayant pour objet de simplifier, d'unifier et de rationaliser les produits industriels, les unités de mesure, les symboles, etc.». Il s'agit, pour chaque produit ou service considéré, d'un cahier des charges composé de critères particuliers et précis (sociaux, environnementaux ou autres...). C'est en somme, l'application ou le respect des « bonnes pratiques » dans un secteur d'activité économique donné, pour maîtriser ou améliorer la *qualité*. La normalisation est suivie de la *certification*, par exemple la certification ISO (International Organization for Standardization), un référentiel, normatif, objectif et sincère, à travers lequel les activités et les produits normalisés se font. La certification d'un produit se fera pour pouvoir exporter.

C'est après un audit de certification que l'Agrément est délivré à une structure ou entité donnée, pour attester de la conformité et de la *qualité* de tel ou tel produit qu'elle réalise. L'adoption du système de *management qualité* est devenue une priorité pour toute entreprise.

Les entreprises africaines, en particulier celles de la zone OHADA, candidates à l'exportation de leurs produits, notamment vers

---

[144] Paul Derreumaux, *Ombres et Lumières d'Afrique*, NEI-CEDA, 2016, Abidjan, p.149

l'Occident, se trouvent dans l'obligation de se lancer dans le processus de certification qui constitue une véritable barrière non tarifaire à l'exportation des produits africains.

On note que les pays qui exigent la qualité ne sont eux-mêmes parvenus à la qualité qu'après un certain temps. Ce n'est donc pas quelque chose d'automatique.

En tout cas, pour que les pays initiateurs de la politique de qualité arrivent à ces niveaux d'exigence de qualité, que leurs systèmes de production arrivent aux technologies qui aboutissent aux qualités exigées, il a fallu du temps, qu'il s'agisse des ISO et autres certifications. De telles exigences rendent les produits africains moins compétitifs et hors course à l'exportation vers l'Occident, une forme d'exclusion économique, de marginalisation, pour ainsi dire.

Le maniement de certains concepts, tel que celui de la qualité, s'avère donc très délicat, quand il y va de la vie et de l'avenir des populations et des générations futures. Pour mieux dire, un concept peut s'avérer bon au départ, et montrer des failles dans son application.

Il est intéressant de signaler que le mercredi 21 mars 2018, à l'instar de l'Europe du libre-échange, « 44 pays membres de l'Union africaine ont signé à Kigali, l'acte de naissance de la zone de libre-échange continentale »[145]. « L'Afrique, c'est aujourd'hui une superficie de 30 millions de km^2, 84 000 km de frontières et 1,2 milliard de consommateurs (projeté à 1,750 milliard en 2030 »[146]. « C'est l'unique zone économique qui regroupera les 55 pays de l'Union africaine avec un potentiel énorme de 600 millions de consommateurs[147].

Il s'avère donc que, compte tenu de l'exiguïté des marchés nationaux, le processus d'intégration économique régionale et continentale constitue une solution à l'épineux problème des débouchés commerciaux des produits, manufacturés ou non, des pays de la zone OHADA. Ils vont tirer profit du plus grand marché unique au monde, la zone de libre-échange continentale africaine (*Zlecaf*).

« Le commerce intra-africain plafonne à 17% aujourd'hui [en 2018] et ce nouveau dispositif devrait pouvoir l'améliorer dans les années qui viennent. La ZLEC était en préparation et discussion depuis 2012 »[148]. Le commerce intra-africain est derrière l'Europe 59%, l'Asie 51% et l'Amérique du Nord 37%, selon Kanayo Awani, responsable de

---

[145] *Fraternité Matin* du 25 mars 2018, N°15986, p.10

[146] *Fraternité Matin, idem*, p.10

[147] *Fraternité Matin, ibidem*, p.10

[148] *PME Magazine N°68-mai 2018*, 06 B.P 1779 Abidjan 06, p.10

l'initiative commerciale intra-africaine d'Afreximbank (Banque africaine d'exploitation et d'importation). À en croire certaines sources, le commerce intra-africain devrait progresser de 33% avec l'avènement de la Zlecaf, cette grande opportunité pour l'Afrique. L'accord de création de la Zlecaf, le Marché Commun africain, a été signé le 7 juillet 2019 à Niamey (Niger), à l'occasion du 12ème sommet extraordinaire de l'Union africaine, son entrée en vigueur ayant été fixée au 1er juillet 2020. Avec la naissance de la Zlecaf, a aussi sonné l'heure des produits MADE IN AFRICA, cette Afrique qu'on dit être « un continent qui consomme ce qu'il ne produit pas et produit ce qu'il ne consomme pas ». Le MADE IN AFRICA est un challenge. C'est un autre défi à relever.

Chapitre V
L'AGRICULTURE BIOLOGIQUE, AGRICULTURE DURABLE

Ce chapitre concerne spécialement l'entreprise agricole. Compte tenu du dérèglement climatique, l'entreprise agricole, aujourd'hui, doit être repensée et réorganisée. L'homme doit désormais pratiquer une agriculture respectueuse de la nature et qui prend soin d'elle.

Nous avons vu que « La conférence de Rio en juin 1992 a concrétisé une prise de conscience planétaire… » et qu'«On n'utilise plus le mot « développement » sans lui adjoindre l'adjectif « durable ».

Avant les années 1990, il était fort question de *la révolution verte*, qui est une agriculture intensive, basée sur l'utilisation, à fortes doses, des engrais et des produits phytosanitaires, issus de la pétrochimie. À partir des années 1990, les gouvernants du monde ont pris conscience d'avoir payé très cher le gain de la productivité agricole, conséquence de *la révolution verte*.

Pour réduire l'impact de l'agriculture chimique sur l'environnement, les pays ont décidé, lors du Sommet de Rio de Janeiro en 1992, de mettre en avant la question du *développement « durable »*.

1. La vision nouvelle du développement agricole

Aujourd'hui, il est question d'une *agriculture biologique*, basée sur le respect de la nature et de notre écosystème. Le site *internet phytotop* (consulté le 1er juillet 2019, à 15h 30 GMT) en donne la définition suivante :

« L'agriculture biologique est un système de production qui maintient la santé des sols, des écosystèmes et des personnes. Elle s'appuie sur des processus écologiques, sur la biodiversité et sur des cycles adaptés aux conditions locales, plutôt que sur l'utilisation d'intrants ayant des effets néfastes. L'agriculture biologique allie la tradition, l'innovation et la science, au bénéfice de l'environnement commun ». Le *bio* interdit l'usage des produits chimiques de synthèse (pesticides et engrais) et des OGM. Il s'agit de *l'agriculture durable*.

Selon la FAO, « Le changement climatique pose un risque majeur pour les populations rurales des pays en développement, provoquant souvent des phénomènes de migrations de détresse. Face à cela, encourager l'agriculture durable fait partie intégrante d'une réponse politique efficace »[149]. Autrement dit, la pauvreté pousse à la migration.

L'agriculture est un élément de sécurité alimentaire et de sécurité tout court. D'après la FAO, « 821 millions de personnes ont été touchées par la faim en 2017, 3ème année de hausse de la température »[150]. L'éradication de la faim est l'objectif n°2 de l'agenda 2030 des Nations Unies.

Il va sans dire que cette vision nouvelle du développement agricole (agriculture durable) implique de nombreux bouleversements au niveau des pratiques culturales de tous les pays du monde, singulièrement des pays africains.

À l'heure d'aller vers une agriculture écologique, les agriculteurs de tout pays se trouvent dans l'obligation de changer leurs pratiques, leur façon de produire. Il s'agit, avant tout, d'abandonner l'agriculture chimique. Dans cette optique, la formation des producteurs est un impératif incontournable. Toute l'agriculture (y compris les cultures maraîchères) doit devenir biologique.

Il existe de nombreuses pratiques agro-écologiques permettant d'accroître sensiblement les rendements des cultures, sans devoir faire recours aux intrants artificiels tels que les engrais chimiques, les pesticides (insecticides, fongicides, bactéricides, herbicides), les semences issues d'OGM (organismes génétiquement modifiés), lesquels sont, du reste, très controversés. On note, par exemple, que les OGM dont l'apparition en agriculture date de 1996 n'ont pas droit de cité dans l'espace européen et, « contrairement à ce qui se passe en Europe, dans le monde, les surfaces cultivées en OGM ne cessent de croître et ont franchi les 100 millions d'hectares en 2007, soit l'équivalent de cinq fois la surface arable de la France»[151].

Parmi ces pratiques, viennent en bonne place, l'apport d'humus, de terreau, de compost, de purin, les excréments d'animaux, les débris végétaux de toutes sortes et autres biofertilisants comme les engrais verts, notamment ceux issus des plantes de la famille des légumineuses (arachide, haricot, pois, soja, voandzou, etc.) qui seules ont le privilège de capter l'azote atmosphérique et de le fixer dans le sol, les feuilles et les grains; les pratiques culturales (assolement et rotation des cultures

---

[149] *Afrique agriculture*, N°420- septembre-octobre 2017, B.P. 90146-57004 Metz cedex 1, p.7

[150] *France 24* du 12/9/2018, à 21 h 04 min GMT

[151] Bruno Parmentier, *Nourrir l'humanité, Les grands problèmes de l'agriculture mondiale au XXIème siècle*, Éditions La Découverte, 2007, 2009, Paris, p.276

vivrières avec légumineuses, culture intercalaire, jachère incluse dans l'assolement et la rotation, cultures associées sur une même parcelle, etc.).

L'élevage des bœufs pour la traction dans le cadre de la culture attelée favorise la production du fumier. Le ver de terre ou lombric améliore la fertilité du sol ; au besoin, il y a lieu de l'introduire ou de le réintroduire dans les sols des cultures.

Tout cela revient à dire qu'il conviendrait d' « écologiser » l'agriculture.

Au Mali, le phosphate de *Bourem* (nom d'un village du pays) est une poudre rouge utilisée comme engrais en riziculture.

Depuis le milieu des années 2010, on trouve dans le commerce des engrais et des insecticides 100% *bio*, pour toutes les cultures.

Considérée au sens large, l'agriculture comprend à la fois les productions végétales et animales utiles à l'homme, en particulier celles pour son alimentation.

L'agriculteur est celui qui cultive la terre et en même temps fait de l'élevage. L'association de ces deux activités a un avantage majeur: elle contribue dans une large mesure à l'autonomisation de l'exploitation agricole en matière d'engrais organique (déjections d'animaux, purin, terreau, humus…).

De fait, pour ce qui concerne l'agro-écologie ou agriculture biologique préconisée, « L'idée technologique de base consiste à remplacer la plupart des apports artificiels par des apports naturels. Faire faire par les plantes, les animaux auxiliaires de culture (vers de terre, abeilles, coccinelles, etc.), les bactéries, champignons, etc., ce qu'auparavant on confiait à la machine et à la chimie »[152]. L'agro-écologie consiste donc à travailler avec la nature et non contre elle : elle coopère avec la biodiversité. C'est une agriculture durable, résiliente. L'agriculture chimique, quant à elle, nuit à la nature.

Toujours, pour Bruno Parmentier, «Deux grandes traditions culturelles devront trouver les moyens de travailler ensemble: celle des agronomes, qui observent en vue d'agir pour maîtriser la nature, et celle des écologues, qui eux, cherchent à la comprendre, mais surtout pas à la transformer. Il faudra à la fois comprendre et agir pour trouver les clés de l'agro-écologie, qui pourront permettre de produire à la fois plus et mieux, avec moins…

---

[152] Bruno Parmentier, *Nourrir l'humanité, Les grands problèmes de l'agriculture mondiale au XXIème siècle*, Éditions La Découverte, 2007, 2009, Paris, p.277

« Parmi les pistes à explorer figurent toutes celles qui permettent d'améliorer naturellement la fertilité des sols…

« Cela nécessite un effort considérable et durable, comparable à celui qu'ont déployé les Américains et les Russes dans la conquête de l'espace…

« …L'avenir de l'humanité est certainement encore plus dépendant du succès de ce programme que de celui des recherches en informatique, électronique et télécommunication »[153].

L'auteur note enfin que « La préservation et la reconquête de la biodiversité deviennent également stratégiques ; rappelons que le quart des abeilles de la planète a disparu, alors même qu'une étude a chiffré l'apport des insectes pollinisateurs aux principales cultures mondiales à 153 milliards en 2005, soit 9,5% de la valeur alimentaire totale. Un hectare peut contenir entre une tonne et cinq tonnes d'animaux (insectes, vers de terre, etc.), 3,5 tonnes de champignons et 2,5 tonnes de bactéries. Chaque gramme de terre contient 10 000 bactéries différentes. Il s'agit de maximiser le rôle de tous ces organismes auxiliaires agricoles…

« Il faut également faire des progrès décisifs dans le contrôle agressif des maladies et des ravageurs. Les techniques de lutte biologique ont été très largement délaissées au profit des techniques de lutte chimique; il est temps d'inverser les priorités »[154].

On peut réduire significativement le parasitisme des cultures (maladies, attaques d'insectes nuisibles) par des méthodes naturelles, en particulier en :

- cultivant des variétés rustiques, c'est-à-dire résistantes à la sécheresse, aux maladies et piqûres d'insectes ;

- cultivant les plants de piment ou d'œillet intercalés avec les cultures, afin d'agir comme répulsifs contre de nombreux insectes. Comme autre répulsif, mentionnons le mélange de crottes de chèvre ou de cabri, ou de mouton, à de l'eau, mélange qu'emploient des paysans au Togo, pour badigeonner, à l'aide d'un pinceau, les tiges de maïs, de mil et de sorgho, pour les protéger contre les attaques d'insectes;

- effectuant la rotation des cultures annuelles ;

- associant différentes cultures sur une même parcelle ; lorsqu'une maladie apparaît sur l'une des cultures, la propagation de la maladie se fait moins rapidement ;

---

[153] Bruno Parmentier, *Op.cit.*, p.277

[154] Bruno Parmentier, *idem*, pp.278-279

- pratiquant la lutte biologique qui consiste à utiliser les antagonismes existants entre certains insectes ou autres petites bêtes, dans la nature. Par exemple, planter des manguiers parmi les cacaoyers est un excellent moyen de lutte naturelle contre les capsides, insectes ravageurs des cacaoyers, et qui ne résistent pas aux fourmis rouges des manguiers.

Les insecticides de synthèse ou chimiques peuvent valablement être remplacés par les plantes insecticides tels que le *pyrèthre (chysanthemum cinerariaefolium* BOCC.) inoffensif pour l'homme et les animaux à sang chaud, et le *derris* (*Derris elliptica* BENTHAM et *Derris malaccensis* PRAIN) dépourvu de toxicité pour l'homme.

En 1956, des agronomes belges écrivaient : « La concurrence des insecticides synthétiques a notablement réduit l'intérêt de la culture des plantes insecticides ainsi que les études à leur sujet… Cependant la nécessité sans cesse renouvelée de découvrir des insecticides nouveaux par suite de l'adaptation progressive des insectes aux produits utilisés, rend périodiquement de l'intérêt aux insecticides d'origine végétale »[155].

Pour sa part, le *Memento de l'agronome*[156] indique que « le *pyrèthre* est une plante herbacée vivace cultivée pour ses fleurs qui contiennent une substance insecticide, la pyréthrine. La pyréthrine, inoffensive pour l'homme et les animaux à sang chaud, détruit immédiatement par contact de nombreux insectes rampants et volants. Elle est utilisée à l'intérieur des bâtiments d'habitation ou de stockage de denrées alimentaires, mais également pour la protection des cultures. Elle se dégrade rapidement » ; de même :

- « le *derris* est une liane pérenne, cultivée pour ses racines qui contiennent de la roténone, un insecticide non toxique pour l'homme et les mammifères. Sa biodégradabilité est rapide » ;

- « le *neem (Azadirachta indica* A. JUSS.) : les graines et les feuilles broyées en poudre sont utilisées comme insecticides pour la conservation des récoltes (grains) ».

Quant au *website, La voix du paysan* (consulté le 9/6/2019, à 20h GMT), il met à disposition un certain nombre de formules d'insecticides naturels, parmi lesquelles, on peut citer :

- « insecticide contre divers insectes (sauterelles, criquets, pucerons, thrites …) : une gousse d'ail broyée et mélangée à 1,5 litre d'eau et à

[155] Marcel Van den Abeele et René Vandenput, *Op.cit.*, pp.711-727

[156] Ministère français des Affaires étrangères, *Memento de l'agronome,* Éditions Quae, 2014, pp.1999, 1200 et 1201

une cuillérée à soupe de vinaigre blanc. Pulvériser les cultures avec ce mélange ;

- « insecticide contre les fourmis, pucerons, chenilles : écraser quelques piments forts, mélanger à la poudre obtenue à de l'eau. Après environ 12 heures, filtrer le liquide à l'aide d'une toile qui retiendra les particules solides. Y ajouter éventuellement du savon rappé sous forme liquide. Épandre la préparation sur les cultures ;

- « produit utilisé à la fois comme insecticide, fongicide, nématicide, bactéricide et contre les tiques : placer 100 grammes d'ail finement broyé dans un demi-litre d'eau. Y ajouter 2 cuillérées à café d'essence. Laisser tremper 24 heures dans l'essence. Puis filtrer ce mélange à l'aide d'une toile fine. La dose d'application est la suivante : 0,5 litre de produit pour un pulvérisateur de 15 litres d'eau ;

- « insecticide contre les chenilles : un morceau de savon de la taille du pouce est dissout dans 4 litres d'eau très chaude ; y ajouter 2 bulbes d'ail broyés finement et 4 cuillérées à café de piment. On obtient ainsi un produit très efficace contre les chenilles ;

- « produit à base de morenga contre les maladies cryptogamiques : les feuilles de morenga sont incorporées au sol, environ une semaine avant les semailles ».

Dans le contexte du retour à l'agriculture paysanne, naturelle, c'est-à-dire une agriculture « intelligente » face au changement climatique, le champ d'étude des plantes insecticides représente donc un immense panorama de recherche agronomique. Un avantage comparatif certain : avec l'utilisation des plantes insecticides, le phénomène d'accoutumance ou de résistance à terme des insectes aux produits chimiques est définitivement écarté.

C'est l'une des tâches de la recherche agronomique d'apporter les solutions idoines au remplacement des produits phytosanitaires chimiques, par des méthodes naturelles dites méthodes «douces», plus respectueuses de la nature, avec toujours en ligne de mire le rendement optimal des cultures. Cela suppose des crédits importants et conséquents de la part des gouvernements. La recherche scientifique est l'âme du développement, et elle a un coût.

« Le siècle qui s'ouvre sera très probablement celui de la biologie, et en particulier de la rencontre entre agronomes et écologistes »[157]. Bruno Parmentier l'appelle, bien volontiers, le « siècle du vivant »[158].

---

[157] Bruno Parmentier, *Op.cit.*, p.147

[158] Bruno Parmentier, *Op.cit.*, p.150

Le "logiciel" de la production agricole reste donc à repenser en ce 21ème siècle. Le champ de la recherche reste ouvert, pour une agriculture biologique, une agriculture paysanne, un secteur d'avenir. Les bioconsommateurs se font de plus en plus nombreux, car de plus en plus nombreux sont ceux qui disent que « notre santé se trouve dans notre assiette et non dans les médicaments ». Avec les aliments biologiques, on gagne en meilleure santé, en qualité de vie.

« Le concept d'«agroécologie» est également de plus en plus employé, de même que celui d' « écoagriculture » reflétant le contact amorcé de deux disciplines…

« En pratique, jusqu'à présent, les agronomes s'occupaient plutôt des espaces cultivés tandis que les écologues se réservaient les espaces non cultivés. Il est temps de multiplier les rencontres »[159].

L'agro-foresterie, dans laquelle des espaces portant des cultures alternent avec des espaces occupés par des arbres, sur une même exploitation agricole, est également une excellente pratique agro-écologique (exploitation en "damier").

Dérèglement climatique mondial oblige: avec les COP, tous les pays de la planète, sans exception, se trouvent conviés à monter dans le train du développement « durable », pour retrouver l'équilibre entre l'homme et la nature, pour sa survie et son bien-être ; il faut aujourd'hui des produits bons pour la santé, bons pour l'environnement et qui soient éthiques. C'est là, avant tout, une question existentielle.

Aujourd'hui, se déroule donc sous nos yeux, une double globalisation: la globalisation économique et la globalisation environnementale. L'enjeu écologique est aussi essentiel que le développement économique. Les deux objectifs coïncident.

2. L'écoagriculture et la stratégie de sortie de la pauvreté

S'agissant encore de techniques agro-écologiques, «Ce déploiement de techniques nouvelles doit s'accompagner d'une stratégie de sortie de la pauvreté d'une grande partie des agriculteurs des pays en développement : redistribution du capital, investissements de réhabilitation écologique, stabilité des prix, formation, etc.

«Sans traitement de la question sociale, les technologies sont de peu d'intérêt ; il ne peut y avoir d'éradication de la faim et de la pauvreté rurale sans mesures d'action positive ciblées au bénéfice de ceux qui

[159] Bruno Parmentier, *idem*, p.161

n'ont pas assez de droits, pas assez de moyens d'existence, et pas assez de pouvoir social pour défendre leurs intérêts... »[160].

Dans son article intitulé "*Vers une empreinte carbone minime*", Nicholas Stern écrit[161]:

« La pauvreté et le changement climatique sont deux défis indissociables.

« Vaincre la pauvreté et faire face au changement climatique sont deux défis majeurs de ce siècle : un échec sur l'un des deux volets sera synonyme d'échec sur l'autre. Pour relever ces deux défis, il faut une prise de conscience collective de leur grande interdépendance et de la complémentarité entre développement durable, croissance économique et responsabilité climatique. Par conséquent, *l'agenda mondial sur le développement durable*, adopté aux Nations Unies à New York en septembre 2015 (les objectifs de développement durable, ou ODD), est étroitement lié aux mesures internationales sur le changement climatique».

Dans la même veine, Germain Dasylva, Représentant de la FAO en Côte d'Ivoire, déclare: «La population mondiale connaît une croissance continue et devrait atteindre 9,6 milliards de personnes d'ici 2050. Pour satisfaire une telle demande, l'agriculture et les systèmes alimentaires devront s'adapter aux effets négatifs du changement climatique et devenir plus résilients, plus productifs et plus durables. C'est le seul moyen que nous avons de garantir le bien-être des écosystèmes et des populations rurales, et garantir également l'avenir des générations futures...

« Les producteurs ont besoin des pratiques permettant de produire plus avec moins sur une même surface, tout en faisant un usage judicieux des ressources naturelles. Ils ont besoin de variétés plus adaptées et plus performantes, précoces dans certains cas, ou tardives dans d'autres. Ils ont besoin de diversifier leur agriculture pour minimiser les risques. Bref, ils ont besoin d'une agriculture plus intelligente face au climat »[162].

Ce sont là, parmi tant d'autres, des moyens essentiels, pour la sauvegarde de l'environnement.

---

[160] Bruno Parmentier, *Op.cit.*, p.160

[161] Nicholas Stern "*Vers une empreinte carbone minime*" (*in* Finances et Développement, publication trimestrielle du Fonds Monétaire International, Décembre 2015. Volume 52. Numéro 4, Washington DC 20090, USA, p.6)

[162] *Fraternité Matin,* du 17 octobre 2016, N°15556, www.*fratmat*.info, Abidjan, p.4

« L'Afrique devrait-elle s'enorgueillir de son antique agriculture traditionnelle, un mode de production dont la valeur est aujourd'hui universellement reconnue, et vers lequel le monde entier se tourne à présent ? ». C'est le propos qu'il nous a été donné d'entendre. Or donc, l'agriculture paysanne africaine, éminemment *bio*, ne doit jamais perdre ses lettres de noblesse. En ce 21ème siècle, l'agriculture est à réinventer.

3. L'agriculture, un puissant levier du développement en Afrique

L'agriculture est pour les pays africains au sud du Sahara, singulièrement ceux de l'espace OHADA, un puissant levier de développement et une clé de réduction de la pauvreté. Un cas-type est celui de la Côte d'Ivoire.

De 1960 à 1992, l'agriculture ivoirienne a bénéficié d'un encadrement de proximité des producteurs, à travers des sociétés d'État ou d'économie mixte : SATMACI, SODERIZ, SODEPRA, SODEFEL, SODEPALM, SODESUCRE, PALMINDUSTRIE, CIDT, SO.GB, S.A.P.H, C.I.M.A, ITIPAT, I2T, B.N.D.A, C.S.S.P.P.A, AGRI-PAC, MOTORAGRI, etc.

Les résultats ont été prodigieux et à l'origine de ce qui fut appelé le "miracle ivoirien", en 1978. Par exemple, en 1975, avec une production de 450 000 tonnes, la Côte d'Ivoire était autosuffisante et même exportatrice nette en riz, et dès 1977, premier producteur mondial de cacao. Le "miracle économique ivoirien", reconnu et salué par la communauté internationale, a été le fruit du capitalisme d'État pratiqué alors par la Côte d'Ivoire, un modèle économique tout à fait remarquable, compte tenu de son apport considérable à l'économie, et de ses traces laissées dans le pays. Pour rappel, dans les années 1970, on parlait du « *décollage économique* » de la Côte d'Ivoire, comme étant déjà une réalité vivante.

À partir de 1990, avec la vague des privations, le cadre institutionnel des acteurs du développement agricole a changé dans la plupart des pays de la sous-région ouest-africaine.

Après l'époque des privatisations, quel type d'encadrement agricole aujourd'hui dans les pays de la sous-région, dont certains sont membres de l'OHADA ? Évoquons quelques pays ; à titre d'exemple :

- Au Burkina Faso, depuis 1997, l'État organise, chaque année, un forum agricole où les producteurs et le gouvernement se rencontrent pour une concertation. Le pays organise aussi des foires agricoles.

Le Ministère de l'Agriculture est représenté dans tous les villages. Il y a l'unité d'appui technique qui regroupe 5 à 7 villages qui reçoivent ainsi l'encadrement de l'État.

- En Côte d'Ivoire, l'ANADER (Agence Nationale d'Appui au Développement Rural) créée le 9 septembre 1993, à la suite du programme d'ajustement structurel, est en charge de l'encadrement du monde rural. Elle couvre l'ensemble du territoire national, avec 7 divisions régionales, 57 zones et 1100 centres de vulgarisation.

- En Guinée-Conakry, les paysans sont organisés en groupements, en coopératives et en unions de coopératives, dans chaque région agricole. La Fédération des paysans du Fouta-Djalon, par exemple, encadre les paysans de cette région, et leur fournit des semences et des engrais, pour les cultures de maïs, de la pomme de terre et de l'oignon.

- Au Niger, l'État continue d'accompagner les paysans organisés en groupements ou en coopératives, aux plans technique et financier. L'État achète les produits vivriers aux agriculteurs, il les stocke et après, les revend à prix modérés aux populations.

- Au Togo, l'État continue à faire la vulgarisation agricole. Il y a toujours des projets de développement agricole, et quand bien même il n'y aurait pas de projet, l'État continuerait son action d'encadrement des paysans. Il convient de noter également l'existence de champs-écoles et de producteurs d'élite, dans ce pays.

L'encadrement technique est chose fondamentale pour un pays à vocation essentiellement agricole, car on ne peut laisser les paysans livrés à eux-mêmes.

Pour nombre de pays africains, le secteur agricole est le socle de leur économie : le commerce extérieur dépend des produits agricoles (exportation de produits agricoles pour répondre aux besoins à l'importation). L'agriculture est aussi pour ces pays un élément de sécurité alimentaire. Par ailleurs, elle absorbe une grande majorité de la main-d'œuvre rurale. C'est un très gros pourvoyeur d'emplois, en amont et en aval de la production, et constitue la plus importante source de revenu national. « L'agriculture emploie 60% de la main-d'œuvre en Afrique et représente 25% du PIB du continent »[163].

« L'agriculture est le secteur-clé qui stimule la croissance économique en Afrique de l'Ouest ; elle est essentielle à la réduction de la pauvreté et à l'amélioration des conditions de vie

[163] *Rapport sur les perspectives économiques de l'Afrique, 2013, de l'Union Africaine*

« Les pays devront investir dans l'infrastructure rurale, accroître le commerce régional et mondial et créer des programmes de formation et de vulgarisation plus efficaces pour les agriculteurs afin d'accroître leur productivité[164].

Le secteur agricole se trouve donc être le fer-de-lance de l'essor de la plupart des pays africains subsahariens, singulièrement ceux de l'OHADA. La terre est la véritable richesse de ces pays.

Pour tous ces motifs, dans ces pays, et compte tenu du nouveau contexte mondial favorable à une agriculture écologique, certains axes prioritaires du développement agricole mériteraient d'être revisités, parmi les lesquels il y aurait notamment :

a) La question du foncier rural

La question foncière revêt une grande importance dans les pays subsahariens, car elle est au centre de fréquents conflits, parfois sanglants, entre populations, entre familles, ou encore entre exploitants et propriétaires terriens.

Coexistent dans ces pays le régime foncier coutumier (la terre est conçue comme étant un patrimoine familial) et le régime foncier moderne.

Il conviendrait donc que dans chaque pays, les décideurs publics, en vue d'accroître sensiblement la production agricole, prennent des dispositions qui favorisent l'accès du plus grand nombre de personnes à la mise en valeur agricole effective des terres, quand bien même elles n'en sont pas propriétaires. En particulier les propriétaires terriens pourraient louer par contrat (*fermage* ou *métayage*) des parcelles à tous ceux et celles qui voudraient s'adonner à l'agriculture vivrière.

Les collectivités territoriales pourraient aussi entreprendre des aménagements hydro-agricoles (retenues d'eau, bas-fonds de cultures vivrières …), afin d'installer leurs producteurs.

Par ailleurs, les pouvoirs publics pourraient réduire ou subventionner le coût d'élaboration du certificat foncier et d'immatriculation, faciliter l'acquisition des pièces administratives par les agriculteurs professionnels demandeurs ou par les cadres qui font valoir leurs droits de départ à la retraite et désireux d'acquérir de la terre.

Il apparaît, au demeurant, que très peu d'agriculteurs ou exploitants agricoles africains ont un titre foncier (2 à 8%, dans l'espace OHADA,

---

[164] *Perspectives économiques en Afrique de l'Ouest, 2018*, Groupe de la banque Afrique de Développement, Abidjan, Côte d'Ivoire, p.19, *www.afdb.org*

à en croire certaines sources), et cette situation comporte beaucoup d'inconvénients, entre autres :

- sans titre foncier, l'exploitant peut perdre son exploitation, du jour au lendemain ;
- le terrain mis en valeur, mais non cadastré et immatriculé ne peut servir de garantie pour obtenir un quelconque emprunt bancaire ;
- à la recherche de nouvelles terres cultivables, l'agriculture itinérante favorise la déforestation, la savanisation, la désertification, facteurs de changement climatique ;
- etc.

b) L'accompagnement technique des agriculteurs

Il faudrait un *encadrement de proximité*, car c'est ce qui convient vraiment à un pays sous-développé à vocation agricole, et dont la population agricole est de surcroît en majorité analphabète. Les formules d'*encadrement dense* peuvent évidemment varier, d'un pays à un autre.

c) La recherche agronomique et en machinisme agricole

La recherche agronomique est l'âme du développement agricole, et par conséquent elle doit toujours accompagner la production agricole, non seulement en amont de celle-ci, mais aussi en aval, notamment au niveau de la conservation et de la préparation du produit après la récolte. Il faut assurer également, de nos jours, une « veille technologique » sur certains grands produits agricoles d'exportation, en faisant notamment des travaux d'amélioration génétique, compte tenu de la compétition entre pays producteurs qui est féroce.

La recherche industrielle devra permettre la mise au point et la fabrication locale de machines et autres matériels agricoles, tels que les tracteurs, motoculteurs, charrues, moissonneuses-batteuses, atomiseurs, pulvérisateurs, décortiqueuses, récolteuses, machines-broyeuses, etc.

d) Le crédit agricole et autres modes de financement de l'agriculture

Il n'y a pas d'agriculture moderne sans un système de financement adéquat : banque agricole privée ou publique, microfinance, avance d'intrants aux agriculteurs par un service d'encadrement ou autre. L'accès au financement est essentiel en la matière.

L'accompagnement financier est un levier stratégique pour le développement agricole. Dans certains pays africains, des structures spécialisées (différentes des banques dites commerciales) existent, dans ce but. C'est le cas, par exemple, de la Banque Nationale pour le Développement Agricole (BNDA) du Mali, de la Caisse Nationale agricole du Sénégal, des banques de coopératives agricoles du Kenya, du Crédit Agricole du Maroc, la première banque du pays. Ces banques prêtent aux paysans à des conditions préférentielles.

Investir dans l'agriculture permet de lutter contre l'insécurité alimentaire, l'exode rural et l'émigration.

Pour rappel, la déclaration de Maputo (en 2003) stipule que les pays de l'Union africaine devraient consacrer, sur une période de 5 ans, au moins 10% de leur budget national au développement de leur agriculture. Le Programme Détaillé de Développement de l'Agriculture Africaine (PPDAA) a alors été lancé en 2003 par les chefs d'État de l'Union, pour donner corps à cette Déclaration.

e) . La mécanisation de l'agriculture

Elle constitue cet autre passage obligé, pour rendre l'agriculture plus performante (amélioration de la productivité, accroissement significatif de la production) et diminution de la pénibilité du travail de la terre, toutes choses qui concourent à rendre celui-ci plus attractif, et ainsi favoriser le retour d'une frange importante de la population à la terre.

f) La transformation industrielle des produits agricoles

En ce 21ème siècle, l'essor économique des pays africains passe aussi par la transformation locale de leurs matières premières agricoles.

Cette transformation industrielle augmentera leur revenu national à travers les valeurs ajoutées qui seront créées. Elle créera des emplois en grand nombre et contribuera ainsi à lutter contre le chômage et la pauvreté.

L'impératif de la transformation est un choix de développement pour le continent africain, dans son ensemble : réformer ses économies, de façon à mettre fin totalement au commerce des matières premières.

Terminons le présent chapitre par cette déclaration d'Uhuru Kenyatta, Président du Kenya, qui situe parfaitement toute l'importance de l'agriculture en Afrique : « Sous la menace du défi partagé et généralisé auquel fait face le continent en matière de chômage des jeunes, l'agriculture fournit également une possibilité pour toutes nos nations d'ouvrir la voie à des opportunités d'emplois décents et d'assurer des vies dignes à des milliers de jeunes Africains ».

Le développement de l'agriculture est la solution durable à l'exode rural, dans ces pays.

La troisième partie du livre, qui suit, est entièrement consacrée à la phase exécutive d'accompagnement des entreprises et autres organisations, dans leur fonctionnement au quotidien. C'est un faisceau de propositions concrètes constituant notre plan d'action en direction de ces entités, ce sur quoi nous allons nous appesantir dans cette partie.

Nous déclinons et décrivons les outils de leur pilotage.

Troisième partie
DES OUTILS DE PILOTAGE DES ENTREPRISES

Chapitre I
INTÉRÊT GÉNÉRAL DE LA STATISTIQUE POUR L'ENTREPRISE

Parmi les outils de gestion indispensables dans l'entreprise, il y a notamment *l'outil statistique* (pour la tenue à jour des statistiques du travail : production, personnel, états financiers, matériel...), la planification, la programmation, la budgétisation, le contrôle de gestion, l'élaboration des normes techniques et financières, des normes qualité.

Les données statistiques sur l'entreprise elle-même et sur son environnement économique permettent à l'entreprise de connaître la place qu'elle occupe sur le marché. Par ailleurs, il y a des liens très forts, des interactions, entre les fonctions statistique, planification, programmation, budgétisation et contrôle de gestion, au sein de l'entreprise.

1. Importance des indicateurs de suivi de l'évolution des effectifs dans l'entreprise

Un indicateur est un « clignotant » qui sert à faire prendre des mesures correctives avant que la situation économique ne se dégrade, c'est-à-dire que les déséquilibres ou les distorsions ne s'aggravent. Un exemple d'indicateur économique est le PIB au niveau d'un pays. Des indicateurs plus qualitatifs, tels que le taux de féminité, le taux d'encadrement..., sont utilisés dans l'entreprise.

1.1. Le taux de féminisation de l'emploi et des fonctions

C'est le pourcentage de femmes exerçant dans l'entreprise.

Les organismes internationaux et les gouvernements affirment depuis quelques décennies que, s'intéresser à la promotion ou au renforcement de la participation des femmes, favorise l'obtention d'un développement plus harmonieux, et accroît la rentabilité des entreprises.

Il y a nécessité donc d'une plus grande prise en compte des compétences féminines dans la gestion des affaires publiques ou privées. C'est l'intégration de l'égalité (en fait une égale dignité) entre les hommes et les femmes dans leur complémentarité, et plus généralement l'égalité des chances dans l'éducation et le travail, l'égalité d'accès aux responsabilités. Le ratio hommes/femmes est donc à prendre en considération : en général un minimum de 30% de femmes est recommandé dans les instances de décision, à défaut de la parité intégrale entre hommes et femmes.

Du point de vue sémantique, l'être humain, le genre humain (la personne humaine), c'est, bien sûr, l'homme et la femme, masculin et féminin. Fondamentalement, il ne s'agit pas d'une construction sociale.

L'idéologie du genre féminin est apparue aux États-Unis d'Amérique à la fin des années 1960, mais c'est surtout depuis la IVème Conférence mondiale des Nations-Unies sur la femme, du 4 au 15 septembre 1995 à Pékin, en Chine, que l'égalitarisme hommes/femmes fait parler de lui au niveau international. C'est une conséquence de la reconnaissance de la dignité de la femme. Elle vise à donner à la femme sa pleine place dans la société.

1.2. Le taux d'encadrement

C'est le rapport $\frac{\text{nombre des cadres}}{\text{emploi total}} \times 100$

D'après le *Dictionnaire de l'Économie*[165], en France, le cadre est le « salarié dont le statut, déterminé par les conventions collectives, correspond à un niveau de responsabilité ou de qualification intermédiaire ou élevé ». C'est un concept plutôt vague et évolutif.

Dans le rapport ci-dessus indiqué, il y a lieu de distinguer :

- le taux brut : $\frac{\text{cadres supérieurs+agents de maîtrise}}{\text{emploi total}} \times 100$
- le taux net : $\frac{\text{cadres supérieurs}}{\text{emploi total}} \times 100$

Les deux notions (taux brut et taux net) ont le même objectif. C'est pour savoir si les travailleurs sont faiblement encadrés, bien encadrés ou très bien encadrés, car c'est la quantité et la qualité de la production qui sont en jeu. Il faut des cadres qui savent diriger les autres travailleurs de l'entreprise. L'efficacité de l'encadrement est déterminante pour l'atteinte des objectifs.

[165] Pierre Bezbakh et Sophie Gherardi, *Op.cit.*, p.142

2. Importance générale des statistiques dans la vie de l'entreprise

D'une façon générale, la planification du développement des activités de l'entreprise définit les grandes orientations, les politiques et les stratégies, puis donne des indications sur les objectifs et programmes.

Rappelons l'étroite liaison qui existe entre la fonction planification et la fonction statistique. En effet, l'actualité, l'abondance et la fiabilité des données statistiques permettent de faire des prévisions réalistes et d'élaborer des politiques précises.

La crédibilité du plan et la justesse des différentes politiques sont obtenues grâce à la qualité des « inputs » que constitue le support statistique, c'est-à-dire les données quantitatives. Il en découle que la statistique joue un rôle primordial pour aider à la réalisation des tâches de planification.

La statistique sert à mieux planifier le développement. Les statistiques sont les fondations du développement, à l'instar de tout bâtiment qui comporte le fondement et l'édifice.

Toute prévision ou tentative de construction du futur doit s'appuyer sur une connaissance adéquate du passé et du présent de l'entreprise. Une base de données appropriée est donc un préalable essentiel à la planification, et cette base est fortement tributaire de la qualité des données statistiques disponibles.

Les renseignements numériques sur la vie de l'entreprise sont donc indispensables pour l'établissement de ses plans et programmes d'action, ensuite pour connaître les résultats obtenus par l'exécution de ces programmes (c'est un outil d'évaluation des programmes de développement), pour formuler la politique de production et la politique de vente, pour formuler la politique sociale de l'entreprise, etc. Ils sont essentiels pour sa gouvernance et constituent des indicateurs pour suivre certaines tendances. Par exemple, les statistiques des prix des produits sur le marché et les prix des facteurs de production (matières premières et autres intrants…) ou de commercialisation intéressent l'entreprise agricole au plus haut point, afin de lui permettre de se placer le mieux sur le marché (prix reçu par l'entrepreneur pour la vente de son produit, prix payé par l'entrepreneur pour l'achat du matériel et des facteurs de production).

Il résulte de tout ce qui précède que la statistique a pour finalité de mettre à la disposition de l'entreprise *une information chiffrée objective*, sous une forme lui permettant de prendre ses décisions en toute connaissance de cause avec le minimum d'incertitude. Elle correspond, pour ainsi dire, à l'état des lieux, à la « photographie » des lieux, avant toute prise de décision. La statistique est devenue rouage essentiel de l'entreprise.

Tout service ou cellule de statistique dans l'entreprise a un triple rôle à jouer :

- d'abord, collecter, c'est-à-dire rassembler des données chiffrées au sein de l'entreprise et sur son environnement. Concrètement, il conviendra que chaque service communique périodiquement au service statistique les données dont il dispose dans son fonctionnement habituel, en vue d'une synthèse ;
- ensuite, traiter ces données, c'est-à-dire les analyser, contrôler leur fiabilité, en faire la synthèse et les stocker. Pour cela, il est indispensable de recourir à l'outil informatique.

La présentation des résultats pourrait se faire sous forme de tableaux, accompagnés par les commentaires appropriés.

Les tableaux les plus importants peuvent être accompagnés de graphiques (histogrammes, graphiques en bande, courbes de Gauss, etc.) ;

- puis, diffuser au sein de l'entreprise une information complète (chiffres et commentaires) sur telle ou telle activité.

Les principaux produits d'un service statistique sont : le bulletin trimestriel et l'annuaire des statistiques.

Dans les bulletins trimestriels et l'annuaire (ce dernier étant la synthèse des quatre bulletins trimestriels de l'année) des statistiques de l'entreprise, on aura les principaux tableaux suivants :

2.1. Emploi (embauche)

- effectif total par activité économique, c'est-à-dire par centre ou chaîne de production ou centre de coûts,
- effectif total par profession,
- commentaires.

2.2. Durée du travail

- -durée du travail par activité économique,
- nombre des heures supplémentaires (éventuellement) par activité - économique,
- commentaires.

2.3. Salaires

- salaires par activité économique,
- -salaires par catégorie professionnelle,
salaires par genre,
- commentaires.

2.4. Accidents du travail

Il y a les accidents réels (survenus sur le lieu du travail) et les accidents de trajet :

- cas d'accident avec perte de journée de travail par activité économique,
- nombre d'accidents par activité économique,
- nombre de journées perdues par activité économique,
- commentaires.

Les statistiques révèlent que chaque année plus de 2,3 millions de personnes dans le monde sont victimes d'accidents du travail et de maladies professionnelles. Par sens du prévisionnel, certains chefs d'entreprises n'hésitent pas à prendre les mesures appropriées pour prévenir les accidents du travail. C'est ainsi qu'ils organisent des formations spéciales chaque année, en direction de l'ensemble du personnel, avec, pour thématiques, entre autres: le maintien corporel (par exemple les positions à observer pendant le travail), le culturisme physique, la conduite automobile, l'usage et l'entretien courant du matériel de travail, etc. Par exemple, trois jours par an sont consacrés à ladite formation.

A contrario, certaines personnes considèrent que les normes de sécurité ralentissent les cadences de production et par conséquent, préfèrent s'en passer.

La norme ISO 45001 a été récemment élaborée. « Peu importe si votre organisation est une microentreprise, un conglomérat mondial, un organisme sans but lucratif, un organisme de bienfaisance, un établissement universitaire ou un ministère du gouvernement. Dès lors que des personnes travaillent pour votre organisation et peuvent être exposées à des risques imputables à vos activités, le recours à une approche systématique de management de la santé et de la sécurité sera un atout bénéfique.

« *ISO 45001* est une Norme internationale qui spécifie les exigences que doit remplir un système de management de la santé et de la sécurité au travail, avec des lignes directives pour son utilisation, pour permettre à un organisme d'améliorer de façon proactive sa performance en termes de prévention des blessures et des problèmes de santé »[166].

2.5. Grèves

- grèves par activité économique,
- nombre de travailleurs impliqués par activité économique,
- nombre de journées non effectuées par activité économique,
- commentaires.

2.6. Production physique

- objectifs quantitatifs par activité économique
- point des réalisations physiques sur la période de référence :

Objectifs, réalisations, % $\frac{Réalisations}{Objectifs}$,

- commentaires (explication des écarts des réalisations par rapport aux objectifs, et mesures rectificatives à entreprendre),
- point de la consommation du budget affecté ou coût des réalisations,
- commentaires (explication des écarts entre consommations financières et budget affecté et actions correctives envisagées).

[166] *ISO.org,* consulté le 13/06/2018 : Dossier *santé et sécurité au travail*

Chapitre II
ÉTAT DES STATISTIQUES DANS L'ESPACE OHADA. PERSPECTIVES

Comme indiqué dans le chapitre précédent, les données *statistiques* sont le socle du développement. On l'a souvent dit: «Il n'y a pas d'État moderne sans statistiques ». Les statistiques reflètent la situation économique d'un pays. Elles doivent donc être réelles, fiables, car constituent un outil d'aide à la prise de décision.

On a besoin des chiffres pour bâtir des politiques cohérentes, pour démarrer une action et pour faire par la suite un bilan. Pour décider en toute rationalité, il faut des chiffres. C'est dire qu'on ne peut avancer sans les chiffres, sans une base de données claire, car « une bonne connaissance du passé et du présent est indispensable pour bâtir le futur ».

Pour répondre aux besoins des utilisateurs (consommateurs), et correspondre aux *normes internationales*, les statistiques doivent répondre à un certain nombre de critères : l'*utilité* (c'est le besoin exprimé qui doit être le motif de la collecte des données); la *précision* des concepts (par exemple dans le cas de la production de coton, si c'est le coton-graine ou le coton-fibre); la *couverture géographique* car, l'*exhaustivité* est le critère d'une bonne statistique (indiquer si quelques tranches de populations ont été exclues du domaine couvert par la série publiée); la *comparabilité nationale ou internationale* (qui suppose l'utilisation des mêmes concepts ou définitions standards établis par les organisations internationales); la *fiabilité* (il faut que l'on puisse avoir confiance en les chiffres produits, d'où l'intérêt d'indiquer la source).

Quid donc de la production et de la fiabilité des données statistiques dans les pays de l'OHADA ?

Dans bon nombre de cas, les chiffres produits sont des estimations, c'est-à-dire des évaluations grossières (calculs) faites d'après le flair personnel des techniciens ou des agents de l'administration, chiffres qui risquent d'être bien loin de la réalité. Il est donc absolument nécessaire, chaque fois qu'on publie des chiffres, que la source (registres administratifs, enquête ou estimation, recensement...) soit clairement indiquée, afin de permettre au consommateur de statistiques de se rendre compte par lui-même du degré de fiabilité des chiffres en sa possession.

D'une façon générale, lorsque la source n'est pas indiquée ou lorsqu'elle s'avère douteuse, il conviendrait de s'intéresser à la méthodologie (enquête par sondage, recensement …) qui a été employée pour aboutir à ces chiffres. C'est l'approche méthodologique qui permet de faire la différence.

En agriculture, à défaut d'enquête de production, pour ce qui concerne les produits agricoles exportés, on se contente des statistiques douanières, car il vaut mieux avoir des chiffres que de ne pas en disposer du tout.

Dans l'espace OHADA, les statistiques douanières sont *a priori* précises, fiables, car subissent plusieurs contrôles. Mais il se pose le problème de leur exhaustivité, car il peut y avoir des omissions (cas des entrées sans déclaration). C'est le cas surtout avec les produits du cru dans l'espace Uemoa (Union économique et monétaire ouest-africaine) : bœufs, moutons, ignames, bananes, oignons, etc. Les chiffres, à ce niveau, sont des estimations.

Bien souvent aussi, il n'y a pas de statistiques récentes sur l'emploi, et sur l'agriculture. Les statistiques forestières ne sont pas tenues de façon exhaustive, dans la mesure où toutes les données ne sont pas traitées. En Côte d'Ivoire, il y a eu production d'*annuaires de statistiques agricoles et forestières*, au cours de la décennie 1980-1990, par le ministère de l'Agriculture et des Eaux et Forêts, y compris *l'annuaire rétrospectif 1900-1983* (publication interne), une véritable "banque de données".

On y lit, dans l'avant-propos, que « cet annuaire répond à un souhait maintes fois exprimé, mais jamais satisfait jusqu'ici, et il faudrait que chacun ait à cœur à l'avenir d'en permettre l'actualisation, car une bonne connaissance du passé est indispensable pour construire le futur ».

À l'instar de la France où l'INSEE (Institut National de la Statistique et des Études Économiques) produit des statistiques dans un but d'analyse et de prévisions (statistiques démographiques, statistiques économiques et statistiques sur l'emploi), il y a dans les pays de l'OHADA, des agences nationales de statistiques.

On sent un besoin impérieux en données statistiques chez les entreprises de l'espace, quand bien même certaines d'entre elles ne semblent pas portées à rechercher les informations statistiques. Les données statistiques sont, par exemple, très utiles pour les études de marché.

S'agissant, en particulier, du secteur agricole, dans son rapport, la FAO préconise que le recensement national de la population prenne en compte le recensement national de l'agriculture, pour utiliser les mêmes bases de sondage. « Ce recensement devrait être conduit tous les dix ans, afin de permettre de disposer d'une véritable "photographie" de la structure de la population et du secteur agricole et rural »[167]. « Le recensement de la population et l'enquête sur le budget des ménages sont également très importants dans la planification et la gestion des activités d'un pays »[168].

Les données statistiques collectées dans tous les secteurs d'activité permettent à l'État de déterminer le niveau des agrégats économiques tels que le niveau de consommation, l'épargne, le P.I.B, …, pour ensuite prendre les meilleures décisions et engager les meilleures politiques de développement à court, moyen et long terme. Ces renseignements sont aussi nécessaires aux organisations internationales intéressées aux problèmes du travail (tel que le B.I.T), pour formuler des programmes de développement nationaux et régionaux, pour faire des projections à long terme de la demande nationale, régionale et mondiale pour telle activité économique et conseiller aux pays membres du système des Nations-Unies les programmes à suivre pour répondre à la demande prévue.

Tout pays, pour sortir de la pauvreté, devrait en principe commencer par actualiser ses statistiques nationales, en évitant que celles-ci soient parcellaires ou partielles ou partiales, et ce dans les compartiments essentiels de son économie. C'est « l'état des lieux » indispensable pour un nouveau départ. On a besoin des chiffres pour éclairer les décisions. Ils sont des phares qui éclairent le chemin, pour aller de l'avant. Les statistiques, sous réserve de leur qualité, sont un élément stratégique pour toute politique de planification et de développement.

À l'instar de EUROSTAT, Institut Européen de la Statistique, AFRISTAT, Observatoire Économique et Statistique d'Afrique subsaharienne, dont le siège est à Bamako, a été créé le 21 septembre 1993 à Abidjan, pour le développement de la statistique dans les États membres.

Ces pays, au nombre de 21, sont les suivants : Bénin, Burkina Faso, Burundi, Cameroun, Cap-Vert, Centrafrique, Côte d'Ivoire, Comores,

---

[167] FAO, *L'État des systèmes de statistiques alimentaires et agricoles en Afrique-2007*, décembre 2008, p.30
[168] FAO, *idem,* p.20

Djibouti, Gabon, Guinée-Bissau, Guinée-Conakry, Guinée Équatoriale, Mali, Mauritanie, Niger, République Démocratique du Congo, Sao Tomé-et-Principe, Sénégal, Tchad, Togo. On note que 16 pays sur les 17 de l'OHADA sont également membres de AFRISTAT.

AFRISTAT indique que: «Chaque État, chaque gouvernement, chaque décideur a besoin d'informations lui permettant de piloter au mieux, et à moindre coût, sa gestion et son développement économique et social. Il doit, pour ce faire, s'appuyer sur un système d'information complet et crédible, lui permettant tout à la fois d'éclairer l'évènement et de conduire la décision ».

Bâtir des politiques d'intégration exige une information fiable et actualisée sur l'ensemble des pays, dont il faut garantir la comparabilité, non seulement des concepts utilisés, mais également sur le plan des méthodes de production des données harmonisées, et utiles pour la formulation des politiques d'intégration économique sous-régionale. AFRISTAT a démarré ses activités le 2 janvier 1996.

Des statistiques de qualité supposent une méthodologie solide et des outils adéquats.

Le rôle de la statistique est particulièrement déterminant dans la conception, la mise en œuvre, le suivi et l'évaluation des stratégies de réduction de la pauvreté, des objectifs pour le développement durable, mais aussi des objectifs de bonne gouvernance économique.

AFRISTAT apporte des appuis ponctuels, et de ce fait ne peut faire tout le travail à la place des États.

Notons aussi que AFRISTAT, en outre:

- aide à l'obtention d'une assistance extérieure, pour la mise en œuvre de projets importants de statistiques tels que les recensements agricoles dans un pays,
- apporte le plus souvent un appui technique, par exemple par le détachement d'un consultant pour la mise en œuvre d'une étude,
- apporte de l'assistance, en termes de formation, aux offices nationaux de la statistique.

Situant l'importance de la chose statistique pour l'Afrique, le Premier ministre, chef du gouvernement de la République gabonaise, Jean Eyeghe N'dong s'exprimait ainsi à Libreville, le 12 avril 2006, à l'occasion de la célébration des 10 ans d'existence de AFRISTAT : « Depuis quelques années, la statistique est devenue un centre d'intérêt incontournable pour la communauté internationale et les décideurs nationaux. Cela représente une évolution positive à encourager, car dans un passé récent, il était courant de voir des décisions majeures être prises sans informations fiables, sans données vérifiables, se fondant sur un bon sens qui n'avait de valeur que l'importance du décideur ».

Certes, il existe dans l'espace OHADA, comme ailleurs, en Afrique, des offices nationaux de la statistique, de même que des directions des statistiques agricoles et des enquêtes rurales, au sein des ministères de l'Agriculture ou de Développement rural, qui ont des missions, mais, bien souvent manquent cruellement de moyens (surtout matériels et financiers).

À ce sujet, dans le rapport intitulé : *L'État des systèmes de statistiques alimentaires et agricoles en Afrique, 2007* publié par le bureau régional pour l'Afrique de la FAO, Accra, Ghana, en décembre 2008, on lit à la première page du résumé (page V) que « Le budget alloué aux activités de statistiques agricoles varie énormément d'un pays à l'autre. Il oscille entre 441 000$ EU (moyenne par pays en Afrique de l'Ouest) et 1 307 000 $ EU (moyenne par pays en Afrique du Nord), avec une moyenne globale de 658 888 $ EU par pays pour toute l'Afrique. Il est important de relever que certains pays n'ont pas été en mesure de fournir les informations requises relatives aux ressources financières dans le secteur de l'agriculture puisqu'il n'existait aucune allocation budgétaire pour les activités agricoles dans le pays. D'autres pays ont indiqué que le budget est assigné sur la base d'une somme forfaitaire par la trésorerie du gouvernement aux ministères pour toutes les activités normatives. Par conséquent, il n'existe pas de budget spécifique alloué pour les activités de statistiques agricoles ».

L'un des vrais problèmes en Afrique, c'est le manque de culture statistique. Les statistiques ne suscitent généralement pas d'intérêt, car leur production et leur mise à disposition du public sont onéreuses, et de surcroît les statistiques ne produisent pas de l'argent tout de suite.

C'est là tout le sens de l'Appel de Cotonou alors lancé par le Comité de direction de AFRISTAT, réuni du 3 au 5 avril 2005 à Cotonou (Bénin), en faveur de la formation statistique dans la région et en faveur de la promotion de la culture statistique dans toute l'Afrique.

Dans cette même perspective, AFRISTAT[169] indique que « L'information et le savoir émergent aujourd'hui comme de nouvelles ressources économiques et des facteurs de compétitivité internationale. Le développement de la société de l'information représente l'un des moyens puissants de sortir l'Afrique de la pauvreté. Ainsi, l'information constitue-t-elle une ressource économique que les États devraient développer. Dans ce contexte, la donnée statistique représente une part importante de l'information dont la diffusion doit être assurée par des outils appropriés, notamment les technologies de l'information

[169] *Programme statistique de travail d'AFRISTAT 2006-2010*, p.7

et de la communication (TIC) qui connaissent un développement fulgurant ».

La question du développement demeure au centre des objectifs de tout État. Les pays africains dans leur ensemble, tentent, tant bien que mal de sortir du gouffre de la pauvreté et du sous-développement. Dans cette perspective, il conviendrait qu'ils posent les fondations nécessaires à la construction de leurs économies, et cela passe aussi par le développement de la culture statistique, de la culture du chiffre, du nombre.

Parmi tous les secteurs qui animent la vie des pays en développement, et singulièrement des pays africains, l'agriculture demeure la principale source de croissance.

« L'agriculture, un des plus vieux métiers du monde, demeure en ce début du XXIème siècle, le premier secteur d'emploi de la planète : 44% de la population active mondiale s'y trouvent encore employés, sans compter tous ceux qui exercent une activité professionnelle en amont ou en aval de la production agricole elle-même », note *le Dictionnaire de l'économie*[170].

« Le succès de ce pays repose sur l'agriculture ». Cette maxime du premier président de la Côte d'Ivoire, Félix Houphouët-Boigny, est valable encore aujourd'hui pour la majorité des pays africains. En effet, la plupart des pays africains ont des économies fortement dominées par l'agriculture.

Par ailleurs, « l'Afrique dispose de nombreux atouts souvent cités : 50% des terres arables mondiales non encore cultivées ; 2% des ressources en eau utilisées contre 5% en moyenne sur la planète ; forte progression d'une demande qui sera de plus en plus solvable avec la poursuite programmée de la croissance économique »[171].

Les pays de l'espace OHADA, dans leur très grande majorité, auraient avantage à faire des plans qui prennent avant tout pour base les statistiques agricoles. Ainsi, les données sur l'agriculture pourraient orienter les décisions et objectifs de planification du développement global. En effet, l'on ne saurait penser le développement économique de la plupart des nations africaines sans celui de l'agriculture.

L'attention accordée donc par les pouvoirs publics aux statistiques agricoles pourrait constituer le point de départ d'un véritable

---

[170] Pierre Bezbakh et Sophie Gherardi, *Op.cit.*, pp.81, 82

[171] Paul Derreumaux, *Op.cit.*, p.160

bouleversement au niveau de la conception même du développement de ces pays: lutter contre la pauvreté à travers le développement agricole.

Dans l'espace OHADA, il existe, bien sûr, des institutions de formation en statistique (écoles ou universités), à même de répondre efficacement aux besoins de formation de statisticiens de tous les niveaux, au Bénin, au Burkina-Faso, au Cameroun, au Niger, au Sénégal, en particulier, l'ENSAE de Dakar, l'ISSEA de Yaoundé et, en Côte d'Ivoire, la prestigieuse École nationale de statistique et d'économie appliquée (ENSEA), à vocation continentale, voire internationale, créée à Abidjan, en 1961, qui a été désignée comme pôle de compétence et d'excellence de l'UEMOA, et a obtenu de la Banque Mondiale, en août 2015, le label de "Centre d'Excellence Africain (CEA)" dans le domaine de la formation statistique. De nombreux cadres des offices nationaux de statistique et d'autres organismes publics ou privés de l'OHADA sont des purs produits de l'ENSEA.

L'agriculture reste incontournable dans l'œuvre de développement de la plupart des pays africains, à l'instar de certains pays du Nord ou du Sud qui ont conçu et bâti leur développement, en partant de l'agriculture.

Citons, à titre d'illustration, deux pays qui ont fait ce choix : la France et le Brésil. Les notes qui suivent sont tirées du *Dictionnaire de l'économie*[172].

En ce qui concerne la France :

« - du Xème au XIIIème siècle, un essor économique reposant sur l'accroissement de la production agricole ;

- durant le règne d'Henri IV (1589-1610), en raison de la paix civile, Olivier de Serres expérimenta de nouvelles méthodes d'assolement et introduisit de nouvelles cultures (houblon, maïs, mûrier…) ;

- engagée à la fin du XVIIIème siècle, dans la révolution industrielle ;

- la situation économique s'améliora durant le XVIIIème siècle grâce au retour de la paix, à des conditions climatiques plus clémentes et à un essor agricole et industriel ;

- durant les années 1794-1814, furent également jetées les bases d'un enseignement et de promotion du savoir qui permit à la France de former des savants, des techniciens et des chercheurs sans lesquels le développement industriel des deux siècles à venir n'aurait pas été possible,

[172] Pierre Bezbakh et Sophie Gherardi, *Op.cit.*, pp. 331, 332, 335 et p.133

- le siècle qui s'écoula entre 1815 et 1914 fut celui de l'industrialisation, lente, mais régulière de l'économie française ;

- en 1950, la France avait surmonté les conséquences de la guerre (1939-1945) et construit les bases d'un développement économique solide reposant sur un secteur industriel modernisé et innovateur, une participation de l'État au financement de l'économie, de l'éducation et de la recherche, et une agriculture qui redeviendra bientôt ce que le président Valery Giscard d'Estaing qualifiera de « pétrole vert » ;

- durant les 30 glorieuses (années 1945-1975), la richesse nationale a triplé et l'ensemble des catégories sociales (ouvriers, paysans, classes moyennes, propriétaires d'actifs industriels ou immobiliers...) a bénéficié de la croissance ».

En ce qui concerne le Brésil :

« - un des « nouveaux géants » de l'économie mondiale ;

- le Brésil fut « découvert » en 1500 par les Portugais ;

- cette ancienne colonie portugaise fit longtemps partie des pays du tiers-monde ;

- dès la fin du XVIème siècle, la culture de la canne à sucre se développa. Ensuite se développèrent les plantations de café ;

- l'industrialisation étant interdite par le pacte colonial, celle-ci ne s'amorça qu'après l'indépendance en 1822 ;

- le Brésil est aujourd'hui un pays émergent ;

- le Brésil est le 3ème exportateur mondial de produits agricoles (avec plus de 20 milliards de dollars) : il occupe le 1er rang mondial pour le café, le jus d'orange, le sucre, le tabac, la viande de poulet, le 2ème rang pour le soja ».

Voici donc deux grands pays où la « révolution agricole » (modernisation de l'agriculture) a précédé le développement industriel. Rappelons que le Brésil est entré dans la cour des grands appelés « émergents », les BRIC, c'est-à-dire les 4 pays (le Brésil, la Russie, l'Inde et la Chine) désignés par la banque d'affaires américaine *Goldman Sachs* en 2001, comme les puissances émergentes, qui pèseront à elles seules 50% de l'économie mondiale en 2050. L'Afrique du Sud a rejoint le groupe des BRIC en 2010, groupe devenu BRICS (avec un s pour « South Africa »).

L'agriculture est un puissant levier du développement et une clé de réduction de la pauvreté dans les pays dits en développement. Par ailleurs, elle peut constituer un frein à l'exode rural (par la création de nombreux emplois dans les campagnes) et un moyen de déconcentration des très grandes villes (par une politique de retour à la terre).

Il apparaît clairement, dans le cas de la France et du Brésil, que l'essor agricole a été accompagné de la nécessaire révolution industrielle. Cette dernière est indispensable pour le plein développement des pays africains. *La nouvelle révolution verte* déjà évoquée au chapitre V et *la révolution industrielle* vont de pair.

Dans l'œuvre de développement, les pays de l'espace OHADA auront donc avantage eux aussi à marcher sur ces deux jambes que sont l'écoagriculture et l'industrialisation.

La lettre d'AFRISTAT, dans sa livraison numéro 81, juillet 2017 (p.12), laisse apparaître l'interrogation suivante : « Le déficit de données socio-économiques et démographiques en Afrique permettra-t-il de mettre en œuvre l'agenda 2030 sur les Objectifs de développement durable ? Il apparaît clairement le paradoxe selon lequel l'Afrique est à la fois le continent où les besoins dans ce domaine sont les plus importants et celui où les capacités de répondre à ces défis sont les plus limitées ».

Et comme réponse à cette grande interrogation, il y est écrit ceci (p.9 de La lettre d'AFRISTAT sus-citée) : « AFRISTAT a signé en novembre 2016 avec la FAO, un protocole d'accord pour apporter une assistance technique à la mise en place d'actions de renforcement des capacités dans le domaine des bases de sondage principales et d'élaboration des bilans alimentaires. Ce projet s'insère dans le cadre de la mise en œuvre de la stratégie mondiale pour améliorer les statistiques agricoles et rurales nécessaires à la conduite des politiques de développement ».

La mise en œuvre dudit projet a démarré avec la création par le CEA (Centre d'Excellence Africain), en collaboration avec la FAO, d'un *master en statistique agricole*, dont l'année 2017 a été l'année de lancement, début août, à l'ENSEA, en Côte d'Ivoire.

Il est à signaler que « Par décision de l'Assemblée générale des Nations-Unies de septembre 2015, le suivi des progrès par rapport aux 17 objectifs de développement durable (ODD) et de leurs 169 cibles sera effectué par la mesure de 241 indicateurs statistiques »[173].

En conclusion, la statistique, une discipline transversale, est pour les gouvernants et les chefs d'entreprises, ce qu'est la boussole pour le

---

[173] *Expertise France, la coopération statistique en exergue*, 73 rue de Vaugirard-75006 paris, 2017, p.8 ; *www.expertisefrance.fr*

pilote. C'est un outil de bonne gouvernance économique, car il indique où il faut se diriger. La statistique dégage l'horizon, la vision d'avenir, et permet de voir les obstacles. Elle est un véritable phare qui donne la lumière pour mieux clarifier les problèmes, au niveau d'une étude ou d'un projet. La statistique fonde le développement. Elle s'avère particulièrement utile aux pays de l'espace OHADA, dans leur ardente quête du développement.

Le présent chapitre et le précédent ont fait l'objet d'un large développement, pour mieux situer l'importance de la statistique, aussi bien pour tout pays que pour l'entreprise.

Outil d'aide à la décision, la statistique constitue la base de la planification du développement, objet du prochain chapitre.

Les pays développés ou émergents ont un système statistique très développé.

Chapitre III
APERÇU GÉNÉRAL SUR L'IMPORTANCE DE LA FONCTION PLANIFICATION AU SEIN DE L'ENTREPRISE

Sénèque, philosophe romain du 1er siècle de l'ère chrétienne, a dit: « Aucun vent n'est favorable au bateau qui ne sait pas où il va ».

C'est dire que le concept de *planification* était déjà bien perçu des anciens.

1. Le concept

On peut définir la planification comme étant le processus qui permet de préparer l'entreprise à son avenir, en identifiant les objectifs à atteindre et les moyens les plus avantageux pour les atteindre.

La planification ou prévision économique permet d'anticiper tout ce qui peut arriver à l'entreprise. Planifier, c'est prévoir pour agir. Toute prévision ou toute tentative de construction du futur de l'entreprise doit s'appuyer sur les statistiques. Une base de données appropriée est un préalable essentiel à l'activité de planification, et cette base, dont la portée et la précision varient considérablement avec l'outil statistique disponible, est en général insuffisante, d'une manière ou d'une autre.

Bien que la planification soit une science très difficile, il est quasiment impossible de s'en passer. Dans une plus ou moins grande mesure, chacun de nous planifie, ne serait-ce que dans sa vie courante, et nous serions comme désorientés, déboussolés, désaxés, si nous ne le faisions pas ; même certaines de nos actions les plus simples exigent une certaine planification à court terme. Parfois, il est utile de se fixer un horizon temporel plus long que la journée, pour déterminer notre activité, c'est-à-dire décider à l'avance ce qui sera fait : quoi? quand? par qui? comment? où?

L'horizon et la durée des plans sont également des aspects importants de cette science. Plus les plans sont longs et plus ils risquent d'être inexacts ; par conséquent, il importe de se fixer des horizons temporels raisonnables de prévision (de 5 à 10 ans), pour minimiser les risques d'incertitude.

La planification permet de répondre aux questions suivantes :

- quelle est la situation actuelle de l'entreprise ?
- quelle évolution prévoyons-nous (quelle situation est prévue) ?

- quel est l'écart en termes d'objectifs, entre la situation prévue et la situation actuelle ?

- comment allons-nous remplir notre mission pour combler cet écart ?

2. Les étapes de la planification

On peut déterminer deux étapes principales :

2.1. La recherche du moment propice pour planifier

Le choix du moment est fonction de quatre paramètres :

- la situation du marché ;
- l'état du secteur d'activité concerné ;
- l'évolution de l'environnement des affaires ;
- le climat socio-économique et politique.

Ils constituent les analyses de conjoncture. En tout état de cause, un plan ne saurait se préparer dans un contexte incertain, sans lisibilité.

2.2. La restitution des résultats du diagnostic et la concertation pour l'adoption du plan

Lorsque le projet de plan d'action de l'entreprise a été élaboré par le consultant (planificateur) commis à cette tâche, il convient d'organiser le dialogue entre consultant et responsables de services. Des suggestions sont faites par ceux-ci au consultant, des scenarii complémentaires, des actions nouvelles, sont éventuellement envisagés.

À l'issue de cette procédure, le plan définitif peut être rédigé et soumis à l'approbation du décideur, de la hiérarchie, en l'occurrence, la direction générale de l'entreprise ou le conseil d'administration. La planification est avant tout une démarche participative, et le plan est un ensemble cohérent, monolithique, dans lequel il y a une interdépendance étroite entre objectifs et moyens. C'est dire qu'on ne peut modifier un seul élément sans compromettre l'ensemble, comme dans un puzzle. On peut naturellement concevoir plusieurs plans, mais lorsque l'un a été adopté, il faut s'efforcer de l'appliquer intégralement.

3. Les avantages de la planification

Ceux-ci sont nombreux. Il y a notamment :

3.1. L'anticipation du futur

Par la planification, l'entreprise prépare son avenir et son adaptation à l'évolution de son environnement. L'entreprise qui planifie ses investissements, dans le temps et dans l'espace, se donne une vision, c'est-à-dire une image futuriste qu'elle souhaite atteindre, à terme. Cette étape est très importante, car elle permet à l'entreprise de savoir où elle va, dans le déroulement de ses activités. Elle maximise donc ses compétences pour atteindre cette vision ;

3.2. La justification et l'ordonnancement des activités

Les activités retenues sont liées et chronologiquement cohérentes (le processus chronologique est d'importance). La planification justifie et ordonne les activités, c'est-à-dire que les activités d'un groupe de travail ne sont plus évaluées uniquement en fonction de leur nombre, mais plutôt selon leur utilité par rapport à l'objectif visé. Il ne s'agit pas d'entreprendre beaucoup d'activités et de dépenser ainsi inutilement beaucoup d'argent et d'énergie, mais d'entreprendre celles qui sont logiquement nécessaires ;

3.3. L'amélioration des rendements des ressources humaines, matérielles et financières.

En particulier, les ressources financières de l'entreprise étant généralement limitées et chères, elles doivent par conséquent être utilisées de façon optimale, pour atteindre l'objectif fixé. On évite tout gaspillage des ressources.

3.4. La création d'une base de contrôle technique et financier.

En effet, en comparant par la suite le réalisé au prévu, la planification permet au manager le contrôle des activités de l'entreprise. Le contrôle n'a de sens que si la planification a été faite auparavant. De même, une planification sans contrôle perd de sa valeur. La planification établit aussi les critères (standards) de production, ainsi que les budgets. Tous ces éléments constituent la base de la fonction de contrôle ;

3.5. La planification détermine des délais, des dates prévues

À des dates précises, les actions doivent être entreprises, afin que les objectifs soient atteints dans les délais. On évite ainsi le gaspillage de temps ;

3.6. La planification encourage la réalisation

La formulation explicite et nette des objectifs oriente les actions du personnel de l'entreprise. Ainsi, la planification réduit la dépense d'énergie, les chevauchements improductifs et les actions non pertinentes.

Une réserve s'impose cependant : si la démarche de planification s'avère incontournable pour toute organisation (car sans elle on ne voit pas comment on pourrait évaluer les performances des réalisations à un moment donné et on ne pourrait pas élaborer un «business-plan» bancable, dans le cadre de la recherche de financement d'un projet), force est de reconnaître que les prévisions à dix ans ne sont plus absolument indispensables, compte tenu d'un environnement rapidement évolutif. Vouloir aussi réduire aujourd'hui la planification à la stratégie peut paraître excessif. La durée du plan reste donc à apprécier et fixer dans chaque cas de figure ; c'est là une prérogative du manager de l'organisation. En tout état de cause, une prévision à cinq ans paraît tout à fait raisonnable. En cours d'exécution d'un plan ou d'un programme, on peut, en fonction de la conjoncture, et ponctuellement, faire du pilotage à vue.

Il conviendrait de signaler que l'un des avantages de la planification dans l'entreprise est de contribuer à améliorer le taux de croissance de celle-ci. C'est donc à juste titre que la planification est considérée comme un élément « réducteur d'incertitude ».

4-Les conditions de réussite du plan d'action de l'entreprise

4.1. Que les objectifs à moyen et long terme visés dans le plan s'ajustent aux ressources financières disponibles.

La tendance qui consisterait à élaborer un plan sans mesurer si financièrement sa réalisation sera effective sur la période considérée, engendre généralement des effets conduisant à son échec.

De ce point de vue, une approche sélective des programmes et projets devient nécessaire, compte tenu des moyens financiers généralement limités de l'entreprise.

L'expérience suivante en matière de planification en Côte d'Ivoire, a donné des résultats particulièrement satisfaisants pendant les années 1970 à 1989, à l'époque du capitalisme d'État dans ce pays : élaboration de perspectives décennales découpées en plans quinquennaux, eux-mêmes soutenus par les programmes triennaux ou plans-glissants (glissants, en raison de leur révision annuelle) au niveau des sociétés d'État ou d'économie mixte. Ceux-ci facilitent le processus d'adaptation, en identifiant un plan d'investissements ou un projet de telle sorte que, en cas de déficit de ressources financières ou en raison d'autres facteurs, les réductions dans les programmes puissent se faire de manière sélective. Ainsi, les plans-glissants d'investissements sont utiles pour maintenir les programmes à jour.

Compte tenu donc des contraintes imposées par un environnement en perpétuelle mutation, on passe de l'idée d'un plan élaboré une fois pour toutes, à un plan qui s'améliore en s'exécutant.

Cette démarche est tout à fait transposable au niveau de l'entreprise privée.

Prenons un exemple pour décrire ce processus :

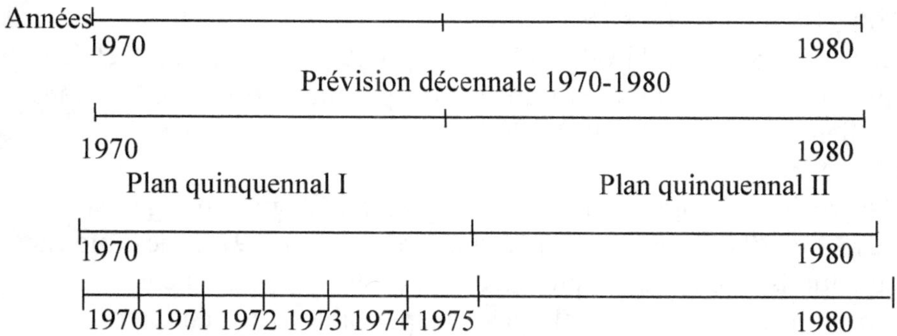

Supposons qu'une certaine entreprise agricole d'hévéaculture, ait pour objectif de planter 100 000 hectares sur 10 ans, de 1970 à 1980, ce qui génère deux plans quinquennaux de 50 000 hectares chacun, avec des prévisions de tranches constantes de 10 000 hectares par an.

Au cours du 1er "quinquennat", les programmes triennaux prévisionnels furent les suivants :

1970 (10 000ha), 1971 (10 000ha), 1972 (10 000ha)
1971 (10 000ha), 1972 (10 000ha), 1973 (10 000ha)

1972 (10 000ha), 1973 (10 000ha), 1974 (10 000ha)

1973 (10 000ha), 1974 (10 000ha), 1975 (10 000ha), soit quatre tranches au total.

Divers cas de figure pouvaient alors se présenter au moment de l'exécution des programmes.

Supposons qu'à la fin de la première année d'exécution (1970) du premier programme triennal, 1970-1971-1972, les réalisations enregistrées aient été de 8000 hectares au lieu de 10 000 (objectif).

Le programme triennal suivant 1971- 1972-1973 eut été élaboré avec le souci de combler, au plus tôt, le déficit des 2000 hectares de 1971. Ce faisant, plusieurs options s'offraient au manager pour la fixation des nouveaux objectifs et parmi lesquelles, celles-ci :

1971 = 12 000 hectares

1972 = 10 000 hectares

1973 = 10 000 hectares

Ou

1971 = 11 000 hectares

1972 = 11 000 hectares

1973 = 10 000 hectares

Si dans le premier cas 12 000, 10 000, 10 000, les 12 000 hectares ont été réalisés à fin 1970, alors la programmation triennale devrait reprendre son rythme normal, c'est-à-dire 1972 = 10 000 ; 1973 = 10 000 ; 1974 = 10 000.

Dans l'hypothèse 11 000, 11 000, 10 000, si les 11 000 étaient atteints à fin 1971, alors les tranches du programme triennal suivant devenaient : 11 000, 10 000, 10 000,

Etc.

A contrario, si après avoir élaboré le premier programme triennal sur la base de 10 000 hectares par an, de 1970 à 1973, des motifs conjoncturels (par exemple, engouement des planteurs pour l'hévéaculture) conduisaient les responsables à anticiper les réalisations, par exemple 12 000 hectares plantés à fin 1970, alors les nouveaux objectifs du programme triennal suivant pouvaient s'établir comme suit : 1971 = 8 000 hectares ; 1972 = 10 000 hectares ; 1973 = 10 000 hectares.

Comme on s'en rend compte, le principe sous-tendu par une telle démarche était que, en tout état de cause, il fallait veiller qu'au terme des 5 ans, l'objectif global de 50 000 hectares fût atteint.

Mais, si d'aventure et malgré tout, il se trouvait qu'à la fin des 5 ans, il y a eu une « queue de programme », c'est-à-dire un déficit de réalisations à combler, il convenait alors d'en faire le report sur la ou les toutes premières années du deuxième quinquennat.

Le cap étant mis désormais sur 1980, on a dû s'efforcer de tout mettre en œuvre pour l'atteinte complète de l'objectif global des 100 000 hectares à fin 1980. C'était là un impératif absolu.

La réussite du plan de l'entreprise implique aussi le respect de quatre autres exigences, et non des moindres:

4.2. Que le plan soit élaboré

Les entreprises asiatiques en général (nippones, coréennes, chinoises ...) « perdent » beaucoup de temps à cette élaboration, pour ensuite gagner beaucoup de temps dans son application pratique. L'élaboration du plan d'action naît de la vision de l'entreprise, sur le moyen et le long terme, par ses managers ; elle prend en compte tous les éléments qui ont trait à l'environnement externe de l'entreprise. Il faut une synergie des intelligences : toutes les propositions sont recueillies et analysées, et seules les plus pertinentes sont retenues à l'issue d'un «*brainstorming*» avec les travailleurs. L'avantage est qu'aucune bonne idée n'est perdue. Ce travail est réalisé, de préférence, avec l'assistance d'un consultant;

4.3. Que le plan soit négocié

La négociation du plan enrichit la vision des uns et des autres sur l'entreprise et favorise l'adhésion de tous. C'est une action de sensibilisation visant à donner à la mise en œuvre du plan toutes les chances de réussite. Motivés par leur rôle, les collaborateurs contribuent davantage aux conditions d'exécution du plan.

4.4. Que le plan soit écrit

La formalisation permet d'en vérifier la cohérence et d'éviter les ambiguïtés lors de l'application.

4.5. Que le plan soit diffusé

Il convient de diffuser le plan auprès de tous les services de l'entreprise, du niveau décisionnel au niveau opérationnel, afin de maximiser les compétences, d'éliminer les actions qui sont extérieures au plan.

Signalons toutefois que des turbulences économiques, politiques et sociales de l'environnement des affaires peuvent s'imposer à la planification comme des contraintes délimitant son action. Cela fait dire à certains que l'entrepreneur, « c'est quelqu'un qui prend des risques, quelqu'un qui a de l'audace». Le monde a besoin de promoteurs créatifs, ayant le goût du risque.

5-Les outils nécessaires à la planification

Ils sont de plusieurs ordres :

5.1. La rétrospective

Il est nécessaire de connaître l'histoire de l'entreprise, c'est-à-dire son passé, pour mieux gérer le présent et mieux anticiper le futur.

5.2. Les données statistiques

Les données statistiques de l'entreprise et celles recueillies sur son environnement permettent de faire des prévisions réalistes et d'élaborer des politiques précises de développement des activités. La crédibilité (fiabilité) du plan d'action et la justesse des différentes politiques sont obtenues grâce à la qualité des « inputs » que constituent les données statistiques.

5.3. Les normes techniques et financières

Les normes aussi bien techniques que financières constituent des données de base du travail de planification. Elles sont un référentiel pour l'allocation des ressources financières, en vue de l'exécution du plan.

Elles doivent être suffisamment élaborées et mises à la disposition de la planification par le service compétent, en l'occurrence la cellule spécialement créée à cet effet au sein de l'entreprise (cellule ou service "normes"). L'élaboration de ces normes est un travail minutieux.

Exemples de normes techniques :

- plantation de cacaoyers : 1333 pieds à l'hectare (pour un écartement de 3 x 2,50 m),

- voiture: consommation en carburant : 9 litres aux 100 km.

Les normes financières correspondantes sont :

- plantation cacao: coût des plants sortis de la pépinière : 1333 plants x 400 FCFA/plant: = 533 200 FCFA/ha

- Voiture : coût du carburant pour 100 km :

9 l x 595 FCFA/l = 5355 f CFA

5.4. L'outil informatique

Le déroulement de l'activité de planification nécessitant la compilation, le traitement et le stockage des différentes données numériques ayant trait à un sujet donné, l'utilisation de l'ordinateur rend leur exploitation plus aisée, de même que leur conservation pérenne.

Il y a des logiciels informatiques spécialisés pour les tâches de planification (SAARI, EXCEL, WORD…).

5.5. La documentation

Une documentation assez riche sur le secteur d'activité visé permet de suivre l'évolution des techniques et des technologies. Elle est fournie essentiellement par les bibliothèques physiques et virtuelles.

En cette ère du numérique, *l'internet* est une source abondante de documentation, grâce à la diversité des informations qu'il contient. L'internet est la plus grande bibliothèque du monde, aujourd'hui. Cependant, aux dires de spécialistes, le livre papier ou la bibliothèque-version papier (le "print") ne pourra jamais disparaître au profit du livre électronique ou de la cyberbibliothèque (bibliothèque numérique).

5.6. La prospective

« Très schématiquement, l'approche prospective consiste d'abord à analyser les divers facteurs de l'évolution, à repérer leur tendance à long terme, puis à rechercher les modifications de structure qui résulteront de leur choc »[174].

La réflexion prospective est par conséquent une vision futuriste des différents aspects et problèmes de l'entreprise. C'est une projection d'opportunités, de choix sur le long terme (quinze, vingt, trente ans, voire plus). La prospective est assimilable à la prévoyance. L'étude de marché et la prospective permettent à l'entreprise d'être à jour sur les réalités de son environnement et d'en tenir compte dans la mise en œuvre de la planification. Par souci de cohérence, les plans quinquennaux et autres plans d'action sont forcément intégrés dans la prospective. Dans un monde en perpétuelle évolution, il conviendrait d'éviter la routine, en cherchant à positionner l'entreprise pour les combats économiques futurs. Il y a toujours des parts de marché à prendre, dans le monde des affaires ; d'où l'avantage pour l'entreprise de diversifier ses produits, de créer de nouveaux produits.

L'étude prospective fait partie intégrante de l'état d'esprit de l'entreprise, car elle permet de planifier, tout en ayant une vision claire de l'avenir de l'entreprise. Elle permet, en particulier, de se préparer aux évolutions de l'environnement concurrentiel et de la demande, ainsi que d'en saisir les opportunités. La prospective prône l'innovation. Elle

---

[174] Octave Gélinier, *Fonctions et tâches de direction générale*, Éditions Hommes et Techniques, 1971, Paris, p.47

conduit à toujours innover et développer des produits et des services, en étant toujours à l'écoute de la clientèle.

L'innovation peut consister en l'amélioration d'un produit ou service existant, ou en la création de quelque chose de nouveau (produit ou service innovant). Elle permet de créer la différence entre l'entreprise et ses concurrents, d'apporter de meilleures performances, mais cette innovation doit nécessairement s'avérer rentable.

Un ivoirien a fabriqué une tablette numérique, un autre une voiturette, un autre un vélo, un autre encore un centre émetteur-récepteur de radiodiffusion. Ils ont certes copié, mais c'est le premier stade avant l'innovation ; c'est le point de départ, par où il faut commencer, pour y arriver. Il convient donc d'être inventif, novateur, créatif.

Un togolais a fabriqué une machine à piler le *foufou* (banane plantain bouillie et huile de palme rouge), pour remplacer le mortier et le pilon. Un chercheur ivoirien fabrique des mèches ou cheveux postiches pour dames, avec les fibres du tronc de bananier. C'est de l'innovation.

Parmi les trois premiers pays constructeurs d'automobiles sur le continent africain (Ghana, Maroc, Nigéria), on relève en particulier le cas du Nigéria où toutes les pièces de ces automobiles sont entièrement fabriquées sur place, et celui du Maroc où seulement les moteurs sont importés. Ces pays font tous les deux du *wifi* (connexion *internet* sans fil) sur ces véhicules: avec le *wifi*, ils font de l'innovation; c'est là une touche particulière, par rapport aux concurrents. L'innovation, c'est un progrès, c'est de la valeur ajoutée, c'est sortir des chemins battus.

Les nouveaux produits et services sont élaborés généralement par l'équipe *Recherche et Développement de l'entreprise*. Parfois, « Des sociétés se tournent (...) vers des partenaires pour innover, soit dans le cadre d'accords, soit en externalisant une partie, voire la totalité de leur recherche et développement »[175]. Il y a aussi des inventeurs qui fabriquent des prototypes qu'ils vendent.

Dans l'ouvrage, *L'art de la croissance* ci-avant cité, il est fait état, également, en page 12, d'«un processus de *destruction créatrice*, à la Schumpeter, dans lequel chaque nouvelle idée, qualité, technologie et variété, détruit les opportunités de marché des idées et des produits les plus anciens et de qualité et de différenciations moindres (Grossman Helpman, Romer, Aghien et Howitt)». Le monde se construit sur des

---

175 ESCP-EAP, BAIN et COMPANY, *L'art de la croissance*, Les Échos Éditions/Éditions Village Mondial, 2007, Paris, p.160

ruines d'idées, si l'on peut dire : la destruction créatrice va détruire des emplois et va en créer d'autres. Nous sommes dans un monde de l'audace, de l'innovation.

Prospective et innovation sont, pourrait-on dire aussi, les deux faces d'une même médaille. Toutes deux supposent du cran, de l'audace ; la prospective, c'est avant tout un problème de survie, pour l'entreprise.

Par ailleurs, il est intéressant de noter que « Le nombre de brevets déposés est un indicateur permettant de mesurer les performances d'une entreprise, d'un laboratoire de recherche ou d'un pays, en matière d'innovation » (*idem*, pages 135-136).

Sur un tout autre plan, selon l'école de Hannan et Freeman (1977) inspirée du *darwinisme*, il y a une écologie des organisations, des entreprises.

Pour Charles Darwin, célèbre naturaliste anglais du 19ème siècle, qui fait référence à la "lutte pour la vie" (*struggle for life*), «la sélection naturelle » s'opère dans la nature: élimination des espèces animales ou même végétales les plus faibles et survivance des plus aptes. C'est un phénomène qu'il avait constaté, en observant et étudiant l'écosystème des îles Galápagos (Océan Pacifique). Dans le domaine de l'entreprise, il n'en va pas ainsi ; selon Hannan et Freeman: les espèces qui perdurent ne sont pas nécessairement celles qui sont les plus fortes, les plus aptes, mais celles qui savent s'adapter, s'ajuster en permanence, c'est-à-dire qui savent innover, dans un esprit pragmatique.

Ici, le concept économique «*Too big to fail*» (« trop gros pour faire faillite ») prend tout son sens. En effet, il y a des entreprises, poussées par un optimisme démesuré, qui se disent trop grandes, trop fortes pour connaître un revers financier. Elles sont tellement sûres d'elles-mêmes qu'elles ne mesurent pas les risques qu'elles courent dans ces opérations financières portant parfois sur des sommes faramineuses. Et lorsqu'elles font faillite, cela pose problème. Quand elles sont reconnues d'utilité publique, elles font recours le plus souvent à un "plan de sauvetage" des pouvoirs publics pour les renflouer.

6. Une norme internationale en matière de gestion de projet de développement

Dans certaines entreprises, il y a une Direction des Études de développement (DED). Elle a pour mission essentielle d'élaborer des projets porteurs d'avenir pour l'entreprise.

Un projet de développement doit être livré en qualité dans le délai imparti par le promoteur de projet, en l'occurrence l'entreprise, et respectant le budget affecté. Avant son démarrage, il faudrait s'assurer que les ressources budgétaires seront disponibles.

Il y a désormais une norme internationale en matière de management de projet :

- « Bonne nouvelle pour les entreprises soucieuses de produire plus vite et moins cher: une nouvelle norme ISO présentant les meilleures pratiques en matière de management de projet permettra d'accroître l'efficacité et d'optimiser les investissements » ;

- « *ISO 21500* : 2012, *Lignes directives sur le management de projet*, s'adresse à tout type d'organisation, quelle soit publique ou sous forme associative, et pour tout type de projet, quelle qu'en soit la complexité, l'ampleur et la durée » ;

- « *ISO 21500* donne une description de niveau macroscopique des concepts et processus considérés comme constituant de bonnes pratiques en matière de management de projet. Les responsables de projet, qu'ils débutent ou bénéficient d'expérience dans le domaine, pourront mettre les lignes directives de cette norme à profit pour mieux piloter leurs projets et atteindre les objectifs escomptés » ;

- « *ISO 21500* : 2012, *Lignes directives sur le management de projet* est disponible auprès des instituts nationaux membres de l'ISO. Il est également possible de l'obtenir directement au secrétariat central de l'ISO, par l'intermédiaire de l'*ISO Store…*»[176].

L'application de la nouvelle norme ISO devrait faciliter considérablement la valorisation économique des projets.

Il est à signaler, cependant, que « les bailleurs imposent presque toujours leurs propres plans-types pour la présentation des projets soumis à leur financement. Les promoteurs d'un projet doivent donc se renseigner sur les procédures des partenaires financiers qu'ils prévoient de solliciter avant d'écrire leur document projet »[177].

Il ressort de toutes les considérations qui précèdent que la planification permet de bâtir le futur de l'entreprise, d'une part, et d'optimiser l'utilisation des ressources humaines, matérielles et financières correspondantes, d'autre part. Elle permet également de meilleures prises de décisions et une meilleure coordination de toutes les actions. Par la rationalité et la cohérence des décisions et des actions, elle s'avère indispensable pour le bon fonctionnement de l'entreprise.

---

[176] https://www.google.com/?gws_rd=ssl#g=normes internationales

[177] Ministère des Affaires étrangères, France, CIRAD-GRET, France, *Memento de l'agronome*, Éditions Quae, Éditions Cemagref, Cirad, 2014, p.89

Cependant compte tenu d'un environnement rapidement évolutif, elle doit rester souple, flexible, et ouverte à tout moment au réajustement des objectifs de l'entreprise.

La planification est toujours suivie de la programmation, qui consiste à détailler les objectifs et les ressources budgétaires du plan d'action de l'entreprise (voir au chapitre suivant).

Chapitre IV
LA PROGRAMMATION ET LA BUDGÉTISATION DANS L'ENTREPRISE

Au chapitre II de la deuxième partie, nous avons indiqué qu'à l'occasion de la restructuration de la société d'État, la SATMACI (Société d'assistance technique pour la modernisation agricole de la Côte d'Ivoire), un nouveau système de gestion de cette entreprise avait été mis en place au cours des années 1970 à 1977, Denis Bra Kanon (d'heureuse mémoire) en étant le directeur général, sous le ministère de Abdoulaye Sawadogo, ministre de l'Agriculture. C'était comme une phase-pilote, puisque ce système de planification, programmation, budgétisation et contrôle de gestion s'est étendu par la suite, avec succès, à l'ensemble des sociétés d'État, sociétés d'économie mixte et aux établissements publics nationaux du secteur agricole, successivement sous le ministère de Denis Bra Kanon (1977-1989), de Vincent-Pierre Lokrou (1989-1990), et de Lambert Kouassi Konan (1990-1999).

Pour rappel, on note qu'à partir de 1990, consécutivement à la parenthèse des programmes d'ajustement structurel du Fonds Monétaire International et de la Banque Mondiale (1980-1989) qui ont contribué à réduire de façon drastique le train de vie des États qui avaient des difficultés à assurer leur service de la dette, ces derniers ont décidé de responsabiliser le secteur privé, de se désengager du secteur productif et marchand, et de recentrer leurs efforts sur les missions de service public qui doivent être désormais leur préoccupation première : créer les conditions d'un environnement économique favorable à la libre entreprise.

C'est ainsi qu'en Côte d'Ivoire, au niveau du secteur agricole, la pratique du système de management ci-dessus aura contribué à rendre performantes les entreprises proposées par l'État à des repreneurs, à l'époque des privatisations (1990-1993). C'est du vécu.

Il est important de souligner ici que le système de planification-programmation-budgétisation-contrôle de gestion est un système applicable à toutes sortes d'entreprises, de la très grande entreprise à la microentreprise, en passant par la PME. Il est, pour ainsi dire, universel.

La planification tel que présenté dans le précédent chapitre a pour corollaires la programmation et la budgétisation des actions envisagées, en vue de l'atteinte des objectifs. À l'intérieur d'un plan quinquennal, on procède à l'élaboration d'un programme d'action triennal, puis d'un programme annuel d'action.

1- Le concept de programmation

La *programmation* est l'élaboration d'une série d'actions que l'on se propose de réaliser pour atteindre un objectif donné, dans le court et moyen terme, dans l'entreprise.

Le processus de programmation est une confrontation continuelle entre les ressources financières disponibles et les objectifs identifiés dans le cadre du plan d'action.

La programmation triennale successive des objectifs ou plans-glissants se traduit par l'élaboration de fiches de projet (voir plus loin).

Enfin, chaque année, une prévision à court terme permet d'ajuster, à travers l'élaboration d'un programme annuel d'action (PAA), les objectifs physiques et qualitatifs, et les ressources budgétaires correspondantes.

La résultante en est que le programme fait partie intégrante du plan quinquennal, ce dernier étant décomposé en programmes triennaux et en PAA. Le programme ressemble à un microscope ou une lentille grossissante qui détaillerait les objectifs du plan.

2- Une typologie de la programmation et la programmation triennale

Selon la durée, on peut distinguer :

- un programme qui s'étend sur 3 ans : c'est le programme triennal ;
- un programme qui s'étend sur un an : c'est (évidemment) le programme annuel d'action (PAA).

Ces programmes sont réputés souples et évolutifs, si les objectifs préalablement définis sont revus et ajustés pour tenir compte des nouvelles contraintes qui se posent.

Les fiches-projets sont un exemple-type de ces programmes dits flexibles et évolutifs. En effet, elles ont la particularité d'être refaites chaque année pour une période de 3 ans, permettant ainsi d'actualiser le programme d'action selon les résultats de l'année précédente, qui sont eux-mêmes tributaires de plusieurs facteurs: la date effective de démarrage dudit projet ou de l'obtention du financement correspondant, l'évolution des coûts d'investissements et des charges récurrentes (charges de fonctionnement), les changements intervenus dans certaines données techniques ou technologiques, le nombre et la qualification des travailleurs, etc.. Ainsi, les fiches-projets permettent de suivre en permanence, de façon harmonieuse, l'exécution du plan d'action de l'entreprise. Par les fiches-projets, on progresse dans l'exécution du projet ou programme, par petites touches, pas à pas.

Dans l'exemple sur la plantation d'hévéa de 100 000 hectares, comme déjà évoqué dans ce chapitre, la fiche-projet a été la suivante, pour les 3 années 1970-1971-1972 (voir tableau ci-après) :

Années	1970	1971	1972
Objectifs quantitatifs	10 000 ha	10 000 ha	10 000 ha
Coût de réalisation	10 milliards F CFA	10 milliards F CFA	10 milliards F CFA
Sources de financement et apports correspondants	- Financier 1= 5 milliards - Financier 2= 2 milliards - Financier 3 = 2 milliards - Financier 4 = 1 milliard	Idem	Idem

La fiche-projet présente le projet sous une forme succincte, faisant apparaître dans un tableau les objectifs quantitatifs, les coûts de réalisation correspondants, les sources de financement, avec pour chacune d'elles, le montant de l'apport.

3- Le programme annuel d'action (PAA) et sa procédure d'élaboration

Le programme annuel d'action consiste en la préparation systématique et coordonnée d'un futur volontariste, sur une période d'un an, ce qui nécessite, par conséquent, de ne pas se contenter d'une vision parcellaire et intuitive des choses. Il a essentiellement pour but de faire observer la discipline budgétaire au sein de l'entreprise.

Le PAA est issu des fiches de projets dont il est une adaptation de la première année, avec l'avantage de réajuster, en fonction des opportunités et des menaces de difficultés futures, les différents objectifs de l'entreprise et les moyens mis en œuvre pour les atteindre. Il permet d'échelonner les activités sur l'année. À chacune des années correspondent des activités spécifiques ainsi que des sous-objectifs qui, lorsqu'ils sont exécutés, permettent la réalisation de l'objectif global que l'entreprise s'est fixé. Et le fait que le programme soit sur un an contribue à réduire les incertitudes.

Le PAA permet aussi de mieux comprendre le passé et le présent de l'entreprise, de connaître ses forces et ses faiblesses.

En ce qui concerne la procédure d'élaboration du PAA, inspirée du livre de Octave Gélinier[178], le directeur général de l'entreprise transmet, au mois de *septembre*, à chaque service concerné, le projet ou l'activité retenue et l'estimation financière correspondante (une esquisse de budget) pour le prochain exercice, accompagné du canevas général de préparation d'un PAA (**voir les annexes 2, 3 et 4**), en vue de la confection de celui-ci.

Les PAA élaborés par les différents responsables opérationnels et fonctionnels sont transmis au directeur général et à la cellule "contrôle de gestion" rattachée au directeur général.

Après analyse conjointe entre le directeur général, assisté de la cellule "contrôle de gestion", et les différents services, au cours d'une réunion dite conférence budgétaire, *fin novembre*, et approbation, une synthèse des PAA est élaborée par la cellule "contrôle de gestion". C'est le document final, retenu et validé par la direction générale.

Une fois approuvé, *fin décembre*, le PAA devient un document consensuel et contractuel, par lequel la direction générale s'engage à mettre en place le financement nécessaire, et les différents services, en retour, à exécuter le PAA. « C'est le couronnement d'un système participatif, long, objectif et sincère »...

... « Au terme de ce processus, la Direction peut aborder l'exercice nouveau avec l'esprit clair et libre », écrit Octave Gélinier[179] qui a développé le concept de P.A.A.

4- Les dispositions pratiques pour l'élaboration d'un PAA

Le PAA, et partant, l'entreprise, doit être l'affaire de tous ses agents sans exception, en vertu de la règle d'or suivante du management : « Pas d'objectif sans responsable et pas de responsable sans objectif ». Cela pour signifier qu'il n'y a pas, comme au stade, d'un côté des vedettes, des « stars », et de l'autre des porteurs d'eau. Chacun, dans l'entreprise, doit avoir le pied à l'étrier. Chacun, à son niveau de responsabilité, a quelque chose de précis à faire. Les ouvriers comptent

---

[178] Octave Gélinier, *Direction participative par objectifs*, Éditions Hommes et Techniques, n° spécial 281, Paris, 1968

[179] Octave Gélinier, *Op.cit.*, p.27

autant que leur chef, chacun à son niveau. Les dispositions pratiques sont les suivantes :

4.1. La fiche de fonction

Chaque agent doit disposer d'une fiche de fonction bien précise qui délimite le poste de travail qu'il occupe au sein de l'entreprise, et ses attributions.

Une responsabilité fait grandir celui qui l'exerce, dit-on. Il grandit parce qu'on lui fait confiance, parce qu'il prend sa part du fardeau et parce qu'une partie importante des résultats obtenus ou à obtenir dépend de lui.

4.2. La mise en place d'une comptabilité analytique

La deuxième disposition à prendre consiste à mettre en place une comptabilité analytique (comptabilité de gestion) dans l'entreprise, pour déterminer ses coûts de production ou de réalisation effectifs par centre de responsabilité ou centre de coût, et les comparer aux prix de vente, d'une part, et d'autre part, pour disposer de normes techniques et financières fiables pour l'élaboration des futurs PAA.

La comptabilité analytique consiste en une répartition de la totalité des charges supportées par l'entreprise entre les produits et activités dont on cherche à déterminer le coût de revient, et cela par une clef de répartition. Une charge est une consommation de ressources, et un coût est un ensemble de charges. Le coût de production est l'ensemble des coûts d'approvisionnement en matières consommées + charges directes + charges indirectes de production.

Le coût de revient d'un produit est le coût à son stade final d'élaboration, c'est-à-dire le coût de production des produits vendus + charges directes + charges indirectes de distribution et d'administration générale.

4.3. L'élaboration de normes techniques et financières

L'objet de ces *normes* est de mettre en œuvre les connaissances acquises relatives au processus économique, pour prévoir l'activité à venir et apprécier l'activité en cours.

Toute activité économique doit être chiffrée à l'avance : budget de fonctionnement, budget d'investissement, contrat de prestation de services, contrat de fournitures, etc.; ce chiffrage repose sur des hypothèses et des normes.

Les *normes* servent à réduire au maximum la marge d'incertitude. Elles visent aussi à garantir la qualité des produits ou des prestations. En particulier, lorsque l'accord de plusieurs partenaires économiques est requis pour la mise en œuvre d'une activité future, son chiffrage à l'aide de normes reconnues par toutes les parties, facilite et raccourcit les négociations financières et par la suite les contrôles "sur le terrain". C'est le cas pour les contrats commerciaux, les conventions de financement de projet, mais aussi pour les PAA qui, plus que de simples budgets et actions, constituent de véritables contrats entre la direction générale de l'entreprise et chacune de ses structures. Les budgets sont des prévisions de recettes et de dépenses ; ils sont équilibrés en recettes et dépenses. Les PAA ont une implication financière sous forme de budgets. Autrement dit, les budgets sont la traduction monétaire des programmes annuels d'action.

4.4. L'appréciation de l'activité en cours

Le pilotage économique d'une activité repose sur l'appréciation des performances à tout moment. Les *normes* servent alors d'éléments de référence pour apprécier les ratios observés "sur le terrain" et déclencher en temps voulu des actions correctives. Cela suppose que les normes existent déjà et qu'elles aient été judicieusement choisies. Tel est l'objet et telles sont les contraintes du contrôle de gestion.

Une norme décrivant « ce qui se fait normalement », il est clair que toute norme provient de l'expérience ; donc, il n'existe pas de norme *a priori*.

L'expérience peut être celle du constructeur d'un équipement, d'un institut de recherche spécialisé ou, tout simplement, celle de l'entreprise elle-même à partir de ses services spécifiques (chercheurs-maison, recherche-développement, recherche d'accompagnement d'un projet, étude des coûts, etc.). Aucune de ces approches ne doit être rejetée; au contraire, leur pluralité signifie qu'une norme ne doit pas être livrée nue: toute norme doit s'accompagner d'informations fiables sur :

- sa provenance (la source) ;
- son mode d'élaboration (rien n'interdit de prendre pour norme la moyenne observée des données statistiques des dix, cinq ou trois dernières années, à condition de le préciser) ;
- sa périodicité de mise à jour (plus rapprochée pour les *normes financières* que pour les *normes techniques* qui évoluent cependant elles aussi).

Les *normes techniques* sont des *ratios* qui expriment le rapport entre les quantités produites ou consommées de deux types d'*unités d'œuvre*. Une « *unité d'œuvre* » est une variable d'une activité donnée permettant de mesurer cette activité. Exemples d'unités d'œuvre correspondant à une activité agricole : heure d'engin de labour, heure de main-d'œuvre, tonne d'un produit agricole, kilogramme de semences, kilogramme d'engrais, kilomètre de route parcouru, hectare, litre de carburant, m^3 d'eau d'irrigation, etc.

« Le choix des unités d'œuvre, comme plus généralement le choix des centres d'analyse, résulte d'une étude qui doit être menée conjointement par les dirigeants et les responsables de la gestion, par les responsables comptables, par les responsables techniques »[180].

Exemples de normes techniques : nombre de plants à l'hectare d'une culture donnée (ou densité de plantation) d'une exploitation agricole, nombre de mètres cubes d'eau d'irrigation nécessaire à l'hectare, quantité de carburant consommé par kilomètre de route parcouru par un véhicule, nombre de tonnes d'engrais nécessaires par hectare, nombre de litres d'insecticide à l'hectare, etc.

Les *normes dites financières* sont des coûts et des prix qui expriment le montant que coûte ou que rapporte une unité d'œuvre particulière. Les normes financières sont beaucoup moins constantes que les normes techniques, car, prix et coûts varient de façon quasiment aléatoire dans une économie de marché. Exemples de normes financières : le coût de création d'un hectare de cacaoyers, en première année, le prix de l'essence pour une voiture qui consomme 9 litres aux 100 km, le coût de la journée de travail d'un journalier, le taux d'intérêt annuel des crédits bancaires, etc.

La connaissance des normes techniques et financières facilite considérablement le travail de budgétisation, tout particulièrement au niveau du budget de fonctionnement, mais aussi du budget d'investissement. Ainsi, connaissant le coût de création d'un hectare de cacaoyers (depuis le stade de la pépinière jusqu'à la mise en terre des plants, en passant par la préparation du sol) qui inclut toutes les charges, il devient très facile d'établir le budget correspondant à tel ou tel nombre d'hectares à créer.

De même pour une savonnerie, la comptabilité analytique permet de connaître le coût de production d'un morceau de savon solide d'un

---

[180] *SYSCOA, Système Comptable Ouest Africain*, Éditions Foucher, Paris, décembre 1996, p.799

format déterminé. Le budget pour la production de savon sera par conséquent d'une élaboration très aisée.

NB: L'établissement de normes suppose l'existence d'une comptabilité analytique fiable et d'un contrôle de gestion opérationnel au sein de l'entreprise. Un système de normes se traduit toujours par un « annuaire des normes ». Celui-ci est l'outil de travail du responsable des budgets et du contrôle de gestion. Il doit être régulièrement actualisé. Ce sont là aussi des données statistiques.

Les normes techniques et financières constituent une base de données réglementaire dans le cadre d'un dispositif de pilotage et de suivi des différents coûts de production et de la production elle-même. L'objectif consiste à prévenir tout dépassement budgétaire et toute non-conformité, par rapport à la production.

5. L'intérêt du PAA dans l'entreprise

Le PAA a pour ambition la recherche de la rigueur, de la discipline budgétaire, dans la gestion de l'entreprise et, partant, la réalisation d'économies financières importantes sur toutes les lignes budgétaires. Ce programme permet à l'entreprise d'optimiser la gestion des facteurs de production (personnel, machines, biens d'équipement) et l'utilisation de ses ressources financières (les emplois). On évite le moindre gaspillage. Il a pour fondement la direction par objectifs (DPO). Il n'y a pas de place pour la tendance au moindre effort ou l'oisiveté dans l'entreprise: chacun doit jouer parfaitement sa partition, et non pas se contenter d'un service minimum (celui des partisans du moindre effort).

La gestion d'une entreprise, quelle qu'en soit la nature, n'est pas toujours une tâche aisée. Dans un monde en constante mutation, où les ressources financières se font de plus en plus rares et chères par rapport à des besoins de financement de plus en plus nombreux et importants, l'anticipation du futur demeure un impératif absolu, puisqu'il faut mener à bien les changements indispensables imposés par la dynamique des facteurs endogènes et exogènes à l'entreprise, dans ce contexte de la mondialisation des économies.

Le PAA, par ailleurs, permet à l'entreprise de gagner en efficacité, d'atteindre ses objectifs au moindre coût et à la qualité, de dégager des économies d'échelle. Le PAA contribue à améliorer les résultats financiers de l'entreprise : il minimise le coût des charges, tout en améliorant les rendements de l'entreprise.

Comme garde-fou et comme balise, il se veut le gage ferme de la bonne santé financière de l'entreprise. Selon un adage populaire, « il n'y pas de petites économies» ou encore: «Ce sont les petits ruisseaux qui font les grandes rivières ». Tout simplement, pour souligner que le PAA permet de faire des économies.

C'est un système de gestion infaillible et que pourrait s'approprier toute entreprise, publique ou privée, grande ou petite. L'entreprise marchande cherche en permanence à réaliser des économies de coûts. Celles-ci vont également guider et orienter le développement de ses activités, de manière à toujours privilégier le moindre coût.

La comptabilité analytique permet d'identifier les coûts unitaires de production sur le terrain et de mesurer leur écart par rapport à un budget préétabli, en l'occurrence la norme financière (ou coût standard) préalablement retenue pour l'unité à produire dans le cadre d'une activité donnée.

En tout état de cause, l'entreprise se doit de connaître les coûts de production, les coûts de revient et la rentabilité de chacun de ses produits.

On se rend compte, dès lors, de l'impérieuse nécessité, dans l'entreprise, de la fonction planification et ses corollaires, la programmation et la budgétisation. En effet, toute action à entreprendre doit être d'abord pensée, étudiée et planifiée. La planification, pourrait-on dire, est toute différente de l'improvisation, de l'approximation, du « pilotage à vue », du tâtonnement qui frise l'amateurisme, synonyme d'incertitude. L'improvisation est précisément l'art de gérer les évènements imprévus. Le pilotage planifié, réfléchi, s'impose à l'entreprise moderne et au manager, car il faut éviter de fonctionner dans l'à-peu-près.

Le réflexe de manager n'est pas un idéal lointain, impossible à atteindre ; ce n'est pas de la fiction. Il devrait habiter chaque responsable dans l'entreprise. Au demeurant, on y est plus ou moins contraint, en tant que chef d'entreprise, pour éviter à celle-ci à terme, le risque d'aller à la dérive, ou de péricliter tout simplement.

La direction par objectifs (DPO), proposée dans le chapitre suivant, pourrait être d'une grande aide pour le manager de l'entreprise. Par principe, dès lors qu'on crée ou dirige une entreprise, on est en train de faire du management, dans la mesure où il conviendra de comprimer les coûts de réalisation ou de revient (en prenant en compte tous les postes de charge), par rapport au prix de vente, afin de dégager une marge bénéficiaire.

Chapitre V
LA DIRECTION PAR OBJECTIFS (DPO)

Diriger, c'est faire travailler les autres avec méthode. La Direction par objectifs est une technique de planification et de programmation née aux États-Unis d'Amérique.

Elle consiste, en substance, à établir des objectifs pour l'ensemble de l'entreprise et pour chaque service, et à évaluer, par la suite, la performance de chacun des services, en se fondant sur les résultats. Chaque service ou « centre de responsabilités » doit rendre compte de sa charge. *Il y a obligation de résultat.*

Selon la manière dont les objectifs sont déterminés et contrôlés, on distingue :

- la DPO de style directif ou autoritaire et
- la DPO de style participatif et négocié.

C'est, du reste, la distinction établie par l'américain Douglas Mac Gregor (1906-1964), professeur de psychologie industrielle, qui, dans son livre de management[181], distingue deux styles de direction des hommes :

- la tendance autoritaire (paternaliste), qui considère que l'homme est allergique au travail et doit y être contraint par la "carotte" et le "bâton". C'est la posture du « patron qui décide de tout », de « l'homme-orchestre »;
- la tendance participative, qui stipule que l'homme peut assumer la responsabilité de son travail s'il est traité en adulte et si on respecte ses motivations personnelles. Cette vision est le fondement de la Direction Participative par Objectifs qui connaît un énorme succès à travers le monde. Le style participatif s'avère être, en effet, le plus efficace. Dans ce style, l'individu et le groupe participent à la prise de décision, à la définition des objectifs. Ensuite, les actions mises en œuvre visent à l'atteinte des objectifs qui ont été fixés. La DPO est tout le contraire de la tyrannie.

Le but de la DPO est de stimuler chez les uns et les autres, dans l'entreprise, les initiatives et l'esprit de créativité, pour faire aller les choses de l'avant. En cela donc, le manager fixe à ses collaborateurs, non pas seulement des tâches à exécuter, mais des objectifs à atteindre, en leur laissant l'initiative des stratégies à mettre en œuvre pour y

[181] Douglas Mac Gregor, *The human side of the entreprise*, MC Graw Hill, 1960

parvenir. C'est une délégation de responsabilités assortie de l'obligation de résultat: on est jugé et noté sur les résultats, sur les performances réalisées et non à partir de critères plus ou moins subjectifs. C'est la culture du résultat et du mérite. «Motiver les hommes, c'est libérer une énergie qui, autrement, serait perdue pour tous; à partir de ressources apparemment inchangées, c'est accroître le rendement, l'efficacité, la flexibilité, la créativité »[182]. Octave Gélinier est l'un des pionniers de la pensée managériale en France. Pour lui, « le management est la dynamique des hautes énergies humaines »[183].

Dans un contexte de DPO, quid de la rémunération des travailleurs ? Voici ce qu'en dit Octave Gélinier[184]: « Peut-être à tort, la rémunération des ouvriers et employés est habituellement considérée dans une vue statique, c'est-à-dire évoluant relativement peu avec l'expérience et l'ancienneté (sauf promotion). À l'inverse, la rémunération des cadres présente un caractère dynamique avec une évolution dans le temps qui fait fréquemment passer la rémunération d'un même individu du simple au quintuple au cours de sa carrière. De ce fait, l'aspect le plus important qui conditionne la rémunération des cadres est la loi de variation des rémunérations avec le temps ». Dans tous les cas, il est important que le travailleur ait un salaire adéquat et soit payé à bonne date. Le salaire est un élément de motivation ; c'est ce qui fait qu'un travailleur préfère une entreprise à une autre. Il se trouve, toujours, des employeurs qui ne paient pas leur personnel, et comment voudraient-ils alors que leur entreprise fonctionne correctement ? Les responsabilités, les progressions individuelles, la confiance, la reconnaissance et la valorisation du mérite, l'argent, les conditions de travail comptent aussi parmi les principaux facteurs de motivation du travailleur. On pourrait même instaurer une "boîte à suggestions", pour savoir ce que pensent les employés, et recueillir des propositions intéressantes pour la bonne conduite de l'entreprise. La motivation doit demeurer une préoccupation constante pour le chef d'entreprise, car elle est la clé du succès.

Lorsque l'homme est motivé et se sent responsabilisé, il se dispose généralement à donner la pleine mesure de ses capacités, pour répondre positivement à l'appel qui lui a été fait et à la confiance placée en lui.

---

182 Octave Gélinier, *Op.cit.*, p.38
183 Octave Gélinier, *idem*, p.7
184 Octave Gélinier, *Fonctions et tâches de direction générale*, Éditions Hommes et Techniques, 1971, Paris, p.370

Un auteur écrivait : « Si vous prenez soin de vos employés, ils prendront soin de votre entreprise ».

Ainsi donc, dans le système DPO, le chef d'entreprise dirige, sans être trop dirigiste, trop directif, trop rigide. Il faut qu'il soit capable de faire confiance au délégataire, en laissant à celui-ci une marge suffisante de manœuvre.

Selon Michel Joly et Jean-Louis Muller[185], les caractéristiques d'une bonne délégation de responsabilités s'articulent autour des cinq points suivants :

«- La délégation n'existe que si elle est accompagnée d'objectifs à atteindre :

- La réussite de la délégation tient à 90% dans la façon dont les objectifs de la mission déléguée sont définis. Ces objectifs doivent être clairement exprimés et clarifiés, si nécessaire, dans la négociation : un objectif mal défini ou flou conduira probablement à un résultat, mais sûrement pas à celui escompté par le délégant (qui n'aura qu'à s'en prendre à lui-même, puisqu'il n'a pas été assez clair dans les explications) ;

- Les objectifs doivent être échéancés, c'est-à-dire définis dans le temps.... Il n'y a pas de délégation définitive et le délégant peut reprendre à tout instant la délégation si les choses semblent ne pas aller comme il le souhaite (n'oublions jamais qu'il reste responsable de ce qu'il a délégué) ;

- Les objectifs doivent être réalistes... C'est par la négociation que l'on peut fixer ensemble des objectifs réalistes ;

- Enfin, le point sur l'avancement des objectifs doit être fait de façon régulière par le délégataire au délégant qui, nous ne le dirons jamais assez, reste responsable du travail délégué et a donc besoin de savoir ce qui se passe » (fin de citation).

S'agissant de la confiance que suppose la délégation de responsabilités, Nadia Mensah-Acogny, dans son article[186], indique que « La vraie question qui se pose est la suivante : peut-on faire confiance aux autres ? Après tout, nous connaissons tous de nombreuses histoires d'abus de confiance.

---

[185] Michel Joly et Jean-Louis Muller, *De la gestion de projet au management par projet*, Éditions AFNOR Tour Europe, Paris La Défense, 1994, pp.130 et 131

[186] Nadia Mensah-Acogny, "*Apprendre à faire confiance*", p.83 de la *revue FORBES Afrique, n°9*, octobre 2013

Donc, si on part du principe que faire confiance est la chose la plus difficile, le dirigeant est confronté à un double challenge : amener ses collaborateurs à lui faire confiance et savoir lui-même faire confiance à ses équipes ». Après analyse, l'auteur de l'article propose un petit guide de confiance, à travers cet acrostiche:

« **F**aire confiance aux autres, c'est :
Accepter l'autre dans sa différence.
Inviter chacun à partager ses idées et retenir les plus intéressantes.
Responsabiliser chacun tout en contrôlant l'ensemble.
Écouter avec empathie.

Communiquer et croire en l'autre.
Organiser ses équipes et répartir les tâches.
Nouer des relations fortes et saines.
Féliciter souvent et chaleureusement.
Incriminer rarement en restant juste et factuel.
Anticiper les conflits et les gérer.
Ne négliger aucun détail.
Coordonner les initiatives.
Entraîner l'équipe vers l'excellence ».

Il serait cependant erroné de croire qu'il existe un style unique et idéal de direction des hommes ; il y a des professions auxquelles le style directif convient mieux: les activités de négoce par exemple, ce secteur étant très instable et évolutif, souligne le livre de Octave Gélinier suscité (p.14). Il y ajoute le cas de sociétés patrimoniales (gérées par les propriétaires eux-mêmes) et toutes les entreprises de très petite taille.

De même, il ne faudrait pas croire que la DPO est synonyme d'absence d'autorité et de sanctions. Elle emploie l'autorité avec fermeté, avec énergie, en cas de dérive avérée, de la part d'un travailleur.

Il y a les sanctions positives, car il faut savoir reconnaître les mérites de ses collaborateurs (hausse de salaire ou *bonus*, suite aux performances personnelles enregistrées par un collaborateur, prime de participation, d'intéressement et gratifications diverses, promotion, félicitations publiques, inscription au tableau d'honneur, distinction du « meilleur agent de l'année »…), et les sanctions négatives (l'avertissement écrit, le blâme, la mise à pied, la rétrogradation, la mutation…). Le chef d'entreprise sait sanctionner les fautes et les réussites, car la DPO ne saurait être une direction molle. Le cas échéant, il peut repasser de la DPO de style participatif à la DPO de style directif.

Entre le management de style directif et le management par le sens de la responsabilité, il convient de choisir. De ce qui précède, l'entreprise, après analyse de son cas particulier, choisira et adoptera l'un de ces deux styles de direction.

En ce qui concerne la procédure d'élaboration de la DPO de style participatif, elle consiste à :

1. fixer la mission générale de l'entreprise,
2. établir des objectifs généraux,
3. déterminer des sous-objectifs par département,
4. déterminer au niveau de chaque département des sous-objectifs par service,
5. déterminer pour chaque service des sous-objectifs par groupe de travail ou bureau.

Cette déclinaison des objectifs globaux exige une négociation, une concertation entre le manager et ses collaborateurs, à tous les niveaux, afin de susciter l'engagement personnel maximal.

Cette DPO a pour fondement la confiance en l'homme (en son esprit de service, dans l'exercice de ses responsabilités), la motivation personnelle, différente de la cupidité, de l'avidité, de l'affairisme et des raccourcis. La cupidité est un grand obstacle à la libération des énergies. La confiance en l'homme conduit à avoir de la considération pour tous et pour chacun. Elle sous-tend, surtout, l'utilité de l'accomplissement de chacune des tâches ou des missions dans l'intérêt bien compris de l'entreprise et non pour le gain seulement.

Les objectifs doivent être cohérents et clairs (parfois chiffrés: objectifs quantitatifs; certains non chiffrés: objectifs qualitatifs), afin de permettre un contrôle et une régulation par des actions correctives éventuelles.

Les objectifs globaux orientent les sous-objectifs de chaque unité de production. Inversement, la définition de certains sous-objectifs peut influencer les objectifs globaux. La DPO de style participatif est par conséquent un processus bidirectionnel, dans lequel les échanges vont de haut en bas, et vice-versa. Les objectifs de chaque responsable ne sont pas imposés par la direction générale : ils sont discutés et fixés en fonction des objectifs globaux de l'entreprise.

Pour décrire ce mécanisme, reportons-nous à la fois, à l'étude de cas évoquée au chapitre III précédent, et à l'organigramme de l'***annexe 5***.

Simulons donc encore l'objectif de 100 000 hectares d'hévéa à réaliser sur la décennie 1970-1980. C'est le résultat, l'aboutissement de discussions en cascade, d'abord entre le directeur des opérations techniques (qui a reçu des directives du directeur général) et chacun de ses directeurs régionaux. Au cours d'une séance de travail, le D.O.T a éclaté les 100 000 hectares entre ses différents directeurs régionaux, sur la base des capacités réelles de chacun sur le terrain. Chacun des D.R, à son tour, a éclaté son objectif entre ses différents chefs de zones réunis. Chacun des chefs de zone à son tour, enfin, entre ses chefs de secteurs, si bien que l'objectif de départ de 100 000 hectares proposé par le directeur général se trouve, *in fine*, éclaté au niveau de la base, c'est-à-dire entre les groupements villageois de planteurs : 100 000 hectares au départ, 100 000 hectares à l'arrivée; c'est le cas idéal. Mais il peut bien en être autrement. En effet, il pourrait se faire que la faisabilité de l'objectif des 100 000 hectares au niveau de la base aboutit à un résultat différent, soit à la baisse (moins de 100 000 hectares), soit à la hausse (plus de 100 000 hectares).

Dans ces cas de figure, c'est le dernier montant obtenu au dernier stade qui prime, compte tenu des réalités du terrain. Il s'impose dès lors à la direction générale et devient l'objectif définitif de l'entreprise pour la période de référence.

Il apparaît ainsi clairement que les objectifs ne sont que des résultats souhaités, mais une chose est le souhait et une autre est la réalité du terrain.

Les objectifs visés et adoptés sont énoncés en termes de résultats désirés ou attendus et non d'actions à entreprendre. Les collaborateurs ou cadres sont tenus d'atteindre les objectifs définis de concert avec la direction générale, mais ils sont libres de choisir les stratégies à mettre en œuvre pour les atteindre, ce qui implique l'existence d'une marge d'initiative personnelle dans le choix des stratégies.

Il faut souligner que les objectifs doivent être énoncés de façon claire et mesurable, pour ce qui concerne les objectifs quantitatifs, afin de comprendre les buts à atteindre et faciliter, par la suite, l'activité de contrôle. Il y a lieu, naturellement, de préciser également, autant que possible, les objectifs qualitatifs (forme, couleur, arôme, saveur…), en ce qui concerne certains types de produits, manufacturés ou non.

En outre, des objectifs bien définis impliquent aussi un rôle bien précisé pour chacun des cadres. On évite ainsi les chevauchements de responsabilités, et aucune activité n'est négligée ou omise. D'où l'importance de l'élaboration des fiches de fonction et de *la charte de structure* de l'entreprise (voir plus loin). La charte de structure a pour fondement la délégation de responsabilités. La chaîne de production au sein de l'entreprise doit, par ailleurs, respecter un principe fondamental: l'unité de commandement, c'est-à-dire un seul chef pour chaque travailleur.

Il y a lieu aussi d'encourager, autant que faire se peut, au sein de l'entreprise, la *polyvalence* des cadres et son corollaire, la *suppléance*: dans un service donné, un même dossier peut être suivi par deux personnes à la fois (dont l'une est la première responsable). Ainsi, alors certains cadres peuvent devenir interchangeables, si bien qu'en cas d'absence de l'un d'entre eux, il y a continuité du service. Cela suppose des connaissances transversales.

Notons enfin que le processus de détermination des objectifs relatif à la DPO oblige les managers à évaluer périodiquement l'évolution du programme ou du projet, pendant la période d'exécution, et à échanger avec les cadres, à tous les niveaux, sur l'opportunité de poursuivre certains objectifs.

Par ailleurs, la digitalisation des services, notamment l'*intranet* et *l'extranet* (mise en réseau des services) peut aider à améliorer considérablement la circulation et le partage de l'information au sein de l'entreprise et avec l'extérieur (relation avec les fournisseurs, par exemple). En effet, la coordination des actions dans l'entreprise exige qu'il y ait communication, afin que les actions des travailleurs soient orientées vers des objectifs précis et communs. La capacité d'un supérieur à influencer ses collaborateurs repose en grande partie sur la qualité de sa communication. Au plan externe, il est également très utile d'avoir une bonne politique de communication. D'une façon générale, la communication (interne et externe) est une fonction importante de l'entreprise, remplie souvent par la direction de la communication : d'une part, informer le personnel sur l'état de l'entreprise, l'environnement des affaires et les perspectives d'avenir, d'autre part, construire l'image de marque de celle-ci à l'extérieur. La création d'un *site web* professionnel peut aussi apporter une valeur ajoutée s'il est régulièrement mis à jour. La collecte et surtout la circulation de l'information, à l'intérieur et à l'extérieur de l'entreprise, sont chose très importante.

Une entreprise est un produit sur le marché. C'est pourquoi, il faut en faire le marketing. Il convient donc que l'entreprise emprunte toutes ces nouvelles "autoroutes" de l'information et de la communication (téléphone mobile, tablette numérique, site web professionnel, réseau professionnel, blog d'entreprise, etc.). Nous sommes dans un monde en constant progrès. L'entreprise doit aussi évoluer avec la technologie. Les moyens modernes de communication sociale et l'information générale peuvent conditionner l'efficacité et la productivité de l'entreprise. Les outils numériques font partie désormais de notre vécu quotidien. C'est dire que l'entreprise, c'est aussi l'écran, dans une ère digitale, la révolution numérique.

En guise de conclusion à ce chapitre, on retiendra que la DPO, c'est d'abord un esprit, un esprit d'équipe, de collégialité, dans l'entreprise, et qui en améliore considérablement les performances économiques et financières.

Chapitre VI
LE CONTRÔLE DE GESTION DE L'ENTREPRISE DANS LE CONTEXTE DE LA DPO

De façon générale, toute entreprise ou organisation met en place un certain nombre de dispositifs formalisés, pour vérifier le bon déroulement du programme d'action et la bonne réalisation des objectifs préalablement définis.

Le processus de détermination des objectifs, dans la dynamique DPO, oblige le manager à évaluer périodiquement l'évolution de l'exécution du programme annuel d'activité, et à échanger avec les cadres à tous les niveaux sur l'opportunité de poursuivre ou non certains objectifs, pendant la phase d'exécution.

1- Le concept contrôle de gestion

« La confiance n'exclut pas le contrôle », dit l'adage.

Le contrôle de gestion consistera au contrôle des activités des structures ou services de l'entreprise chargés de l'exécution des programmes, et notamment du P.A.A, dans un triple but :

- informer la Direction, de l'état d'avancement du programme, en mesurant le niveau des résultats enregistrés, par rapport aux objectifs prévus et à l'utilisation des ressources financières ;
- réajuster, si besoin est, les objectifs aux moyens affectés ;
- fournir les éléments pour la préparation du P.A.A de l'exercice suivant.

En effet, la fonction de contrôleur de gestion sera de faire parler les chiffres, pour améliorer la rentabilité de l'entreprise et en optimiser la gestion. Elle permet la maîtrise du suivi des opérations de production par la direction générale à laquelle le contrôleur de gestion est généralement rattaché.

Son travail sera d'élaborer des budgets prévisionnels et les outils nécessaires au suivi des résultats, au cours de l'exécution d'un projet ou d'un programme d'activité (tableaux de bord, indicateurs) et d'analyser les écarts entre les résultats et les objectifs. Tous ces éléments constituent, pour la Direction, des outils de pilotage économique de l'entreprise.

Le contrôle de gestion est un mécanisme de contrôle *a posteriori*, associé à un système de récompenses et sanctions. Il y a obligation de résultat, et les cadres sont jugés sur les résultats, c'est-à-dire sur leur capacité à atteindre les objectifs, suite à la délégation de responsabilités qui leur a été faite. Le contrôle de gestion est un régulateur de comportement. La GAR (*gestion axée sur les résultats*) dont il est question depuis 2002, procède, de l'approche de la DPO. Il y a de profondes similitudes entre ces ceux concepts.

Dans la préface du livre de Serge Abihona[187], on lit: « La problématique de la gouvernance des organisations dans les pays en voie de développement a aujourd'hui, la même importance que la question du réchauffement climatique et d'autres sujets de grande importance qui mobilisent la communauté internationale. C'est ce qui justifie la grande mobilisation des partenaires techniques et financiers et des autorités des pays en voie de développement autour des questions liées à la conception et la mise en œuvre de politiques et stratégies pouvant aboutir à un développement socio-économique durable des pays sous-développés. Beaucoup de ressources financières, matérielles et humaines sont mobilisées et utilisées pour la conception et la mise en œuvre des projets et programmes de développement, mais les impacts ne sont pas toujours en corrélation avec les objectifs fixés et les moyens mis en œuvre. Il est donc impérieux de revisiter les pratiques de management public et privé, afin de les adapter aux nouvelles exigences et aux défis de développement » (fin de citation).

L'extrait suivant de la *revue AFRIK 4R (janvier 2014*, p.9) nous fournit les indications suivantes sur la GAR: « Face à la faible efficacité des politiques publiques dans la résolution des problèmes relatifs au bien-être économique, social, écologique, culturel et de bonne gouvernance, la communauté des partenaires au développement a recommandé lors de la Conférence de Monterrey au Mexique en mai 2002, la gestion axée sur les résultats (GAR) comme une approche alternative de gestion efficace des projets et programmes…, en vue d'accélérer le développement ».

« La GAR est basée sur le travail d'équipe et une approche participative qui cherchent à lier les efforts d'un organisme avec les résultats attendus »[188].

---

[187] Serge Abihona, *La Notion d'objectif et la pratique de la gestion axée sur les résultats*, Éditions Connaissances et Savoirs, 2013, Paris), préface du professeur Magloire Lanha, Agrégé de science économique, Ancien Doyen de la Faculté des sciences économiques et de gestion de l'Université d'Abomey-Calavi (Bénin), (p.7)

[188] *Afristat, Programme Stratégique de travail d'Afristat 2011-2015, pour l'atteinte des objectifs du Millénaire pour le Développement, septembre 2011,* p. 38

Le contrôle des activités des services peut s'effectuer de la manière suivante :

1.1. Suivi de la production de l'entreprise

Le contrôle de gestion doit permettre de maîtriser :

- la production de biens et services réalisée par chaque unité de production,
- l'état d'avancement de chaque projet ou programme,

Ce contrôle sera effectué au double plan quantitatif et qualitatif.

1.1.1. Au plan quantitatif :

- Comparaison de la production réalisée aux objectifs ;

- Mise en évidence des écarts éventuels ;
- Identification des causes d'écarts ;
- Analyse (explication) des causes d'écarts et prise des mesures correctives éventuelles à engager, pour le futur.

1.1.2. Au plan qualitatif :

- Contrôle du respect du calendrier d'exécution, contrôle de la qualité de la production physique ou du service, de la répartition géographique des réalisations, de la qualité des investissements réalisés, du bon état des équipements mis en place… ;
- Contrôle de l'application stricte des normes techniques et de la qualité du produit marchand (par exemple la couleur, l'arôme, la forme, le poids…pour certains types de produits agricoles), mais aussi sa correspondance aux normes nationales et/ou internationales, si l'activité se déroule dans un secteur normalisé. La n*ormalisation* et la qualité sont des impératifs de compétitivité d'un produit; l'entreprise doit prendre le pari de la normalisation, par la mise aux normes (nationales et / ou internationales) de ses produits. La qualité doit accompagner la quantité. En effet, que serait une production sans la qualité ? La qualité vise à satisfaire la clientèle, et celle-ci cherche toujours le meilleur rapport « qualité/prix ».

La *Loi*[189], définit, la *normalisation* comme suit: « l'activité propre à établir, face à des problèmes réels ou potentiels, des dispositions destinées à un usage commun et répété visant l'obtention du degré optimal d'ordre dans un contexte donné. Cette activité concerne en

---

[189] *Loi N°2013-866 du 23 décembre 2013, de la République de Côte d'Ivoire, relative à la normalisation et à la promotion de la qualité*, p. 2

particulier, la formulation, la diffusion et la mise en application de normes ».

Quant à la *certification*, la même Loi[190] la définit comme étant : « la procédure par laquelle une personne accréditée donne une assurance écrite qu'un produit, un processus ou un service est conforme aux exigences spécifiques ». Il s'agit de la certification de ces éléments pour le bien-être du consommateur ou utilisateur.

En Côte d'Ivoire, existe depuis 1992, un organisme pour la gestion de la normalisation : CODINORM (Côte d'Ivoire normalisation), une association à but non lucratif, reconnue d'utilité publique, créée par une vingtaine d'entreprises du secteur privé.

CODINORM a en charge la gestion de la normalisation nationale et du système national de certification de la conformité aux normes. Ses principales missions sont la normalisation, la certification, la promotion de la gestion de la qualité, l'information et la documentation.

CODINORM édite chaque année un catalogue des normes ivoiriennes pour assurer la qualité des produits, en direction des utilisateurs, des entreprises. Des normes de fabrication ou de production existent donc, et mises à la disposition du public par CODINORM[191].

1.2. Suivi financier

Le contrôle de gestion doit permettre aussi d'assurer le contrôle du budget, c'est-à-dire :

- comparer les réalisations (consommations) financières aux prévisions pour le fonctionnement, pour les investissements et la trésorerie ;
- permettre ainsi de dégager des écarts ;
- analyser les causes des écarts et proposer des actions rectificatives, de manière à compenser ces écarts, lorsqu'ils sont défavorables, dans la poursuite des réalisations.

2. Les différents niveaux de contrôle

L'intervention du contrôle de gestion se fera à trois niveaux, distincts par leurs modalités, mais, en fait, complémentaires :

---

190 *Loi, idem,* p. 1

191 CODINORM: *Catalogue des normes ivoiriennes 2013, infocodinorm.org*, pour assurer la qualité de vos produits, pp. 3 et 4

2.1. Suivi permanent des activités

Ce contrôle sera effectué conjointement, pour le compte de la direction générale, par le contrôleur de gestion et ses collaborateurs et les services techniques. C'est un contrôle continuel.

Les tâches sont notamment les suivantes :

- tournées ou visites régulières, ou inopinées, "sur le terrain", qui permettront d'une part, le contrôle des réalisations sur les plans quantitatif et qualitatif et, d'autre part, une concertation permanente avec les structures d'exécution, afin de permettre d'apprécier la fiabilité des informations reçues d'elles à travers les rapports d'activité et la qualité des réalisations. C'est le suivi direct des opérations ;
- analyse et synthèse des tableaux de bord mensuels et trimestriels de gestion (voir plus loin, dans ce chapitre) ;
- analyse et synthèse des rapports de gestion trimestriels et annuels, ce travail amenant les contrôleurs de gestion à participer étroitement au suivi des programmes.

2.2. Missions périodiques de supervision (ou de suivi-évaluation)

Elles pourront être faites par des consultants extérieurs ou des partenaires, accompagnés d'agents de l'entreprise. Ce sont des missions de contrôle global, d'évaluation. La périodicité peut être fixée à une fois l'an (et chaque fois que c'est nécessaire). C'est généralement le cas, au niveau des entreprises publiques. Selon AFRISTAT, «Le suivi et l'évaluation sont des activités distinctes, mais complémentaires. Le suivi est une activité permanente qui utilise la collecte systématique de données se rapportant à des indicateurs spécifiques pour fournir aux gestionnaires des renseignements sur l'étendue du progrès et de la réalisation des objectifs ainsi que sur l'utilisation des fonds alloués. Il donne l'information sur le degré d'avancement d'un projet ou d'un programme à un moment donné…

« L'évaluation indique pourquoi les cibles et les résultats n'ont pas été atteints. Elle vise à en expliquer les causes. L'évaluation est l'examen systématique, périodique et objectif d'un projet, d'un programme de développement en cours ou achevé »[192]. Pour Serge Abihona[193], « L'évaluation est un examen systématique d'un

---

[192] *AFRISTAT, Op.cit.,* p. 40

[193] Serge Abihona, *Op.cit.,* p.42

projet/programme ou d'une activité en cours ou achevé, dans le but de porter un jugement et proposer des améliorations ».

Il est frappant de voir que, souvent en Afrique, des projets restent en friche après leur lancement, faute de suivi. Tout lancement de projet devrait être accompagné de la mise en place d'un comité de suivi, avec obligation de rendre compte à la hiérarchie, de l'état d'avancement, par rapport à un chronogramme préétabli.

2.3. Missions ponctuelles

Elles ont trait à des problèmes spécifiques sur le terrain : problèmes techniques, sociaux (grèves…) ou autres, à régler ponctuellement.

3. La détermination d'indicateurs de suivi des activités des services de l'entreprise

Il s'agit de déterminer, pour chacun des services ou structures de l'entreprise, les *indicateurs* les plus pertinents qui permettront d'assurer au mieux le suivi d'exécution technique et financier, afin d'entreprendre à temps, si besoin est, les mesures correctives correspondantes.

Les indicateurs constituent l'outil fondamental du contrôle de gestion.

3.1. Rôle d'un indicateur de suivi des activités

Le rôle essentiel d'un indicateur ou critère de performance est de permettre le suivi des structures, des projets et programmes, et de donner des informations, aussi bien d'ordre technique que financier, pour guider l'intervention du manager.

Ces informations doivent fournir des renseignements sur le fonctionnement de la structure, la gestion, les investissements réalisés, la production et la commercialisation. Elles sont utiles, afin d'éviter ou de corriger les fautes de gestion, répartir les financements dans le temps, permettre à la structure de contrôler son fonctionnement et d'y apporter les corrections nécessaires. Les indicateurs sont les baromètres de mesure des performances techniques et financières de l'entreprise.

À chaque indicateur, correspond un objectif quantitatif dans le programme annuel d'action, par exemple : nombre d'hectares à planter, nombre de tonnes de cacao à produire, nombre d'étudiants à former… et un état des réalisations correspondantes dans chacun des tableaux de bord successifs produits au cours de l'exercice, par exemple :

- nombre d'hectares plantés à la date du…

- nombre de tonnes produites à la date du…
- nombre d'étudiants formés (ou en formation) à la date du…

3.2. Caractéristiques des indicateurs de suivi des activités des structures et services

Pour être *efficient*, chaque indicateur doit posséder un certain nombre de caractéristiques ou qualités. Il doit :

- être facile à collecter ;
- être utile à l'opérateur ou à la structure chargée de l'activité correspondante, pour servir d'un moyen d'auto-contrôle ;
- être rapporté à des objectifs initiaux qui figurent dans le PAA de la structure ;
- se rapporter à une période de validité qui en détermine le calendrier de saisie (par exemple, période de planting, période de récolte…) ;
- être en nombre adapté aux besoins de l'utilisateur ;
- pouvoir être comparé à des normes existantes, soit à l'intérieur de la structure, soit dans les structures similaires du pays ou dans d'autres pays.

En tout état de cause, les indicateurs doivent être *représentatifs* des différents domaines d'activité de la structure ou de l'entreprise. On dit alors qu'ils sont des indicateurs *pertinents*.

3.3. Différents types d'indicateurs de suivi des structures ou services

Il y a des indicateurs de production, des indicateurs d'investissement, des indicateurs de fonctionnement et des indicateurs de gestion financière.

3.3.1. Les indicateurs de production

Ces indicateurs sont spécifiques de chaque service et sont en nombre variable selon la nature de l'activité. Ils se rapportent directement aux réalisations de l'entreprise (par exemple, production de matières premières, transformation de matières premières en produit final…).

Exemples d'indicateurs de production :

- pour une exploitation agricole, ce sont, dans le cas de cultures arbustives, les opérations suivantes: débroussaillage, piquetage, trouaison (à l'emplacement des piquets), planting, entretien des plants mis en place (désherbage), apport d'engrais, traitements antiparasitaires, en fonction du calendrier agricole de la région ;

- pour une savonnerie, en région tropicale: tonnage de régimes de palme à huile achetés, quantité transformée en huile, quantité d'huile transformée en savon ;

- pour un organisme d'enseignement : le suivi de l'établissement peut être effectué en relevant, annuellement, le nombre d'élèves formés et le coût par élève formé ;

- pour un organisme de financement de type bancaire : il sera nécessaire de s'assurer de la mise en place des prêts en volume et en temps voulus (cas du crédit agricole et des prêts d'écolage). De même, il est important et indispensable de connaître le montant annuel des remboursements que doivent effectuer les emprunteurs, et le taux des impayés, notamment parce que les remboursements conditionnent l'acceptation par la structure de financement, de dossiers ultérieurs ;

- pour une activité de recherche scientifique : habituellement, les chercheurs n'arrivent pas directement à la découverte. Ils trouvent souvent la solution brusquement là où ils ne s'y attendaient pas (cas de la pénicilline, premier antibiotique découvert en 1928 par l'anglais sir Alexander Fleming et dont l'application a été généralisée à partir de 1940). Dans ces conditions, l'indicateur sera le nombre de prototypes mis au point sur une période arbitrairement choisie, et on fixera la périodicité du suivi.

3.3.2. Les indicateurs d'investissement

Deux catégories d'investissements peuvent être identifiées en entreprise :

- les investissements en bâtiments (constructions…) ;

- les investissements en matériel roulant (véhicules…) et autres immobilisations corporelles.

Les acteurs impliqués dans la procédure de passation de marchés publics ou privés concernant les infrastructures économiques sont les suivants: le maître d'ouvrage, le maître d'œuvre, les réalisateurs. « Le *maître d'ouvrage* est celui qui engage et qui finance le projet, la construction d'un bâtiment, par exemple. Il en sera le propriétaire. Il en choisit les grandes caractéristiques en fonction de l'usage auquel il le destine, de ses choix et de son budget. Il confie la conception et le contrôle de la réalisation de son projet à un *maître d'œuvre*, ici un architecte. Ce dernier va tracer les plans du bâtiment, préparer les cahiers des charges et suivre l'exécution des travaux. Les *réalisateurs* vont être les entreprises de travaux et les fournisseurs qui vont concourir à la construction du bâtiment: le maçon, le peintre, le plombier, l'électricien, etc. En règle générale, les *réalisateurs* contractent avec le maître d'ouvrage. Leurs prestations sont définies par le cahier des charges élaboré par le *maître d'œuvre*»[194].

Pour l'acquisition de chacun des investissements, il y a trois types différents de passation des marchés qui sont : le marché de travaux, le marché de fournitures, le marché de prestations de services.

Pour chacun des marchés, il y a lieu de procéder par *appel d'offres* ou *le gré à gré*. Le gré à gré est basé sur une négociation directe entre le représentant de l'entreprise et le fournisseur ou prestataire. On relève que ce mode est l'exception, la règle étant l'appel d'offres.

La *consultation* est cet autre mode d'attribution des marchés consistant à s'adresser à trois prestataires au maximum, dont les compétences sont reconnues dans le domaine recherché, afin de choisir parmi eux le meilleur en termes de qualité et quantité, et le moins disant (le moins cher). Cette formule a l'énorme avantage d'éviter des pertes de temps, surtout pour répondre à un besoin urgent au cours de l'exercice budgétaire.

Le dossier d'offres comporte l'offre technique et l'offre financière.

L'*appel d'offres* est la procédure qui consiste à soumettre à la concurrence les candidats à un marché (achat de machines pour l'usine, par exemple), afin de choisir celui dont la proposition (l'offre) est jugée satisfaisante pour ses qualités techniques et au moindre coût, c'est-à-dire le « moins disant ». Dans certains cas, on préfèrera retenir comme adjudicataire du marché, le candidat dont l'offre est un peu plus chère que celle du « moins disant », mais qui au plan technique s'avère plus performante; on parle alors de candidat « le mieux disant ». L'appel d'offres est le principe fondamental d'attribution de tout marché. C'est une démarche ouverte, transparente, inclusive, démocratique. L'appel d'offres peut être limité aux entreprises nationales et aux entreprises ayant des activités dans le pays. Il peut aussi être ouvert à tous les pays.

L'appel d'offres peut se faire en deux étapes distinctes : la phase préparatoire et la phase d'exécution.

Pendant la phase préparatoire (préparation et rédaction du dossier d'appel d'offres ou «cahier des charges», c'est-à-dire le document qui énonce les obligations administratives ou techniques, générales ou particulières des parties au marché, lancement de l'appel d'offres,

---

194 CIRAD-GRET, Ministère des Affaires étrangères, France, *Memento de l'agronome*, Éditions Quae, Éditions Cemagref, CIRAD, 2014, p.83, Ifremer, Inra, *www.quae.com.*

réception et dépouillement des offres, adjudication, rédaction et approbation du marché), il est indispensable de suivre de très près l'avancement du dossier pour s'assurer du respect du chronogramme prévu. À cet égard, le point de la situation devra être fait mensuellement ou plus souvent, si nécessaire, pour la direction générale.

Pendant la phase d'exécution du marché, il faut noter mensuellement le stade d'avancement des travaux, mesuré par le taux de réalisations par rapport au résultat final, d'une part et par rapport au planning général d'exécution prévu, d'autre part. C'est le suivi du marché. Le rapport annuel permet de connaître le niveau d'exécution des marchés, contrats et conventions, en vue de prendre les mesures rectificatives, pour l'exercice suivant.

Il y a des risques de fraude et d'autres obstacles inhérents à la passation des marchés publics ou privés, dans les formes et dans les normes, et des dispositions doivent par conséquent être prises par les responsables de la structure contractante pour prévenir les éventuelles irrégularités, au nombre desquelles il convient de noter tout particulièrement :

- l'absence préalable d'une étude interne de l'offre par la structure contractante ;
- l'absence ou l'insuffisance de la législation de réglementation en la matière ;
- la falsification des besoins, des spécifications techniques. Cette falsification consiste à favoriser un fournisseur ou prestataire donné, par des descriptions excessives orientées vers ce fournisseur ou prestataire,
- la surestimation des coûts (surfacturation) ;
- les informations fournies à un candidat (délit d'initié) ;
- l'existence de collusion entre le prescripteur et le fournisseur ;
- l'entente entre soumissionnaires ;
- des entreprises soumissionnaires sans assise financière pour réaliser des travaux, qui sont retenues ;
- des entreprises qui soumissionnent à l'appel d'offres sans avoir procédé au retrait du dossier d'appel d'offres (DAO) ;
- l'ajout ou la suppression tardive, sans motif valable, sur la liste, de soumissionnaire(s) ;

les prête-noms et autres sociétés-écrans ;

- les pots-de-vin et autres dessous de table ;
- le trafic d'influence ;
- la sélection systématique du même fournisseur ou prestataire ;

- la réception de biens, travaux et autres prestations, de qualité inférieure à celle prévue dans les termes de référence ;

- le non-respect du calendrier de livraison des fournitures ou des travaux (dépassement des délais) sans réaction du prescripteur; et l'absence de pénalités de retard ;

- des avenants au marché non justifiés, abusifs ;

- la réception des travaux par une ou des personnes non mandatées ou non qualifiées ;

- la désignation sans discernement des membres du comité d'analyse des offres (éviter les liens de parenté ou autres, la connivence avec les soumissionnaires) ;

- le manque de formation des agents du service Marchés et Conventions (SMC) de la structure contractante ;

- la «fuite» d'information concernant le niveau d'enveloppe financière disponible ;

- l'hostilité ouverte ou sournoise à l'égard du vainqueur de l'appel d'offres,

- etc.

3.3.3. Les indicateurs de fonctionnement

Ce sont des données statistiques qui varient peu et qui sont à relever annuellement.

Il s'agit essentiellement des effectifs en personnel, d'une part, et du patrimoine de l'entreprise (nombre de bâtiments, véhicules, matériels d'exploitation, etc.), d'autre part.

Ces données seront comparées à des normes admises ou des standards, permettant ainsi de se rendre compte si le potentiel d'action de la structure est adapté aux tâches qui lui sont demandées.

3.3.4. Les indicateurs de gestion financière

Parmi les indicateurs dont il est nécessaire de disposer mensuellement, figurent:

- la trésorerie : la situation des comptes et caisses, la situation des comptes fournisseurs, les situations des sommes perçues et non perçues, les besoins en fonds de roulement (par exemple pour les 3 prochains mois), la situation de la dette et des créances de l'entreprise ; veiller principalement à prévenir les tensions de trésorerie,

- le budget : faire la situation des engagements budgétaires,

- le bilan, le compte d'exploitation et la gestion des stocks. Il faut pour ce dernier volet, du personnel compétent en matière de gestion des stocks (prendre garde d'assurer toujours le stock minimum ou stock-outil).

3.4. Présentation des indicateurs de suivi : les « tableaux de bord »

« La plupart des chefs d'entreprises efficaces prévoient qu'un certain nombre de données de contrôle leur soient présentées systématiquement sous une forme définie »[195]. Ce sont des indicateurs de performance permettant de situer le taux de réalisation d'un objectif opérationnel.

Les indicateurs essentiels de suivi des structures seront regroupés sur des tableaux à remplir par les différentes structures et services.

Les indicateurs portés sur les tableaux devront être en nombre suffisant, pour permettre de faire une analyse correcte des activités de la structure. Ne figureront que les indicateurs les plus pertinents.

Le tableau, ci-après, constitue le « tableau de bord » technique (TBT), et se rapporte donc à la production ; il se présente sous la forme suivante, c'est-à-dire une synthèse des informations, pendant une certaine période :

Indicateurs de production ou d'activité	Objectif annuel (cf PAA)	Réalisations de la période	Réalisations cumulées à fin de période	% Réalisations	% prévu en fin d'exercice	Observations
1......... 2........... 3.......... 4......... Etc.	(1)	(2)	(3)	$\frac{(3) X 100}{(1)}$ (4)	100% 100% (5)	(6)

Le « tableau de bord » financier (TBF) se présente de la même manière que ci-dessus, en remplaçant les objectifs physiques et les réalisations par le budget et les consommations financières.

Les « tableaux de bord » sont à l'entreprise et au pilotage économique de celle-ci ce que le tableau de bord est à la voiture et à son conducteur. Ils permettent le suivi permanent des activités et de détecter immédiatement les dérapages éventuels, d'où des mesures rectificatives à prendre rapidement par le responsable.

[195] Octave Gélinier, *Fonctions et tâches de direction générale*, Éditions Hommes et Techniques, 1971, Paris, p.411

3.5. Modalités de mise en œuvre des indicateurs

Chaque structure ou service discutera et négociera avec la direction générale les indicateurs dont celle-ci a besoin pour lui permettre un suivi efficace des activités. Le tableau de bord étant évolutif, il est sujet à une mise à jour périodique, à une actualisation adaptée aux besoins du moment.

La périodicité des tableaux de bord de gestion (technique et financier) est un compromis entre les impératifs de suivi et les contraintes de collecte des informations.

Selon ses besoins de contrôle de gestion, l'entreprise peut retenir :

- des tableaux de bord trimestriels, indiquant les réalisations techniques et les consommations budgétaires correspondantes ; le *reporting* trimestriel est devenu une norme, mais on peut aussi le faire à moins de trois mois. À chacun de trouver le rythme ;
- un rapport annuel de gestion, comportant, en plus des résultats techniques de fin d'exercice, une analyse fine des coûts réels de production et leur comparaison aux normes initiales. La production préalable et régulière de tableaux de bord trimestriels, donnant les résultats physiques (techniques) et les états de consommation budgétaire, devrait simplifier considérablement l'élaboration du rapport annuel de gestion.

Il convient de préciser que les rapports annuels d'activité technique et financier sont différents des rapports de gestion. (**voir en *annexe* 7**, *le plan de rapport annuel de gestion*).

3.6. Qualités des informations

L'information collectée doit être :

- pertinente, c'est-à-dire adaptée à son objet et à son utilisation (répond à des besoins exprimés par le marché ou par les circonstances). Elle doit être disponible et accessible dans les délais et les lieux requis ;
- utile, c'est-à-dire appropriée à la prise de décision ;
- et significative, c'est-à-dire apporter quelque chose de nouveau, une plus-value, un plus.

3.7. Sources des informations financières et techniques

Ce sont les documents comptables (les comptes de résultat, les comptes de trésorerie, etc.), les documents extracomptables (les relevés bancaires, les budgets, les virements de fonds, les états de stocks de produits finis, les ventes, etc.), et les rapports d'activité.

À noter que le Système Comptable Ouest Africain (SYSCOA) est le système comptable de l'UEMOA. Il fut introduit en janvier 1998 dans la zone UEMOA pour l'uniformisation et la modernisation des pratiques comptables des entreprises qui étaient des plus diverses.

Le SYSCOA est un instrument d'intégration des économies des pays membres de l'UEMOA. C'est un système de normes précises à suivre dans le domaine comptable et financier.

Le SYSCOA est aussi lié à l'OHADA (les huit pays de l'UEMOA sont tous membres de l'OHADA), car chaque pays avait aussi son plan comptable, et tout cela a été harmonisé : c'est désormais la même comptabilité dans les 17 pays de l'OHADA, depuis l'entrée en vigueur du SYSCOHADA.

« Entré en vigueur le 1er janvier 2001. Son objectif est l'harmonisation des règles comptables applicables dans les pays membres de l'OHADA dont font partie ceux de l'UEMOA, grâce au référentiel mis en place.

« L'entrée en vigueur du SYSCOHADA a fait coexister ce référentiel avec le SYSCOA dans les pays de l'UEMOA, ce qui en soi ne pose problème que si des différences et des divergences sont constatées entre les deux systèmes.

« Pour remédier à celles-ci, le Conseil des ministres de l'UEMOA a décidé une mise à jour du SYSCOA rendue nécessaire par l'entrée en vigueur du SYSCOHADA, afin d'assurer une parfaite compatibilité du SYSCOA avec le droit comptable de l'OHADA qui est à la base du SYSCOHADA.

« Depuis cette décision des autorités de l'UEMOA, un seul référentiel comptable, le SYSCOHADA, commun à l'ensemble des pays membres de l'OHADA, s'applique dans cet espace, même si certains (en Afrique de l'Ouest) lui préfèrent l'appellation de SYSCOA.

« Le seul référentiel comptable auquel renvoie la loi dans les pays membres de l'OHADA est le SYSCOHADA »[196].

Ce nouveau cadre comptable a certes donné satisfaction aux entreprises et autres utilisateurs, pour l'élaboration des tableaux de bord, des états financiers et la tenue de la comptabilité analytique, mais il a vite évolué vers les normes comptables internationales que sont aujourd'hui les normes IFRS (International financial reporting standards), un référentiel existant depuis 2002, et ce, tout en tenant

---

196 *www.ohada.com/actualité/2238/syscoa-revise-ou-systeme-comptable-ohada-syscohada-quel-referentiel-appliquer-html,* d'après *internet* consulté le 17/05/2018

compte des spécificités des pays de l'OHADA. C'est l'harmonisation des normes par le haut, pour mieux insérer les pays de l'OHADA dans l'économie mondiale.

Les Européens ont adopté les IFRS, dans un souci d'harmonisation des plans comptables, et ce pour faciliter la comparabilité internationale des données financières, dans le temps et l'espace, par tous les utilisateurs (investisseurs, marchés de capitaux, marchés financiers, entreprises, pour l'établissement des états financiers).

« Le SYSCOHADA réformé au travers de l'Acte uniforme relatif au droit comptable et à l'information financière approuvé le 26 janvier 2017 à Brazzaville (Congo) et publié au journal officiel de l'OHADA le 15 février 2017 apporte une plus grande convergence vers les normes internationales IFRS »[197].

Selon Adama Koné, ministre ivoirien de l'Économie et des Finances, « L'harmonisation du SYSCOHADA avec les normes internationales IFRS vise à moderniser nos économies en y intégrant les meilleures pratiques internationales. Cette harmonisation devrait aboutir à la production des informations financières de qualité par les entreprises et à l'amélioration de la performance économique à travers les investissements directs étrangers et nationaux dont les pays pourraient bénéficier…pour leur croissance tant interne qu'externe.

« Les sociétés cotées et celles qui font appel public à l'épargne devront, en plus des états financiers SYSCOHADA, présenter des états financiers selon les normes internationales IFRS. Ce qui leur permet d'améliorer leur communication financière et de publier leurs performances dans un langage international et compréhensible par des investisseurs de tous les pays du monde »[198] (fin de citation).

Depuis sa publication au journal officiel de l'OHADA, cette dernière et les ministères de l'Économie et des Finances des différents pays de la zone exhortent les entreprises à mettre en œuvre le nouveau référentiel, qui leur sert désormais de boussole.

3.8. Budgets

Rappelons que les budgets sont des prévisions de recettes et de dépenses. Ils sont équilibrés en recettes et dépenses.

3.9. Audit et contrôle budgétaire

L'audit permet à l'entreprise de s'assurer que les procédures en vigueur sont correctement suivies.

---

[197] *CNC-infos : www.cnc-ci.c1,* décembre 2017, p.3
[198] *CNC-infos, idem,* p.8

L'*audit* est un diagnostic, ou une analyse comptable. Il est toujours réalisé par une personne indépendante, extérieure à l'entreprise. Cette personne « écoute », « observe » et produit un rapport autant que possible objectif, neutre : c'est ce qu'elle a observé qu'elle présente.

« L'audit interne est une activité indépendante et objective qui donne à une organisation une assurance sur le degré de maîtrise de ses opérations, lui apporte ses conseils pour les améliorer et contribue à créer de la valeur ajoutée. Il aide cette organisation à atteindre ses objectifs en évaluant, par une approche systématique et méthodique, ses processus de management des risques, de contrôle et de gouvernance d'entreprise, et en faisant des propositions pour renforcer leur efficacité »[199].

L'IFAC a édicté des normes internationales d'audit des états financiers et d'audit d'autres types d'informations.

La charte, en matière d'audit financier interne est fondée sur les normes professionnelles et le code d'éthique et de déontologie de l'audit interne édicté par l'IFAC; elle constitue le référentiel international de l'audit interne.

Le code d'éthique et de déontologie a pour objectif d'amener les membres de la corporation à offrir à leur clientèle des prestations de qualité conformes aux standards internationaux, respectant les valeurs de professionnalisme, d'impartialité (indépendance), de discrétion (secret professionnel), de transparence et d'intégrité (l'auditeur doit faire preuve de probité intellectuelle et de droiture dans la conduite de son travail).

Les standards internationaux d'audit (ISA) élaborés par l'IFAC sont la référence adoptée par la plupart des institutions internationales (ONU, Commission Européenne...) pour la certification de leurs comptes.

Enfin, s'agissant du *contrôle budgétaire*, il intervient généralement après exécution des budgets. Les programmes annuels d'action et les budgets sont des outils de contrôle, car ils servent de base de référence pour le suivi périodique des réalisations. La comparaison des dépenses aux budgets permet de calculer, ligne budgétaire par ligne budgétaire, les écarts et d'en rechercher les justifications, pour des actions correctives à entreprendre pour l'exercice suivant.

---

[199] Définition proposée par l'*IFAC, International Federation of Accountants* ou *Fédération Internationale des comptables, fédération globale de la profession comptable* créée le 7 octobre 1977, son siège est à New York, cf. site : *www.ifac.org*

Chapitre VII
LA CHARTE DE GESTION, LA CHARTE DE STRUCTURE ET LA CHARTE D'ÉTHIQUE PROFESSIONNELLE DE L'ENTREPRISE

De façon générale, une charte est un guide de comportement, un code de bonne conduite, une règle de vie. Dans l'entreprise, il y a des principes directeurs : on doit savoir où on va, pourquoi on y va, et comment on y va ? C'est comme des balises posées, des garde-fous sur un chemin à parcourir.

Il est nécessaire que le personnel de l'entreprise ait une vision claire, partagée avec la direction générale, des règles de bonne conduite à observer, pour la bonne marche de l'entreprise.

La charte de gestion, la charte de structure et la charte d'éthique professionnelle constituent le référentiel des valeurs à respecter par chaque agent, sans exception. Elles énoncent des principes généraux, des règles. Elles sont diffusées à tous les travailleurs de l'entreprise. Elles créent le lien entre tous les travailleurs de l'entreprise et un certain état d'esprit-maison.

Au chapitre V (la direction par objectifs) de la troisième partie, il a été relevé deux styles de direction des hommes : la tendance autoritaire et la tendance participative.

Dans le cadre de la DPO de style participatif et négocié qui est proposé au lecteur dans ce livre, trois chartes sont prévues pour le pilotage de l'entreprise : la charte de gestion, la charte de structure et la charte d'éthique professionnelle.

Pour Michel Philippe et Yves Rajaud[200], « Le terme « charte » inclut toujours l'idée d'accord et d'engagement sur les textes ainsi rassemblés ».

Il s'agit de fédérer tous les niveaux hiérarchiques, leurs capacités et leurs énergies, autour des mêmes valeurs professionnelles et relationnelles à respecter dans l'entreprise. Tous les travailleurs doivent se sentir les maillons d'une même chaîne, travailler avec un esprit d'équipe, de collégialité ; travailler ensemble et dans le même sens, en vue d'un objectif à atteindre. La collégialité est une technique de

[200] Michel Philippe et Yves Rajaud, *Les structures participatives de développement*, Entreprise Moderne d'Édition, 1980, Paris, p.108

management. L'esprit de collégialité est une façon de promouvoir la liberté responsable des autres.

Dans le même registre, il est question aujourd'hui, de la culture d'entreprise, un système de valeurs: « La culture d'entreprise ! Elle crée un «esprit de corps» au sein des salariés et leur donne envie de faire partie de l'équipe; elle incite les individus et les équipes à se dépasser et à faire ce qui est efficace, pas seulement ce qui est facile. Dans les entreprises à forte culture, chacun sait ce qu'il doit faire, et pourquoi il le fait. Au-delà du lien contractuel entre l'entreprise et ses salariés, une vraie relation engage l'intelligence, l'émotion et la volonté»[201].

1. La charte de gestion

1.1. Définition

La charte de gestion de l'entreprise, c'est sa législation interne (ses règles de fonctionnement), sa philosophie d'action, sa boussole. L'objectif poursuivi en la matière est le partage de la même vision de la mission et des objectifs de l'entreprise par tout son personnel. Cette exigence permet une participation vraie et une adhésion aux enjeux et aux choix essentiels, en ce qui concerne les principes fondamentaux que l'entreprise met en œuvre dans son fonctionnement.

Ainsi donc, la charte de gestion a pour but de définir un cadre précis de gestion des activités de l'entreprise, par rapport à des missions et des objectifs, afin d'obtenir des résultats satisfaisants, au double plan physique (technique) et financier.

La charte de gestion est écrite, autant que possible par le porteur de la vision, en l'occurrence, le chef d'entreprise lui-même, qui a sa propre vision de cette dernière.

1.2. Ce qu'est la vision?

Le grand livre de la stratégie[202] décrit ce concept, comme suit:

« Quatre tailleurs de pierres sont installés le long d'un chemin. À la question : « Que faites-vous ? » le premier répond: « Je taille la pierre ». Quelques pas plus loin, le deuxième répond à la même question: « Je nourris ma famille ». Quelques pas encore et à cette même question, le troisième répond : « Je construis une cathédrale ».

---

201 ESCP-EAP, BAIN et COMPANY, *L'art de la croissance*, Les Échos Éditions/Éditions Village Mondial, 2007, Paris, pp. 203-204

202 Jean-Marie Ducreux, René Abate, Nicolas Kachaner, *Le grand livre de la stratégie*, Éditions d'Organisation Groupe Eyrolles, 2009, Paris, pp. 65 et 72)

Puis le quatrième dira : « Je me rapproche de Dieu ». Cet ouvrage poursuit : « vision ! Le mot est sur-utilisé, galvaudé…

« …les entreprises ont plus que jamais besoin d'anticiper, besoin de voir loin, besoin de savoir où elles vont. C'est la vision qui donne la direction à tous les mouvements de l'entreprise ; c'est la vision qui fédère les énergies ; c'est la vision qui donne sa forme à l'entreprise.

« Une vision doit permettre de répondre à quelques questions fondamentales telles que : Où voulons-nous être dans dix ans?, Sur quoi voulons-nous nous focaliser ? Sur quoi voulons-nous nous mobiliser? Sans vision, le risque que la croissance future ne se réalise pas est réel ».

Pour se réaliser, cette vision de l'entreprise doit toujours être assortie de la vision managériale, qui est son corollaire, et dont la charte de gestion est la parfaite illustration.

La charte de gestion s'articule essentiellement autour des parties suivantes:

1.3. Mission générale de l'entreprise

La mission, c'est la raison d'être de l'entreprise.

La mission, c'est la «charge donnée à quelqu'un d'accomplir une tâche définie; fonction temporaire qui s'inscrit dans un horizon de temps court ou à moyen terme et qui est tournée vers l'action»[203].

Cette mission peut être la production et la distribution de biens matériels et de services. Des exemples de mission ?

La FAO (Food and Agriculture Organization), l'agence des Nations Unies pour l'alimentation et l'agriculture, a pour mission d'assurer la sécurité alimentaire dans le monde. L'université a pour mission l'enseignement et la recherche. La mission d'une firme de matériels électroménagers pourrait être considérée comme celle de la libération des familles de la pénibilité des travaux domestiques.

Concourent à la mission générale de l'entreprise, les missions partielles dévolues aux entités qui la composent. Ainsi, chaque responsable est investi d'une mission particulière au niveau de son service.

La prise de conscience de son rôle, de sa mission particulière au sein de l'entreprise, par le travailleur, va imprégner sa façon de collaborer, de servir. Lorsqu'il sait qu'il est un maillon essentiel d'une chaîne, il est mieux disposé à donner la pleine mesure de lui-même, de ses

---

[203] Jean-Marie Ducreux, René Abate, Nicolas Kachaner, *idem,* p.66

capacités, dans l'accomplissement de ses tâches, afin que les objectifs globaux soient atteints, et ce dans les délais prévus.

1.4. Principes de management

La volonté de contrôle au niveau de la gestion de tous les services de l'entreprise étant une nécessité fondamentale, eu égard aux ressources financières rares et chères, l'application des principes de management, ci-après, est de rigueur :

- le travailleur doit être attentif aux consignes données ;
- tous les travailleurs doivent accomplir avec exactitude leurs tâches ;
- les travailleurs doivent savoir garder le secret professionnel ;
- il y a obligation de résultat ;
- pas de paiement sans contrôle et pas de contrôle sans objet ;
- tout ce qui a été commencé, sauf changement, doit se poursuivre et se terminer normalement ;
- observer la diligence dans l'exécution : finir le travail à l'heure ;
- ne pas remettre au lendemain, sans motif valable, ce qu'on peut terminer le jour-même ;
- avoir la notion du temps (ne pas transiger avec le temps, car il n'est pas élastique). Ainsi, les réunions doivent commencer à l'heure prévue et non pas attendre de les débuter lorsque tout le monde sera là ;
- être entièrement consacré à son travail pendant qu'on est au travail (dans beaucoup d'entreprises dans le monde, les appels téléphoniques inutiles sont interdits) ;
- éviter l'approximation, l'à-peu-près, en ce qu'on fait ;
- développer l'esprit d'équipe, l'esprit d'entreprise; entretenir une bonne ambiance du travail ;
- observer la ponctualité et l'assiduité au travail, quand bien même on est entouré de gens qui font autrement ;
- maintenir le lieu du travail en état de propreté et de salubrité ;
- prendre soin des instruments de travail qui sont propriété de l'entreprise ;
- veiller à la circulation de l'information cohérente au sein de l'entreprise.

Ce sont là, des valeurs cardinales de l'entreprise. «Les valeurs permettent aux collaborateurs de l'entreprise d'avoir des références communes dans l'action et de se « ressourcer » dans les moments individuels ou collectifs difficiles »[204].

1.5. Buts poursuivis

C'est essentiellement :

- parvenir à une plus grande rigueur et une meilleure efficacité dans la gestion de l'entreprise ;
- parvenir à la maîtrise des difficultés financières des différents services ;
- créer ou confirmer chez tous les agents de l'entreprise, un style de travail et un réflexe de gestionnaire.

1.6. Tâches du chef d'entreprise

Il s'agit de celles en propre du chef d'entreprise et de celles, en appui, qu'il apporte à chaque structure et service, en cas de besoin. Les cadres doivent faire ce qu'ils peuvent, en comptant sur l'appui et la solidarité du chef d'entreprise.

«Je considère qu'un directeur est inutile s'il n'est pas réellement au service des autres, s'appliquant à fournir des moyens au personnel productif »[205]. Le leader, c'est celui qui a la capacité de prendre des initiatives au service des autres.

1.7. Organigramme de l'entreprise

C'est le schéma de « l'organisation idéale », en fonction des objectifs et des circonstances du moment.

Les entreprises élaborent l'organigramme et l'ajustent régulièrement pour s'adapter aux évolutions. Il y a, en ***annexe 5**,* à titre indicatif, un modèle d'organigramme.

« La qualité d'un organigramme dépend de la valeur des personnes qui l'animent » (*dixit* Daniel Anikpo, économiste). C'est pourquoi chacun des collaborateurs doit s'approprier sa fonction.

1.8. Liaisons

Dans l'entreprise, les différents services sont généralement rangés en trois catégories :

---

[204] Jean-Marie Ducreux, René Abate, Nicolas Kachaner, *Op.cit.*, p.82

[205] Dale Carnegie, *Comment trouver le leader en vous*, Hachette Livre, 1994, Paris, p.93

- les services opérationnels ou d'exploitation : conception de produits, production, commercialisation… ;

- les services fonctionnels, qui viennent en soutien aux services opérationnels: ressources humaines, finance, comptabilité, logistique, recherche-développement… ;

- le "staff" de direction, qui assiste les différents chefs de service dans l'accomplissement de leurs missions respectives.

Ces différents services entretiennent entre eux certains types de relations ou liaisons.

On distingue :

- les liaisons hiérarchiques

Dans le schéma d'organigramme, elles sont représentées par des traits verticaux, car « il s'agit d'un pouvoir de commandement sur les hommes », d'une part … « d'autre part, il y a toujours une hiérarchie dans un service, que celui-ci soit essentiellement opérationnel, ou essentiellement fonctionnel » (O. Gélinier);

- les liaisons fonctionnelles

Dans le schéma de l'organigramme, elles sont matérialisées par des traits horizontaux ou transversaux entre deux services ne relevant pas de la même hiérarchie. « Une personne ou un service est fonctionnel lorsqu'il intervient pour aider de sa compétence un responsable opérationnel» (O. Gélinier).

Remarque: le respect rigoureux des liaisons hiérarchiques et fonctionnelles permet notamment d'éviter les conflits de compétence et les amalgames dans la division du travail. La gouvernance de l'entreprise étant basée sur la collégialité, il y a un Comité de direction et de coordination des activités. Il se réunit toutes les semaines, si possible à jour fixe, le lundi ou le mardi, de préférence.

Le manager entretient beaucoup de relations publiques pour son entreprise. À l'interne, il fait de la médiation, gère les conflits, et cela aussi pour asseoir son autorité.

2. La charte de structure

2.1. Définition

La fiche de fonction situe par rapport au travail que le chef d'entreprise attend de chacun de ses collaborateurs. Il s'agit de la définition du poste de travail et des attributions de chacun. Chaque fiche est établie pour chaque poste de cadre, de façon à éviter les risques de confusion des rôles et les double-emplois (doublons). Chacun connaît sa « feuille de route ».

La charte de structure est l'ensemble des fiches de fonction de tous les cadres.

Chaque cadre reçoit de la direction générale une fiche de fonction concernant le poste de travail qu'il occupe dans l'entreprise, dans le strict respect de cette règle: «The right man on the right place» (l'homme qu'il faut à la place qu'il faut).

2.2. Plan de la fiche de fonction

Le plan adopté pour l'élaboration de chacune des fiches par la direction générale sera toujours le même:

1- Intitulé de poste
2- Mission du cadre
3- Objectifs
4- Tâches
5- Organigramme
6- Liaisons
- hiérarchiques
- fonctionnelles

3. La charte d'éthique professionnelle

3.1. Définition

D'après *Le Dictionnaire d'éthique et de philosophie morale*[206], «Les spécialistes de philosophie morale ne s'entendent pas sur la répartition du sens entre les deux termes morale et éthique… L'un des termes vient du latin et l'autre du grec et où tous deux se réfèrent d'une manière ou d'une autre au domaine commun des mœurs. L'auteur propose alors de « tenir le concept de morale pour le terme fixe de référence et de lui assigner une double fonction, celle de désigner, d'une part, la région des normes, autrement dit des principes du permis et du défendu, d'autre part, le sentiment d'obligation en tant que face subjective du rapport d'un sujet à des normes » ·

Quant au *Dictionnaire de Science politique*[207], il indique que « L'opinion publique confond éthique et morale…

[206] *Le Dictionnaire d'éthique et de philosophie morale*, sous la direction de Monique Canto-Sperber, Presses Universitaires de France, 1996, Paris, p.580

[207] *Dictionnaire de Science politique*, L'Harmattan, 2007, Paris, p.171

« …pour les économistes, le terme éthique a un seul sens : établissement de règles par les membres d'une profession ou corporation pour lui éviter le discrédit de l'opinion publique.

« La transparence signifie que personne n'est leurré. Plus précisément, on ne doit pas pratiquer de la dissimulation d'informations aux actionnaires et aux investisseurs – au moment où l'entreprise connaît de graves difficultés – pour garder leur confiance. Car la transparence impose des pratiques commerciales conformes aux valeurs que véhicule l'image de l'entreprise et de son pays d'origine ».

De façon générale, la morale est une partie de la théologie qui traite du bien et du mal, et l'éthique est une partie de la philosophie qui traite aussi du bien et du mal.

L'ordre moral se base sur la nature humaine, sur le concept de la dignité humaine (qu'est-ce qui est bon pour l'homme ?).

L'ordre éthique, c'est l'ordre dans lequel la conscience morale règne : on y a la notion du bien et du mal. Une éthique est toujours orientée vers un but qu'on veut atteindre.

L'éthique professionnelle est l'ensemble des principes moraux applicables à l'entreprise. Il est donc question de voir si les activités entreprises par l'homme sont conformes à la morale, c'est-à-dire au bien exclusivement.

3.2. Valeurs et entreprise

Si une collectivité n'est pas bâtie sur des valeurs éthiques, cette collectivité ne peut subsister. Vérité, justice, compréhension, solidarité, souci et respect de l'autre (sa vie, sa santé, sa famille, sa réputation…) sont des valeurs sur lesquelles se bâtit une société durable. De même, une entreprise ne se développe que si elle a des valeurs certaines (valeurs morales et citoyennes). Une entreprise qui a un comportement éthique se donne la chance d'avoir une notoriété nationale, voire internationale.

L'éthique est un élément-clé du monde des affaires. Les désordres de comportement parfois constatés dans des entreprises sont dus essentiellement à un déficit d'éthique. Il est intéressant de noter qu'on peut très bien réussir en affaires, sans léser personne, ni les travailleurs de l'entreprise elle-même ni la clientèle.

L'éthique du travail apparaît dès lors comme un déterminant fondamental, notamment de la conception des fonctions de gestion des ressources humaines, de la communication en entreprise et de la motivation du travailleur.

C'est pourquoi, il conviendrait d'organiser au sein de l'entreprise, et animés par des experts, des séminaires d'éthique des affaires, débouchant sur un code d'éthique du travailleur adopté par le conseil d'administration de l'entreprise.

L'économie ne peut pas fonctionner en marge de l'ordre moral, de l'ordre éthique.

En conclusion, les chartes fixent, pour ainsi dire, les limites à ne pas franchir par le personnel de l'entreprise.

Dans le même ordre d'idées, il y a l'autodiscipline et l'esprit de travail, objet de la quatrième et dernière partie du livre.

Quatrième partie
TÉMOIGNAGES SUR L'AUTODISCIPLINE ET SUR L'ESPRIT DE TRAVAIL

Chapitre I
L'ENTREPRISE ET L'AUTODISCIPLINE

L'autorité et l'obéissance, dans l'entreprise, procèdent de la même source : l'amour du travail bien fait. « Le travail est l'aliment des âmes nobles », écrivait Sénèque.

Commander et obéir ne sont pas des situations opposées, voire contradictoires : on commande par amour du travail bien fait, et on obéit par amour du travail bien fait.

L'autorité est nécessaire et même indispensable dans toute société organisée. Sans l'autorité, il y a risque de désordre, d'anarchie et de manque de responsabilité. L'autorité a un rôle d'arbitre.

Mais si, au stade, les joueurs observent les règles du jeu, l'arbitre n'a plus qu'à regarder faire. C'est le cas singulier des "*Sociétés coopératives de Production*", en France, et des "*Kibboutzim israéliens*", où le fonctionnement quotidien est généralement celui de l*'autogestion*, style simple de gouvernance. Il va sans dire qu'il n'en est pas toujours ainsi.

Commander ou obéir est service : on sert en exerçant l'autorité, et on sert en obéissant.

Bien comprises, ces notions, dans l'entreprise, aident celle-ci à aller de l'avant, surtout lorsqu'on y favorise un régime *d'autodiscipline*.

La charte de gestion, la charte de structure et la charte d'éthique professionnelle (voir chapitre précédent) auront pour fondement l'autodiscipline, corollaire de la confiance en l'homme et en son esprit de service.

Ce qu'est l'autodiscipline? C'est, avant tout, l'acceptation et le respect des règles justes établies, et cela sans coercition ni contrainte d'aucune sorte (respect de la personne et de sa liberté). Pour le vécu de l'autodiscipline, Kassimi, un camarade d'enfance, évoque ici des souvenirs de ses années de collège, en Côte d'Ivoire :

« Nous étions des élèves à l'internat. C'était dans la première décennie post-indépendance du pays. Plusieurs proviseurs se sont succédé à la tête de l'établissement, chacun d'eux ayant son style propre de direction des jeunes. Le premier que nous avons trouvé en place à notre arrivée avait la réputation, parmi les élèves, d'être un homme très directif, autoritaire et exigeant. Il était à la fois craint et admiré des élèves. Craint, parce qu'en cas de manquement au règlement et à la discipline, de la part d'un élève, il le convoquait à son bureau. Et dès que l'élève est face à lui, il lui disait : « avance et qu'on se batte tous les deux». Naturellement, les coups donnés étaient à sens unique. Admiré parce que, en revanche, les résultats scolaires étaient toujours très bons, exemplaires, dans l'ensemble, et l'établissement jouissait d'un grand prestige. C'était là son style d'éducation des jeunes: il était très directif, mais efficace. En privé, il était un homme fort sympathique, très affable. En réalité, il était à la fois exigeant et affectueux, mais le brave homme était parfaitement incompris dans sa tâche d'éducation des jeunes que nous étions.

« Quelques années plus tard nous est venu un nouveau proviseur. À la première réunion hebdomadaire avec lui, un samedi matin, dans la cour de l'établissement, il nous a parlé d'autodiscipline et développé longuement ce concept tout à fait nouveau pour nous. En substance, désormais avec lui, les éducateurs d'internat et le surveillant général n'auront plus un rôle de censeur, de « gendarme », pour ainsi dire, des élèves. Ils demeuraient certes présents, mais leur présence seulement décorative équivalait en réalité à leur absence. La nouvelle discipline de l'établissement instaurée par le proviseur étant entrée en vigueur, il appartenait désormais à chacun de se prendre en charge, de « s'autogérer », pour le maintien de la discipline. C'est ainsi que dès lors que le carillon retentissait pour le réveil matinal, le réfectoire, le début des cours, la récréation, l'heure du coucher et le couvre-feu, etc., les élèves, fort impressionnés et enthousiasmés par ce nouveau régime disciplinaire auquel ils s'étaient vite identifiés pleinement, accomplissaient tout avec ponctualité, avec zèle. Dans ce nouveau climat, les résultats scolaires demeuraient également excellents avec, en prime, des élèves motivés, visiblement joyeux, heureux. L'expérience aura duré une dizaine d'années dans l'établissement » (fin de citation).

C'était comme un appel à la responsabilité, comme une éducation à la liberté responsable, à la responsabilité personnelle et à la confiance, sans la crainte et la coercition, sans le mauvais gré.

C'est le lieu de citer, dans le même esprit de l'autodiscipline, la devise du Complexe agro-industriel sucrier de MUNIAS SUGAR COMPANY Ldt, KENYA, placée au fronton de l'usine dudit Complexe, au Kenya:

« To forget is a crime.
To be lazy is a greater crime.
To neglect work and offer excuses is the greatest crime.
The secret of efficiency is action without delay.
Punctuality and politeness are your respect.

Speed and accuracy are the enemies of inefficiency ».

(« C'est un crime que d'oublier.

Faire montre de paresse est un plus grand crime encore.

Négliger son travail et trouver à cela des excuses est le plus grand crime qui soit.

Le secret de l'efficacité dans le travail consiste à le réaliser sans retard.

La ponctualité et la politesse sont la marque du respect que vous avez pour les autres.

La rapidité dans l'action et l'application au travail sont les ennemies de l'amateurisme »).

Autrement dit, chacun dans l'entreprise, doit s'efforcer d'être la démonstration même du style du travailleur efficace. Il doit être un modèle pour ses collègues par son sens du devoir et de la responsabilité. Il doit montrer qu'il n'a pas besoin d'avoir quelqu'un à ses côtés pour l'amener à faire son travail.

Chapitre II
UNE JOURNÉE DE TRAVAIL EN ENTREPRISE AU PAYS DU SOLEIL LEVANT

Le Japon, aujourd'hui 4ème puissance économique mondiale, est connu et réputé pour son modèle de développement économique formidable.

« Deuxième puissance industrielle du monde à la fin du XXème siècle, le Japon était encore un siècle auparavant un pays féodal. Il a connu un développement économique exceptionnel grâce à une synthèse réussie entre ses traditions nationales et le modèle occidental, et en s'appuyant sur un dynamisme individuel, mais aussi des vertus collectives insufflées par un puissant appareil d'État»[208].

Ce grand bond en avant, ce pas de géant, a été rendu possible par l'action personnelle de « l'empereur *Mutsohito*, porté au pouvoir fin 1867 à l'âge de quinze ans »[209]. ...avec qui «Commence alors une période de bouleversement complet de la société japonaise, qui restera connue sous le nom de *Meiji* « gouvernement éclairé »)[210]. Il a fait des réformes profondes, dans le pays.

... « À la mort de l'empereur Mutsohito, en 1912, le Japon était une puissance industrielle, comme l'atteste le poids de ses secteurs modernes »[211].

Michel, un ami mien de longue date, grand voyageur, véritable "globe-trotter", qui a passé de nombreuses années au Japon, ne tarit pas d'éloges pour ce pays de 372 313 km² et les 127 millions de Japonais.

Il raconte, ici, une journée de travail en entreprise au Japon:

« Les Japonais sont des amoureux du travail, et du travail bien fait, toujours bien achevé, et ce, dans la discipline. Le travail est la source essentielle des richesses, de la grandeur même du pays. Une journée de travail en entreprise se déroule comme suit:

8h 45 min : revue de la presse, suivie d'exercices musculaires pour la mise en train, puis c'est la distribution des tâches : le chef d'équipe ou chef de chantier « briefe » les ouvriers sur ce que chacun a à faire dans la journée. Et lorsqu'un travailleur

---

[208] Pierre Bezbakh et Sophie Gherardi, *Op.cit.*, p 398

[209] Pierre Bezbakh et Sophie Gherardi, *idem*, p.398

[210] Pierre Bezbakh et Sophie Gherardi, *idem*, p.398

[211] Pierre Bezbakh et Sophie Gherardi, *ibidem*, p.399

reçoit une instruction, il ne dit jamais qu'elle est impossible à exécuter.

9h 00 min: le travail commence. Chacun se consacre à sa tâche bien précise, dans le silence (ni appels téléphoniques inutiles, ni déambulations inutiles, ni visites sur le lieu du travail, ni bavardage avec le voisin, ni lecture de journaux, ni jeux divers, ni interruptions inutiles…).

12h 00 min : c'est la pause (repas) jusqu'à 12 h 55 min.

13h 00: tout le monde se remet au travail jusqu'à 16 h.

Il en va de même au niveau des cadres : à 8 h, le chef de service remet une « feuille de route » à chacun de ses collaborateurs.

« Chaque ouvrier ou cadre est tenu de terminer sa tâche du jour : il n'y a rien qu'on remet au lendemain ; les choses doivent être faites dans les délais, demain a son activité, demain a son programme.

« Il en résulte qu'on n'est jamais en retard pour un travail donné, car il n'y a pas de place pour la paresse dans l'entreprise. On commence les choses au bon moment et on les termine au bon moment.

« On dit qu'un pays qui travaille est un pays qui produit, un pays qui se développe. Les Japonais eux-mêmes reconnaissent que leur réussite économique est due avant tout à leur acharnement au travail. Sans ressources notables du sol et du sous-sol, le Japon a connu en quelques décennies un développement prodigieux, car en plus du travail manuel bien réalisé, le japonais travaille sur l'intelligence de l'homme. Il n'est pas adepte de la paresse, de la facilité, de la mendicité, du parasitisme, de la fatalité. C'est un peuple qui compte sur lui-même pour se développer, et où l'individu apprend très tôt à se prendre en main, à s'assumer.

« Quand le Japonais, à son poste de travail, se rend compte que les choses sont mal faites, qu'il s'est trompé, il cherche immédiatement à rectifier ses erreurs, à se remettre en question, à s'améliorer, de façon à travailler de mieux en mieux.

« Il est à noter également que les Japonais mettent beaucoup l'accent sur l'éducation, la formation et la culture. Dans chaque commune, il y a une bibliothèque communale. Le Japonais est un gros consommateur de livres, de revues et de journaux. On dit bien qu'un peuple qui lit est un peuple qui se forme, qui s'ouvre au reste du monde» (fin de citation).

Par rapport à la thématique de l'éducation-formation, il y a lieu de rappeler ici le propos toujours actuel de Jules Ferry (1832-1893), plusieurs fois ministre de l'Instruction publique en France ; « On pourra tout faire pour l'école et le lycée : si l'on n'organise pas la bibliothèque, on n'aura rien fait ». Aujourd'hui la bibliothèque, c'est aussi la bibliothèque numérique.

Et mon ami, en fin connaisseur du peuple japonais, de conclure son propos en ces termes : « les Japonais sont très fiers de leurs fortes valeurs culturelles, sur lesquelles ils ont bâti leur développement. Ils n'ont strictement rien à envier à personne » (fin de citation).

Travailler avec conscience et se former continuellement sont les deux faces d'une même médaille. Le présent témoignage sur le Japon et les Japonais est un exemple de travail bien réalisé. Seul le labeur d'un peuple peut sauver un pays et le conduire à la prospérité.

De la même manière donc, nombre d'entreprises de l'espace OHADA auront sans doute avantage à tirer profit du temps, en faisant éviter les pertes de temps inutiles pendant le travail, ce qui pourrait contribuer aussi à améliorer la productivité et la rentabilité financière.

On trouve parfois dans l'entreprise, des gens qui travaillent avec lenteur : ils sont lents, très lents, tous leurs gestes sont lents, et il y a perte de temps.

Il apparaît, enfin, que l'Afrique doit penser son développement en y intégrant ses valeurs culturelles positives et utilitaires. En outre, il convient de savoir puiser chez les autres, certaines valeurs et des valeurs certaines, pour construire sa propre voie du développement. C'est, par exemple aussi, dans ce témoignage, le goût de la lecture observé chez le Japonais.

De nos jours, la lecture se trouve de plus en plus menacée ; les gens préfèrent des textes courts, genre *SMS* ou *e-mail*, au lieu de lire un livre de 200-300 pages, ce qui serait intellectuellement beaucoup plus enrichissant. Il y aurait donc également avantage à encourager les jeunes à aimer, dès l'enfance, la lecture, pour les pousser à mieux se construire.

Dans des pays où les gens sont encore, pour la plupart analphabètes et sans pouvoir d'achat, le livre subventionné (y compris le livre scolaire) constitue une véritable œuvre de promotion de la lecture. Par ailleurs, les communes de pays africains peuvent obtenir gratuitement pour leurs bibliothèques, des ouvrages, dans le cadre de jumelages avec des communes de pays étrangers. De même, en Afrique, les universités peuvent enrichir leurs bibliothèques, par le biais de partenariats avec des universités étrangères, notamment celles de pays dits du Nord.

CONCLUSION GÉNÉRALE

Cher lecteur, dès le début de la présente étude, a été mise en exergue l'importance toute particulière du travail bien réalisé et de la formation, notamment dans la vie en entreprise, afin de parvenir à sortir un pays du champ de la pauvreté ou de la misère matérielle. Nous y revenons.

Dans l'ordre naturel sur terre, on distingue le règne minéral, le règne végétal, le règne animal, ces trois dominés par le règne humain (c'est-à-dire le travail de *l'homo sapiens*).

L'homme se différencie des autres règnes, notamment par l'intelligence, la volonté et l'action. Il est un «sujet rationnel », ce qui a pu faire écrire à Blaise Pascal (1623-1662) que « l'homme n'est qu'un roseau, le plus faible de la nature, mais c'est un roseau pensant » (*Pensées*, 1670).

La création matérielle et intellectuelle n'est pas terminée, loin s'en faut. La construction du monde continue; le champ reste ouvert à l'action créatrice de l'homme. C'est comme un livre ouvert, dont les dernières pages sont blanches et que l'homme doit écrire.

L'homme doit continuer à créer, à transformer la matière, tout en veillant à la préservation de l'environnement, dans une dynamique de développement « durable », et amener la création à son achèvement, par le perfectionnement de la nature.

L'acte de création, c'est dans tous les domaines: scientifique, technique, technologique, économique, social, culturel, artistique, politique…, pour améliorer la vie de l'homme et rendre la terre des hommes plus habitable pour tous, et ce, quand bien même il y aurait explosion démographique.

Le travail professionnel (agriculteur, ouvrier, commerçant, enseignant, médecin, éboueur, infirmier, ingénieur, chercheur, activité de services les plus divers, …) ou même ordinaire (la ménagère au foyer) est comme un appel à participer tous à l'œuvre de la création. Il va sans dire que ce travail doit être bien fait, bien achevé, exemplaire, en aucun cas bâclé, pour atteindre véritablement son but. On peut dire que l'homme, tout homme, a (est) une mission de créateur. C'est, en même temps, un important appel à la responsabilité.

Les sciences, les techniques, les technologies et l'entreprise apparaissent, dès lors, comme des moyens, des outils de production-de création- à la disposition de l'homme dans l'œuvre de la création, pour compléter celle-ci.

Dans cette perspective, l'homme doit être bien formé, c'est-à-dire, non seulement honnête et loyal envers l'entreprise, mais également compétent au plan professionnel, pour s'adapter, s'ajuster en permanence aux progrès accélérés de notre époque fortement compétitive. Il est, par conséquent, appelé à se perfectionner dans toutes ses dimensions humaines.

La création s'achève par le travail de l'homme. Le travail donne à notre vie un sens. Il est source de bonheur, de joie profonde.

La formation est indispensable pour faire face aux exigences de l'entreprise. De fait, c'est un bienfait pour l'individu, mais aussi pour son entreprise et pour la société tout entière.

En cours de carrière professionnelle, le travailleur doit être dans une dynamique de formation continuelle. Chacun est responsable de sa propre formation. Celle-ci peut s'acquérir par l'étude et à l'occasion de séminaires, conférences, lectures…, de l'occupation de plusieurs postes successifs, formation en ligne et de toute autre manière, pour toujours maintenir et élargir le champ de son expérience, son champ de vision, dans un monde en rapide mutation. Cette formation inclut, pour certains, le volet managérial (savoir apprendre, savoir-faire, savoir-être).

Pour l'entreprise, la formation est un moyen d'accroître les compétences de ses cadres et de ses ouvriers, de renforcer aussi leur degré d'adaptation à leur poste et à leur environnement. Il convient d'adapter les formations aux aptitudes des gens. Se former ne consiste pas à recevoir beaucoup d'informations, mais surtout à les assimiler: le savoir est nécessairement doublé du savoir-faire.

L'entreprise peut et doit même organiser ou proposer des formations à ses cadres et ouvriers, mais chacun d'eux doit, avant tout, se préoccuper de se former par lui-même, dans un but d'efficacité dans le service et d'ambition personnelle. La formation continue, c'est pour ainsi dire, l'école permanente de la vie.

Les entreprises soucieuses de la formation de leurs cadres ou ouvriers sur leur style de direction participative utilisent comme moyens, notamment les séminaires, au sein même de l'entreprise. C'est pour ces entreprises le meilleur moyen d'impulser la dynamique de la motivation des hommes, d'allumer en eux le "feu de l'amour du travail", l'enthousiasme, en vue de tirer de leurs collaborateurs le meilleur résultat possible. Par ce point, on tend à pousser le travailleur à viser plus haut, toujours plus haut, jusqu'à l'apogée de la réussite, tant personnelle que de l'entreprise elle-même. Chacun arrive là où sa capacité lui permet d'arriver.

« Si nous ne trouvons pas le moyen de former mieux et plus vite nos collaborateurs, nous deviendrons non compétitifs », déclare John Chambers, le président de Cisco[212].

À défaut d'une animation par le chef lui-même, on aura recours naturellement à une personne ressource, intérieure ou extérieure à l'entreprise. Selon un principe cher à Dale Carnegie, le manager doit savoir s'entourer de gens plus compétents que lui.

« Le progrès technique ne s'explique que comme le fait des initiatives des hommes, qui n'arrêtent pas de vouloir se former, de chercher, de trouver et confronter de nouvelles idées pour les mettre en action »[213].

Le Dictionnaire de l'économie[214] nous fournit les indications suivantes : « L'éducation des hommes apparaît comme l'un des ressorts essentiels du dynamisme économique… Si l'investissement matériel sous la forme d'achat de machines permet un développement des capacités de production, l'investissement dans la formation des hommes accroît l'efficacité du facteur travail ». Il convient donc de former les principaux acteurs, à la gestion de l'entreprise.

L'entrepreneur débutant peut avoir besoin d'être soutenu par un conseiller, un guide, un « coach ». Le « *coaching* » est un processus d'accompagnement d'individus ou d'entreprises pour les aider à développer plus rapidement leurs qualités, leur valeur intrinsèque, en vue de l'amélioration de leurs capacités de gestion et d'autonomisation. L'accompagnement peut être assuré, soit par une personne de l'entreprise, soit par une personne compétente extérieure à l'entreprise, provenant des pouvoirs publics ou du secteur privé. Le « coaching » est un concept créé par le consultant d'origine américaine, John Edward Tang, plus connu sous le nom de Serges Marjollet.

On se souvient que dans l'introduction à la présente étude, il a été indiqué que l'homme est au cœur de la finalité économique, et il est par conséquent légitime de voir en lui la finalité principale de tout travail. Cette finalité, c'est le bien-être de l'homme, en sa vie de famille et en sa vie sociale. Le triptyque travail – famille – société mérite donc d'être

---

[212] Cité par Jean-Marie Ducreux, René Abate, Nicolas Kachaner (*Le grand livre de la stratégie*, Éditions d'Organisation Groupe Eyrolles, 2009, Paris, p.175

[213] ESCP-EAP, BAIN et COMPANY, *L'art de la croissance*, Les Échos Éditions/Éditions Village Mondial, 2007, Paris, p.58

[214] Pierre Bezbakh et Sophie Gherardi, *Op.cit.*, pp.259 et 260

harmonisé par chacun à son propre niveau. Cela permet de gagner en qualité de vie. La quête du prestige professionnel ne doit pas devenir, pour l'homme ou la femme, un obstacle à sa vie familiale ni à sa vie sociale. Le défi est de parvenir à équilibrer travail, vie de famille et vie sociale, pour un plein épanouissement personnel. En cela, il y a nécessité impérieuse de réussir dans la difficulté.

On assiste actuellement, du reste, à une culture nouvelle du travail, en l'occurrence, *la culture de la gestion du temps*, pour équilibrer vie professionnelle et vie privée.

Les entreprises africaines ont du potentiel. Elles doivent rejeter la peur du risque, la peur de l'échec, et croire en l'Afrique. On doit aimer ce qu'on entreprend et bien le faire. Pour entreprendre, il faut de l'audace et de la persévérance ; il faut voir loin, vouloir aller toujours plus loin, plus haut, vers les cîmes. Il convient d'être inventif, créatif.

Seul le travail est source de progrès social. La croissance et le développement économique d'un pays ne sont rien d'autre que le fruit du travail, du travail de chacun, peu importe son rang (employé, manœuvre, ouvrier, technicien, cadre, chef d'entreprise, etc.). Chacun est utile, à sa place. C'est, du reste, le sens du combat d'Adam Smith dont il a été question au début du livre, et pour qui la prospérité économique donc la sortie de la pauvreté vient de l'*attachement au travail*. Le travail est le meilleur investissement. Il est la source essentielle des richesses, de la grandeur même d'un pays.

Comme pour exhorter ses étudiants à travailler consciencieusement et intensément, monsieur Koffi N'Guessan, alors directeur de l'ENSEA (École Nationale de Statistique et d'Économie Appliquée, Abidjan), lors d'une rencontre avec certains d'entre eux, leur disait la chose suivante: « On ne devrait pas dire : "je m'en vais au travail", mais plutôt : "je vais *pour* travailler" ou "je m'en vais travailler" », car aussi bien, une personne peut être physiquement présente à son poste de travail, sans rien faire.

À l'heure de l'épreuve de la sortie de la pauvreté multiforme, souhaitons, encore, au moment de conclure, bon vent aux pays africains, singulièrement ceux de l'OHADA, pour parvenir à bon port, par leurs entreprises et autres organisations, ces pays qui s'efforcent, tant bien que mal, d'entrer eux aussi sur la scène économique, dans ce monde perturbé et inquiet dans lequel nous vivons.

« Avec le développement durable, c'est le droit des générations futures qui fait irruption dans nos sociétés. Il s'agit bien d'apprendre à pleinement intégrer cette vision de long terme, ce qui requiert de grandes qualités d'adaptation, d'anticipation, de discernement.

«Il est important que les entreprises deviennent le moteur du développement durable»[215].

Dans l'entreprise, il n'y a pas que la recherche du profit ; il y a lieu de prendre en compte également, la dimension sociale et la dimension environnementale. C'est pour cela qu'il est dit maintenant que la personne humaine est au centre du développement.

Comme déjà signalé, « la problématique de la gouvernance des organisations dans les pays en voie de développement a aujourd'hui, la même importance que la question du réchauffement climatique et d'autres sujets de grande importance qui mobilisent la communauté internationale »[216].

Quand bien même on ne peut éliminer toute la misère du monde, l'avènement d'une société de progrès solidaire et de paix, pour l'avenir des peuples pauvres ou appauvris, est chose possible. Oui, cela est possible, si on sème dès maintenant les semences d'une ère nouvelle, d'une société renouvelée, refondée sur une *économie verte* et *collaborative,* un monde de partage. Oui, la *solidarité climatique* est possible, la solidarité mondiale est possible. Au niveau des objectifs du développement durable (ODD) définis par les Nations Unies, et dont il a été longuement question dans la **présentation**, c'est, pourrait-on dire : zéro pauvreté, zéro chômage, zéro carbone, et un monde où la coopération l'emporte sur la concurrence, sur la guerre économique.

Un monde ancien s'en va, un monde nouveau s'annonce. Le changement climatique vient changer nos pratiques, modifier notre mode de développement. Et les pays de l'OHADA ne sauraient être en marge de la situation nouvelle de la planète, cette planète qui se tourne vers une économie débarrassée des énergies fossiles.

La planète, « *notre bien commun* », le bien commun de la société humaine, nous appelle à un nouveau programme de vie : « Il faut une économie de l'environnement » (Nicolas Hulot, ancien ministre français de la transition écologique), c'est-à-dire concilier écologie et économie, décarboner le processus économique.

---

[215] ESCP-EAP, BAIN et COMPANY, *L'art de la croissance*, Les Échos Éditions/Éditions Village Mondial, 2007, Paris, p.245

[216] Professeur Magloire Lanha, Agrégé de science économique, Ancien Doyen de la Faculté des sciences économiques et de gestion de l'université d'Abomey-Calavi, Bénin

Nous avons, par ailleurs, indiqué, dans cette étude, que l'*industrialisation* est cet autre passage obligé qui permet véritablement à un pays sous-développé de se développer et de prospérer durablement. Le concept d'industrialisation, ici, consiste pour un pays à « fabriquer les biens d'équipement, les machines et les appareils modernes dont le pays a besoin pour transformer ses produits agricoles, ses matières premières minières, minéralières et gazières » *dixit* Daniel Anikpo. D'après cet économiste, « le développement d'un pays sous-développé consiste donc à s'industrialiser. La fabrication des biens d'équipement est le cœur de l'industrialisation qui est en conséquence appelée *« l'industrie industrialisante »* par Samir Amin. Ce qui manque à l'Afrique, c'est l'industrialisation ». Tous les pays développés le sont devenus par l'industrialisation.

Cette industrialisation, d'un type nouveau, doit aussi accompagner *la nouvelle révolution verte*, c'est-à-dire une agriculture biologique, parce qu'écologique, qui donc se rend compatible avec la conservation de la nature et de notre écosystème, une agriculture nouvelle, sans OGM, qui utilise des fertilisants organiques et des plantes insecticides et produits fongicides naturels, en remplacement des engrais chimiques, des insecticides et fongicides de synthèse, à base de pétrole. C'est le retour à l'agriculture naturelle, une agriculture « intelligente », face au climat. Le changement climatique n'est pas de la fiction ; c'est une dure réalité qu'il convient surtout de ne pas négliger.

L'Afrique regorge de sources d'énergies renouvelables (soleil, géothermique, hydraulique, biomasse...), or, il faut de l'énergie pour s'industrialiser.

Par conséquent, avec un programme de développement industriel et les énergies renouvelables, chaque contrée des pays de l'OHADA peut édifier facilement son pôle d'industrialisation, pour la production des biens d'équipement et la production des biens de consommation et ainsi se développer, d'une génération à l'autre. C'est un très puissant moyen de réduction de la pauvreté par la création de beaucoup d'emplois. L'industrialisation est conditionnée par une formation de qualité du capital humain, d'où l'intérêt de développer une école de qualité, l'enseignement technique et la formation professionnelle (universités de développement, technopoles, universités de technologie, écoles de formation de formateurs des formateurs du capital humain). D'où, également, l'intérêt de favoriser le retour dans leurs pays d'origine, pour y travailler, les compétences et autres élites africaines formées souvent à grands frais dans les écoles européennes ou nord-américaines, et contraintes d'exercer leur profession dans ces pays du Nord, faute d'avoir trouvé du travail dans leurs pays d'origine qui, pourtant, ont tant de besoins.

L'industrialisation, bien conduite, va *booster* la transformation locale de la plupart des matières premières agricoles (végétales et animales) et minérales.

La *transformation locale des produits agricoles* en produits finis ou semi-finis, est génératrice de croissance et d'emplois.

Le secteur agricole est en lui-même un grand pourvoyeur d'emplois, et ce, quel que soit le produit considéré, au niveau de la recherche agronomique, de la production végétale et animale par les paysans, de l'encadrement technique, de la transformation, de la commercialisation.

EN CONCLUSION, le sous-développement est la cause de la situation de pauvreté. Il faut sortir du sous-développement, notamment par un haut niveau d'éducation (écoles primaires, collèges et universités de qualité), la nouvelle révolution verte et l'industrialisation. C'est là un impératif, pour tout pays qui aspirerait à sortir du gouffre de la pauvreté. Les entreprises et autres organisations doivent y jouer leur partition, singulièrement au niveau des 17 pays de la zone OHADA qui ont représenté seulement 0,43% du PIB mondial, en 2013.

Mais, par-delà les chiffres du PIB et les taux de croissance économique des pays, le développement économique, social et culturel doit toujours demeurer le but suprême vers lequel il convient de se diriger. Pour y parvenir, l'Afrique a besoin de la mobilisation de tous ses enfants. Le président américain, John Kennedy (1917-1963), lançait à ses compatriotes, à son investiture, en 1961, l'appel suivant : « Ne vous demandez pas ce que votre pays fera pour vous, mais plutôt, demandez-vous ce que vous pourrez faire pour votre pays ». Ces paroles de Kennedy sont tout à fait actuelles.

Récemment, un homme d'Église, dans son adresse à ses ouailles, à l'occasion de la célébration de la fête nationale dans l'un de ces pays de l'OHADA, ne disait-il pas que c'est le moment pour chaque citoyen de s'examiner et se demander : « Est-ce que j'aime mon pays ?, ai-je fait, et bien fait ce que je dois faire pour mon pays ? ».

Personne n'a jamais dit que le chemin serait facile, pour parvenir au développement. C'est un chemin escarpé, et il faut compter avec les obstacles, les facteurs-freins, les vents contraires. C'est pourquoi il conviendrait particulièrement de s'armer de volonté, de courage, de persévérance et d'audace, face à la difficulté.

Le combat à mener contre la pauvreté, cette pauvreté qui est multiforme, s'avère être un combat de tous les jours. La pauvreté n'est pas une fatalité ; elle peut et doit être vaincue. Et gagner ce combat est un impératif absolu. Dans l'espace OHADA, les entreprises et autres organisations constituent une arme puissante pour la sortie effective de l'état de pauvreté. C'est aussi le combat pour la paix et la stabilité politique dans un pays.

Si donc l'on accorde aux entreprises et autres organisations toute l'attention requise, un rêve peut se réaliser : elles deviendront les locomotives du développement de nos pays.

Aussi, n'est-ce pas merveilleux de bâtir un monde meilleur, pour faire de l'humanité des « hommes debout », c'est-à-dire des hommes pleinement hommes- donc non diminués- qui n'ont pas abdiqué leur droit à un minimum de bien-être !

De profondes mutations ont marqué le monde. Un monde nouveau reste à bâtir, avec des possibilités nouvelles offertes à l'homme. Un monde nouveau est à prendre à bras-le-corps, pour une « civilisation de l'universel » (*dixit* Léopold Sédar Senghor) faite de concorde, de solidarité internationale et de justice. À la faveur des ODD, l'heure est venue de ramener l'ordre là où il y avait désordre, d'instaurer un nouvel ordre économique, social, culturel et environnemental, pour le progrès des peuples, singulièrement ceux de l'Afrique, surtout de l'espace OHADA, avec le concours, bien sûr, de la volonté politique. Le développement n'est pas objet de paroles, mais d'action. Le développement n'est pas non plus un jeu, car il en va de la vie de nombreuses générations d'hommes, présentes et à venir. L'engagement social et politique et la collaboration internationale en la matière comptent énormément.

En publiant ce livre, nous n'avons pas d'autre but que celui qu'il puisse être utile, en quelque manière, au monde des entreprises toutes catégories confondues, dans l'espace OHADA, mais aussi en Afrique en général. Les entreprises sont de véritables locomotives du développement.

Nous serions particulièrement heureux que les lecteurs de ce livre nous fassent connaître leurs observations ainsi que leurs objections, qui nous permettront d'améliorer le contenu de la prochaine édition. Nous comptons sur la critique.

Écrire à l'auteur, par courrier électronique, à :
bambconsult@gmail.com

ANNEXES

Annexe 1

CANEVAS INDICATIF D'ÉTUDE DE FAISABILITÉ DE PROJET

À- NATURE ET DESCRIPTION GÉNÉRALE DU PROJET

B- SITE DU PROJET

1. Localisation
   - Ville/village
   - Département
   - Région
2. Caractéristiques du site par rapport à la nature du projet
   -
   -
   -

C- JUSTIFICATION DU PROJET

1. Motivations
2. Atouts et éléments favorables au projet

D- ÉTUDE TECHNIQUE DU PROJET

1. Profil du promoteur ou porteur de projet
2. Définition du projet
   - Objectifs quantitatifs et qualitatifs
3. Normes de production (selon la nature du projet)
4. Système de fonctionnement du projet (organisation et gestion)
5. Moyens à mettre en œuvre :
   - humains
   - matériels
   - financiers

E- ÉTUDE DE MARCHÉ

1. Analyse de l'offre et de la demande
2. Analyse de la clientèle : acheteurs potentiels, les contrats de livraison, exportation (éventuellement)
3. Organisation de la commercialisation du produit ou du service
4. Coûts de production
5. Prix de vente

F- ANALYSE FINANCIÈRE ET ÉCONOMIQUE

1. Coût du projet (investissement, fonctionnement, besoin en fonds de roulement, …)
2. Prévisions financières
   - chiffres d'affaires
   - charges d'exploitation

- compte d'exploitation prévisionnel (après une étude de marché)
- trésorerie prévisionnelle
- rentabilité

G- FINANCEMENT DU PROJET

1. Schéma de financement
2. Conditions de prêt

H- FICHE DE SYNTHÈSE

1. Brève description du projet/finalité
2. Objectifs quantitatifs et qualitatifs
3. Financement envisagé et garanties de remboursement du prêt (aval, hypothèque, c'est-à-dire des sûretés personnelles et réelles)
4. Synthèse de l'analyse financière
5. Conclusion

Annexe 2

CANEVAS GÉNÉRAL DE PRÉPARATION DU PROGRAMME ANNUEL D'ACTION (PAA) D'UNE STRUCTURE

1. Rappel de la mission générale de la structure
2. Bilan des activités de l'exercice précédent

a) Objectifs quantitatifs :

- point des réalisations physiques :

Objectifs, réalisations, % $\frac{\text{Réalisations}}{objectifs}$ (1)

- point de la consommation du budget affecté (2)
- explication des écarts : (1) et (2)

b) Objectifs qualitatifs :

- point de la réalisation des objectifs qualitatifs
- commentaires

3. Définition des objectifs pour le nouvel exercice : objectifs
   - quantitatifs
   - qualitatifs
4. Politique et stratégie (en vue de l'atteinte des objectifs) : matrice d'actions.
5. Moyens (à mettre en œuvre pour l'atteinte des nouveaux objectifs) :
   - humains
   - matériels
6. Indicateurs de production (ou d'activité) et
   - normes techniques par centre de coûts
   - coûts unitaires et coûts standards ou coûts normatifs (normes financières)
7. Budget
   - de fonctionnement
     - coûts directs fixes
     - coûts directs variables
   - d'investissement
     - pour renouvellement
     - d'expansion
     - stratégique (équipements innovants)
   - frais généraux (dotation pour imprévus sur budget de fonctionnement et budget d'investissement). Ce poste peut représenter 10 à 15% de l'ensemble)
   - fonds de roulement

8. Plan de financement (sources de financement)
9. Plan de trésorerie et compte d'exploitation prévisionnel. Le budget annuel (fonctionnement, investissement, frais généraux, fonds de roulement) doit être

accompagné d'un planning détaillé de mise à disposition des ressources financières correspondantes. Pour faire un compte d'exploitation prévisionnel, il faut une étude de marché.

10. Organigramme de la Structure ou du Service

On assiste actuellement de plus en plus à un aplatissement de l'organigramme par la réduction des niveaux hiérarchiques et fonctionnant en réseau. Par ailleurs, le management « à la française » est différent du management « à l'américaine » dans la mesure où il est marqué par une forte emprise de la hiérarchie, donc, une conception « pyramidale » des services de l'entreprise.

11. Chronogramme d'exécution des opérations (planning prévisionnel des opérations). Le plan de trésorerie (dates de mise à disposition des moyens financiers) doit être en phase avec le chronogramme d'exécution des opérations techniques.

12. Annexes

- séries statistiques des résultats des 5 dernières années (synthèse des résultats physiques et financiers). La masse salariale doit être comprise entre 20 et 30% maximum du chiffre d'affaires. C'est le ratio généralement recommandé dans une société ; un ratio à respecter,
- état numérique du personnel par catégorie professionnelle,
- Tableaux divers et commentaires.

Annexe 3

Commentaire au Canevas Général du P.A.A

Certains aspects du canevas général de préparation du programme annuel d'action (P.A.A) méritent d'être élucidés :

2 .Bilan des activités de l'exercice précédent

Au démarrage des activités, ou lorsqu'on applique pour la première fois le système du PAA, le bilan est un bilan d'entrée, un état des lieux.

4. Politique et stratégie: il s'agit de l'élaboration d'une matrice d'actions à entreprendre, en vue de l'atteinte des objectifs fixés.

6. Indicateurs de production (ou d'activité) et normes

Il convient de s'efforcer de rapprocher le plus possible les coûts unitaires de réalisation des coûts standards ou coûts normatifs.

7 .Budget

Un budget est une prévision de recettes et de dépenses au niveau d'une unité économique, équilibrée en recettes et dépenses, pour une période donnée, dans le cadre d'un programme d'action. Il permet *a posteriori* le contrôle de gestion par le contrôle budgétaire et se présente sous forme de tableau comparatif des recettes et des dépenses. On distingue: le budget de fonctionnement, le budget d'investissement et le budget de roulement.

- Le budget de fonctionnement
    - coûts directs fixes :

Ils sont directs parce qu'ils s'appliquent directement à l'activité. Ils sont fixes parce qu'ils ne varient pas, quel que soit le volume de l'activité. Les coûts directs fixes sont obtenus en incorporant seulement les charges qui peuvent être directement imputées, sans calcul intermédiaire et sans ambiguïté, à l'activité considérée.

« Par opposition, les charges communes à plusieurs produits, ou qu'il est impossible d'identifier comme ayant contribué au coût de tel ou tel produit, sont considérées comme les charges indirectes »[217]. Ainsi le budget de la Direction Générale constitue des charges relativement fixes au niveau de l'ensemble de l'entreprise. Les frais fixes ne doivent pas dépasser les frais de fonctionnement variables.

- coûts directs variables :

Ils s'appliquent directement à la production, tels que les matières premières et les charges de personnel, et leur volume varie avec le volume de l'activité. Ils sont obtenus en incorporant uniquement les charges qui varient avec la production ou la vente, à l'exclusion des charges dites « fixes », ou de « structure ». Les coûts de « structure » sont ceux dont le montant reste stable, ou à peu près stable, quel que soit le niveau de l'activité de l'entreprise[218]. Les

---

[217] *SYSCOA, Système comptable Ouest Africain*, Éditions Foucher, décembre 1996, Paris, p.799

[218] *SYSCOA, idem, p.803*

coûts unitaires de production étant déterminés, le budget à mettre en place est au prorata des objectifs physiques fixés. Les dépenses qui varient donc avec le nombre des unités à produire sont des coûts variables.

« Le coût total de l'activité de l'entreprise est égal à la somme des charges fixes et des charges variables »[219].

- Le budget d'investissement ou immobilisations corporelles (terrains, construction, installations techniques, matériel et outillage industriel, matériel de transport, matériel de bureau, informatique…) :
    - d'expansion : correspond à l'accroissement du volume des activités et aux créations nouvelles,
    - stratégique : les innovations technologiques ont un coût. Il faut des entreprises innovantes au niveau des immobilisations corporelles.
- Le fonds de roulement : permet à l'entreprise de faire face à des dépenses courantes et urgentes (notamment salaires, achat de matières premières et autres facteurs de production) et à certains besoins, dans l'attente d'encaissements à venir. C'est donc une somme d'argent qui doit être disponible à tout instant. Le fonds de roulement se renouvelle régulièrement avec les encaissements effectués.

9. Plan de trésorerie

Le rythme de consommation du budget commande les appels de fonds ou mobilisations qui, en tout état de cause, doivent être en phase avec le chronogramme de production ou de réalisation des opérations, afin de prévenir des tensions de trésorerie et des dysfonctionnements dans le déroulement de l'activité. La mobilisation des fonds mérite un suivi tout particulier; un chronogramme appelé plan de trésorerie est élaboré à cet effet. Il doit être en phase avec le chronogramme d'exécution des opérations pour éviter les retards de mise en place des fonds. « L'une des causes les plus récurrentes de retard d'exécution, des projets/programmes dans les pays sous-développés est le retard dans la mise à disposition des moyens »[220].

Remarque générale :

Le canevas général du P.A.A tel que présenté s'applique intégralement et pleinement à la Direction des Opérations Techniques (voir organigramme en annexe). En dehors d'elle, les autres Directions et services se limitent à puiser dans ce canevas les seuls éléments qui leur sont strictement applicables, pour l'élaboration de leurs P.A.A respectifs.

---

[219] *SYSCOA, idem, p.803*

[220] Serge Abihona, *La notion d'objectif et les pratiques de la gestion axée sur les résultats*, Éditions Connaissances et Savoirs, Paris, 2013

Annexe 4

CALENDRIER SYNTHÉTIQUE DE PRÉPARATION DU PAA DE L'ENTREPRISE (PUBLIQUE OU PRIVÉE)

Chaque année, le Directeur Général fixe le cap stratégique (la voie à suivre par son entreprise, la trajectoire).

Le processus commence par la Programmation triennale qui prend en compte les projets d'investissement sur 3 ans (*mois de mars*).

Le mécanisme de préparation du Programme Annuel d'Action de l'entreprise peut être scindé en six étapes :

- 1ère étape : Élaboration des directives (projet de budget et canevas du PAA) par la Direction Générale ; (*juillet-août*).
- 2ème étape : La Direction Générale transmet aux différents services concernés, le projet de PAA (canevas de préparation du PAA et estimation financière) ; (*courant septembre*).
- 3e étape : Les différents services font leurs propositions écrites qu'ils transmettent, chacun à la direction générale et au service "programmation, budgétisation et contrôle de gestion"; (*octobre*).
- 4e étape : Analyse conjointe des différents PAA par le directeur général assisté du service "contrôle de gestion", et les différents chefs de service ; (*début décembre*)
- 5e étape : Après approbation, le service "contrôle de gestion" rédige la synthèse des PAA qui fera encore l'objet de validation conjointe ; (*fin décembre*).
- 6e étape : le PAA consolidé, validé par tous, sera diffusé au niveau de l'ensemble des services et s'imposera désormais comme un document contractuel et consensuel, par lequel la Direction Générale s'engage à mettre en place le financement, et les différents services, en retour, à en assurer l'exécution.

NB : Quid du PAA du Directeur Général ? Son PAA est l'ensemble des PAA de tous ses collaborateurs.

Annexe 5

EXEMPLE D'ORGANIGRAMME D'ENTREPRISE

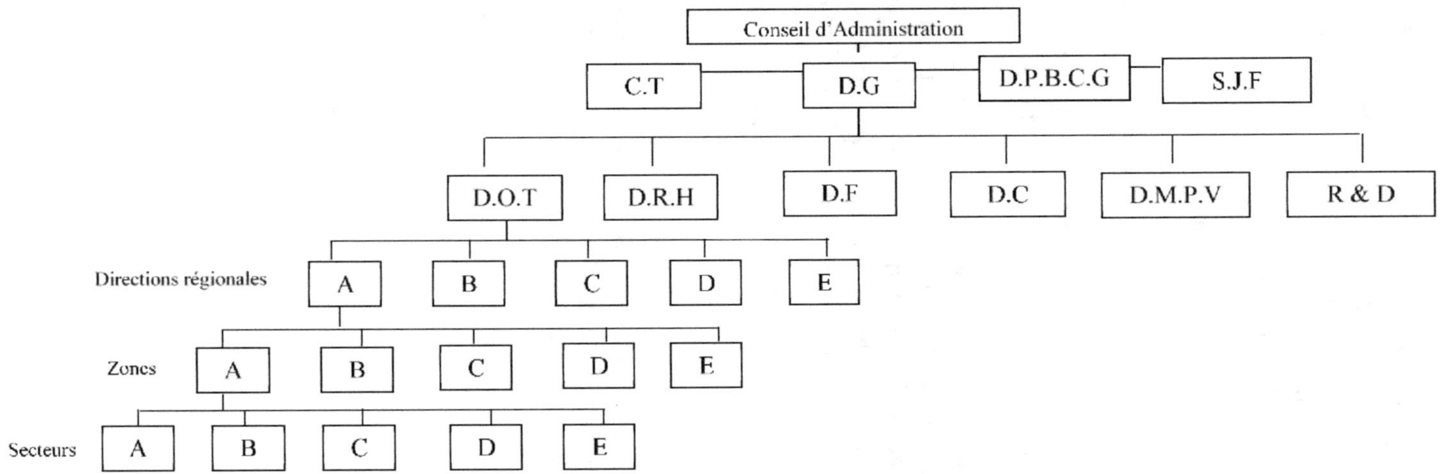

C.A : Le Conseil d'Administration représente l'actionnariat dont il protège les intérêts. Il définit les directives générales de l'entreprise et s'assure de leur application

D.G : Directeur Général

C.T : Conseiller(s) Technique(s)

DPBCG : Direction de la Planification, Programmation, Budgétisation et Contrôle de Gestion

D.O.T : Direction des Opérations Techniques

D.R.H : Direction des Ressources Humaines : chargée de la formation et de la gestion de l'ensemble du personnel

D.F : Direction Financière, responsable de la mobilisation et de gestion optimale des ressources financières

D.C : Direction Commerciale

DMPV : Direction du Matériel et Parc de Véhicules

SJF ; Service juridique et fiscal, chargé du règlement des litiges entre l'entreprise et ses divers partenaires, et des questions de fiscalité

R & D : Recherche-Développement

NB : Toutes les directions ont chacune des objectifs spécifiques et un organigramme propre, à l'instar de ceux de la D.O.T.

Annexe 6

NOTE SPÉCIALE SUR
LA DIRECTION DE LA PLANIFICATION, PROGRAMMATION
BUDGÉTISATION ET CONTRÔLE DE GESTION (D.P.B.C.G)

I-MISSION GÉNÉRALE

LA D.P.B.C.G, structure de type particulier, rattachée au Directeur général, est responsable, d'une part, de la planification, programmation, budgétisation de l'ensemble des activités de l'entreprise et, d'autre part, du contrôle de leur exécution.

Elle a un rôle de chef d'orchestre: préparer l'action et en suivre le déroulement. C'est le métronome de toute l'entreprise.

II- TÂCHES

La D.P.B.C.G est responsable notamment :

- de la conception, de la préparation (élaboration des termes de référence) et de la coordination des études et des projets de l'entreprise,
- des travaux d'élaboration de la politique, à court, moyen et long terme, en matière de croissance et développement de l'entreprise,
- de la programmation triennale d'investissement et de fonctionnement, en fonction de l'état d'avancement des programmes ou projets, et des ressources financières disponibles,
- de la préparation des programmes annuels d'action (PAA) des différents Services et Directions de l'entreprise, l'élaboration des directives (dont le PAA), l'élaboration du projet de budget (arrêt des enveloppes budgétaires et des coûts unitaires), et ultérieurement l'analyse des résultats techniques et financières au cours de l'exécution,
- de l'élaboration de la synthèse des PAA, après concertation et approbation,
- du suivi de l'exécution des programmes,
- du suivi et du contrôle de l'exécution des budgets de fonctionnement et d'investissement,
- de la conception et de la mise en place des outils de programmation et de gestion (normes techniques, normes financières, normes qualité,

indicateurs de production, ratios techniques, ratios financiers, période de saisie des résultats, etc... etc.),

- du contrôle des dépenses et engagements, ainsi que de la gestion des structures d'exécution,
- de la collecte des informations et données sur la branche d'activité de l'entreprise et de leur exploitation informatisée,
- de la centralisation des marchés et conventions.

III- ORGANIGRAMME

Pour mener à bien sa mission, la D.P.B.C.G se compose des services suivants:

- le service des statistiques,
- le service de la planification et des études de développement et de la planification
- le service de la programmation, de la budgétisation et du contrôle de gestion.
- le service des marchés et conventions (SMC)
- le service "normes".

Annexe 7

PLAN DE RAPPORT ANNUEL DE GESTION DE L'ENTREPRISE

I- LES RÉSULTATS PHYSIQUES (fonctionnement et investissement)
Si un rapport d'exécution technique a été produit, faire un simple rappel des principaux résultats d'ensemble, et de ceux donnant lieu à un calcul de coût de production et de coût de revient (voir 3ème partie du rapport de gestion).

1°) Comparaison aux objectifs quantitatifs et aux moyens prévus :

- production,
- effectif du personnel,
- principaux équipements en place,
- écarts sur normes techniques.

2°) Comparaison aux objectifs qualitatifs, notamment ;

- calendrier de réalisation,
- qualité de la production,
- répartition géographique des réalisations,
- qualité des investissements réalisés,
- état des équipements en place.

II- LES RÉSULTATS FINANCIERS

1- Les dépenses de l'exercice, et comparaison au budget prévisionnel :

a) Consommation globale des budgets de fonctionnement et d'investissement ; écarts.

b) Consommation par ligne budgétaire ; écarts

Explication des sur-consommations et sous-consommations; distinguer notamment :

- Celles dues aux écarts sur réalisations physiques et conditions techniques d'exécution,
- Celles dues à des écarts purement financiers (différence de coûts unitaires notamment).

c) Consommation par poste budgétaire en vue de l'établissement des coûts de revient significatifs, c'est-à-dire ceux faisant l'objet de norme budgétaire.

2 - Évolution de la trésorerie au cours de l'exercice

Comparaison des ressources disponibles au cours de l'exercice avec celles prévues, et analyse de l'incidence éventuelle sur les résultats:

- montant global
- origine
    - ressources programmées/non programmées
    - ressources propres:
- rythme de mobilisation et évolution de la trésorerie,

III- CALCUL ET ANALYSE DES COÛTS UNITAIRES

1°) Calcul du coût de revient par unité structurelle de production (exemple : le coût d'un service, d'une direction régionale, d'une zone de production…)

- Calcul du coût de revient par unité produite ou par phase d'intervention (ha abattu, ha planté, tonne produite..., dans le cas d'une activité agricole),
- Calcul du coût de revient pour tout autre élément objet faisant d'une norme budgétaire (par exemple par type de véhicule, par catégorie de personnel).

2°) Comparaison de ces coûts unitaires réels aux normes initiales de budgétisation

Explication des écarts ; préciser notamment ;

- si les causes d'écart sont particulières à l'exercice, la norme initiale restant valable en conditions normales,
- ou s'il y a lieu de réajuster la norme pour l'exercice suivant.

RÉFÉRENCES BIBLIOGRAPHIQUES ET WEBOGRAPHIQUES

Adam Smith, Recherche sur la nature et les causes de la richesse des nations, chez Guillaumin Éditeur, 1843, Paris, Tome 1, 520 pages.

AFRIK 4R, Janvier 2014, Communauté Africaine de Pratiques sur la Gestion Axée sur les Résultats de développement, page 9.

Afrique agriculture, N°420-Septembre-octobre 2017, B.P. 90146-57004, Metz Cedex 1.

AFRISTAT, BPE 1600, Bamako, Mali, www.afristat.org et afristat@afristat.org.

AFRISTAT, Programme stratégique du travail d'Afristat 2006-2010.

AFRISTAT, Programme stratégique de travail d'Afristat 2011-2015, pour l'atteinte des objectifs du Millénaire pour le Développement, Septembre 2011, page 40.

AFRISTAT, Recueil des statistiques des États membres de l'Afristat, mars 2000, série annuaires n°1.

Agence Française de développement, numéro du 26 juin 2015 du Bulletin Question de développement de l'AFD.

Alternatives Économiques Poche n°021-novembre 2005, François Quesnay.

Alternatives Économiques, n°254, janvier 2007, Fayol et le métier de manager (par Marc Mousli).

André Boyer, Gérard Hirigoyen, Jacques Thépot, Nadine Tournois, Jean-Pierre Verdrine, Les fondamentaux de l'entreprise, Éditions d'Organisation, 1997, Paris, 3ème édition.

Banque Africaine de Développement, Finance climatique, en route vers la COP21, version web, Édition n°32, juillet-août 2015 ; climatefinance@afdb.org.

Banque Africaine de Développement, l'Afrique sur la voie de l'accélération, Rapport du Comité spécial de la BAD, Mai 2017.

Banque Africaine de Développement, Perspectives économiques en Afrique de l'Ouest 2018, PB 1387 Abidjan 01, Côte d'Ivoire, www.afdb.org.

Barefoot College, India, Rajastan. Villaggio di Tilonia, www.barefootcollege.org.

Christian Harbulot, Manuel d'intelligence économique, Presses Universitaires de France, 2012 et 2013, Paris, pages 25 et 26.

CIRAD-GRET, Ministère des Affaires étrangères, France, Memento de l'agronome, Éditions Quae, Éditions Cemagref, CIRAD, 2014, Ifremer, Inra, www.quae.com.

Claude Garrier, Géostratégie des entreprises, L'Harmattan, 2014, Paris.

CNC-INFOS, Bulletin d'information du Conseil National de la Comptabilité (CNC), Édition spéciale décembre 2017, siège : immeuble Delafosse, 6ème étage, Rue Alphonse Daudet, Abidjan, www.cnc.ci.ci.

CNRA : Bulletin le CNRA en 2011, pages 14 et 15, Abidjan: l'amélioration des vergers de cacaoyers en Côte d'Ivoire.

CODINORM, Catalogue des normes ivoiriennes 2013, des normes pour assurer la qualité de vos produits ; info@codinorm.org.

Conseil pontifical Justice et Paix, Compendium de la Doctrine sociale de l'Église, Éditions Bayard, Éditions du Cerf, Éditions Fleurus-Mame, 2005.

Côte d'Ivoire Économie Mag, Le périodique des dirigeants et leaders d'opinion, mensuel, mai 2014, n°34, Abidjan ; www.cotedivoire-economie.com.

Dale Carnegie, Comment trouver le leader en vous, Hachette Livre, 1994, Paris.

Dalloz, Code de commerce, suivi des lois commerciales et industrielles, librairie Dalloz, 1957, Paris, 53ème édition.

Daniel Anikpo, La Méga-Économie, Revoir le développement, Éditions L'Harmattan, 2004, Paris.

Daniel Étounga-Manguelle, L'Afrique a-t-elle besoin d'un programme d'ajustement culturel ?, Éditions Nouvelles du Sud, 1991, Yvry-Sur-Seine.

Docteur Jean Valnet, Se soigner par les légumes, les fruits et les céréales, Maloine, Éditeur, Paris, 1967.

Douglas McGregor, The human side of the entreprise, McGraw Hill, 1960.

Dr. Kitsoro Firmin Kinzounza, Les trois (03) leviers de l'émergence économique en Afrique, publication du Groupe IHEM-ISTI-CIRPEC, Novembre 2013, Brazzaville.

Élie Cohen, Dictionnaire de gestion, Édition la Découverte, 2001, Paris.

Entreprendre en Côte d'Ivoire, n°012, Abidjan ; entreprendreci@yahoo.com.

ESCP-EAP, BAIN et COMPANY, L'art de la croissance, les Échos Éditions/Éditions Village Mondial, 2007, Paris.

Expertise France, La coopération statistique en exergue, 73 rue de vaugirard- 75006 Paris, 2017 ; www.expertisefrance.fr

FAO, L'état des Systèmes de Statistiques Alimentaires et Agricoles en Afrique- 2007, Bureau régional pour l'Afrique, décembre 2008, Accra (Ghana).

Fernand Braudel, La dynamique du capitalisme, Éditions Flammarion, 2008, Paris.

Fondation ICI- International Cocoa Initiative, Rapport d'étude, 2008, dans les communautés de producteurs de cacao d'Afrique de l'Ouest. www.cocoainitiative.org, Abidjan.

Fondation ICI- International Cocoa Initiative, Rapport annuel 2011.

Fonds Monétaire International, Finances et Développement, publication trimestrielle, juin 2015. Volume 52. Numéro 2, Washington DC 20090, USA.

Fonds Monétaire International, Finances et Développement, publication trimestrielle, décembre 2015. Volume 52. Numéro 4, Washington DC 20090, USA.

FORBES Afrique, Édition octobre 2013, volume 2, numéro 9, page 83, publié par F. Afrique Media SAS, Paris, contact@forbesafrique.com.

François Pazisnewende KABORÉ, Responsabilité sociétale de l'entreprise et management éthique en Afrique, les Éditions du CERAP, 2017, Abidjan.

Fraternité Matin, n°14497 du mardi 26 mars 2013, www.fratmat.info, Abidjan, Industrialisation de l'Afrique, pages 4 et 5.

Fraternité Matin, n°14511, du vendredi 12 avril 2013, Abidjan.

Fraternité Matin, du lundi 29 avril 2013, Abidjan ; Création d'entreprises, emplois jeunes, relance économique, les clés de la réussite.

Fraternité Matin, du mardi 30 avril 2013, Abidjan.

Fraternité Matin, n°14749 du vendredi 31 janvier 2014, Abidjan, Transformation des produits agricoles, un gisement d'opportunités-agro-business ivoirien, un potentiel non exploité.

Fraternité Matin, n°14749 du vendredi 31 janvier 2014, Abidjan, Investir avec les PME.

Fraternité Matin, n°14963 du lundi 20 octobre 2014, Abidjan, 20ème anniversaire de l'Uemoa.

Fraternité Matin, n°15556 du lundi 17 octobre 2016, Abidjan, www.fratmat.info.

Fraternité Matin, n°15706 du vendredi 14 avril 2017, Abidjan, www.fratmat.info.

Fraternité Matin, n°15986 du lundi 25 mars 2018, Abidjan, www.fratmat.info.

George Ayittey, Africa Unchained, 2005, Palgrave Macmillan.

Hannan et Freeman, Organizational ecology, https://wikipedia.org/wiki/organizationalecology.

Institut de recherche pour le développement (IRD), 44 boulevard de Dunkerque, CS 90009 ; 13572 Marseille cedex 02, www.idr.fr.

Institut National de la Statistique, Côte d'Ivoire, catalogue 2001, des outils au service du développement.

International Cocoa Initiative, Fondation ICI, 2008, www.cocoainitiative.org, Abidjan.

Jean-Marc Chevrot et Maurice Sallée, Initiation à l'économie générale, Dunod, 1985, Paris.

Jean-Marie Ducreux, René Abate, Nicolas Kachener, Le grand livre de la stratégie, BCG, The Boston Consulting Group, Éditions d'Organisation, Groupe Eyrolles, 2009, Paris, 378 pages.

Jean Bernard Véron, *in* Afrique contemporaine, Agence française de développement, Paris cedex 12, Dossier les BRICS en Afrique, page 7.

Jean Thoraval, Les grandes étapes de la civilisation française, Bordas, 1976, Paris.

Jeune Afrique du 27 décembre 2015 au 9 janvier 2016, Paris, n° double 2868-2869, page 143, lien: www.jeuneafrique.com.

L'Agriculteur, Magazine de l'agriculture, des ressources animales et de l'environnement, n°004, Jedidia communication, Editeur, Abidjan, page 3, info@lagriculteur.net.

La Côte d'Ivoire et les Accords commerciaux Régionaux en Afrique de l'Ouest, rapport publié par le PACIR, Programme d'Appui au Commerce et à l'intégration régionale pour la Côte d'Ivoire, 2014 : info@parcir.ci., Abidjan.

La lettre d'AFRISTAT, afrista@afristat.org et http:/www.afristat.org.

L'intelligent d'Abidjan, du 21 mars 2019.

L'Inter, quotidien, n°5015 du vendredi 27 février 2015, page 12, Abidjan www.linfodrome.ci.

L'Inter, du 14 septembre 2017.

L'Inter, du 27 juin 2018.

L'Inter, du 09 juillet 2018, Abidjan, www.linfodrome.ci.

L'Inter, du 26 juillet 2018.

L'Inter, du 15 au 16 décembre 2018.

L'Inter n°6336 du 10 au 12 août 2019.

Marie-Claire Bergère, Chine, le nouveau capitalisme d'État, Éditions Fayard, 2013, Paris.

Michel Philippe et Yves Rajaud, Les structures participatives de développement, Entreprise Moderne d'Édition, 1980, Paris.

Ministère de l'Agriculture et des Eaux et Forêts, Côte d'Ivoire, Direction de la Programmation, de la Budgétisation et du Contrôle de gestion, Annuaire rétrospectif de statistiques agricoles et forestières 1900-1983, Abidjan, Tome I, II, III, 1984.

Ministère de l'Économie et des Finances, Direction générale des Impôts, Côte d'Ivoire, Code général des Impôts, Édition 2012.

Murray R. Spiegel, Statistique, (traduit de l'américain), Dunod, 2002, Paris, (pour l'édition française).

Nations Unies, Commission économique pour l'Afrique, Indice africain de développement social (IADS), publication février 2016, Addis-Abeba, P.O. Box 3001, Éthiopie; www.uneca.org.

Nguessé Joachim Bangassaro Coulibaly, Le Mal ivoirien, Éditions L'Harmattan, 2009, Paris.

Octave Gélinier, Direction participative Par Objectifs, Éditions Hommes et Techniques, n° spécial 281, année 1968, Paris.

Octave Gélinier, Fonctions et Tâches de Direction générale, Éditions Hommes et Techniques, 1971, Paris.

OHADA, Traité et actes uniformes, commentés et annotés 2002, Juriscope Teleport 2, Avenue René Cassin, BP 90194 86962, Futuroscope Cedex France contact@juriscope.org.

OHADA, Actes uniformes, Traité SYSCOA, Édition Clairafrique, Juriscope, 2014, Futuroscope. BP 90194 ; 86962 Chassemil-du Poitou Cedex (France).

Pape Benoît XVI, Caritas in Veritate, Sur le développement humain intégral dans la charité et dans la vérité, Éditions Paulines, 2009, Abidjan.

Pape François, Encyclique pontificale *Laudato Si, Sur la sauvegarde de la maison commune*, Éditions Salvator, 2015, Paris.

Pape François, La joie de l'Évangile, Éditions Paulines, 2013, Abidjan, 23 B.P. 3876 Abidjan 23.

Pape Jean-Paul II, Interview au quotidien catholique, *La Croix*, du 20 août 1997.

Paul Derreumaux, Ombres et Lumières d'Afrique, NEI-CEDA, 2016, 01 B.P. 1818 Abidjan 01.

PACIR : La Côte d'Ivoire et les Accords commerciaux régionaux en Afrique de l'Ouest.

Pierre Bezbakh et Sophie Gherardi, Dictionnaire de l'économie, Éditions Larousse, 2008, Paris.

PME Magazine, N°68-mai 2018, 06 B.P. 1779 Abidjan 06.

PME Magazine, N°44-Mars/Avril 2014, 06 B.P. 1779 Abidjan 06

René Dumont, L'Afrique noire est mal partie, Éditions du Seuil, 1962, Paris.

Réussir en Côte d'Ivoire, Revue pour l'investissement, le commerce et l'industrie, n°07, novembre/décembre 2013, chambre de commerce, Abidjan.

Secrétariat d'État aux affaires étrangères, République Française, 1971 : Memento de l'agronome.

Serge Abihona, La Notion d'objectif et la pratique de la gestion axée sur les résultats, Éditions Connaissances et Savoirs, 2013, Paris.

Souverain Pontife François, Lettre Encyclique, Loué sois-Tu, Laudato Si Sur la sauvegarde de la maison commune, Éditions Salvator, 2015, Paris.

SYSCOA, Système Comptable Ouest Africain, Union Economique et Monétaire Ouest Africaine, Éditions Foucher, décembre 1996, Paris.

The World Bank, Washington D.C, mini atlas des objectifs de développement pour le Millénaire, Éditions ESKA, Éditions SAINT-MARTIN, 2005 ; www.worldbank.org/publications.

Thierry Hougron et Jean-Jacques Ciresty, La conduite de projets, Dunod, 2009, Paris.

Union Africaine, Rapport sur les perspectives économiques de l'Afrique, 2013.

Van Den Abeele Marcel et Vandenput René, Les principales cultures du Congo, 3ème édition, publication de la Direction de l'Agriculture, des Forêts et de l'Élevage, 1956, Bruxelles.

V. Mathieu Ékra, L'échelle sans fin, Éditions France-Impressions, 1977, Paris.

Yves Morel, Maîtriser la langue française, Les Éditions du CERAP, 2009, Abidjan.

TABLE DES MATIÈRES

Structures éditoriales du groupe L'Harmattan

L'Harmattan Italie
Via degli Artisti, 15
10124 Torino
harmattan.italia@gmail.com

L'Harmattan Hongrie
Kossuth l. u. 14-16.
1053 Budapest
harmattan@harmattan.hu

L'Harmattan Sénégal
10 VDN en face Mermoz
BP 45034 Dakar-Fann
senharmattan@gmail.com

L'Harmattan Cameroun
TSINGA/FECAFOOT
BP 11486 Yaoundé
inkoukam@gmail.com

L'Harmattan Burkina Faso
Achille Somé – tengnule@hotmail.fr

L'Harmattan Guinée
Almamya, rue KA 028 OKB Agency
BP 3470 Conakry
harmattanguinee@yahoo.fr

L'Harmattan RDC
185, avenue Nyangwe
Commune de Lingwala – Kinshasa
matangilamusadila@yahoo.fr

L'Harmattan Congo
67, boulevard Denis-Sassou-N'Guesso
BP 2874 Brazzaville
harmattan.congo@yahoo.fr

L'Harmattan Mali
ACI 2000 - Immeuble Mgr Jean Marie Cisse
Bureau 10
BP 145 Bamako-Mali
mali@harmattan.fr

L'Harmattan Togo
Djidjole – Lomé
Maison Amela
face EPP BATOME
ddamela@aol.com

L'Harmattan Côte d'Ivoire
Résidence Karl – Cité des Arts
Abidjan-Cocody
03 BP 1588 Abidjan
espace_harmattan.ci@hotmail.fr

Nos librairies en France

Librairie internationale
16, rue des Écoles
75005 Paris
librairie.internationale@harmattan.fr
01 40 46 79 11
www.librairieharmattan.com

Librairie des savoirs
21, rue des Écoles
75005 Paris
librairie.sh@harmattan.fr
01 46 34 13 71
www.librairieharmattansh.com

Librairie Le Lucernaire
53, rue Notre-Dame-des-Champs
75006 Paris
librairie@lucernaire.fr
01 42 22 67 13

www.ingramcontent.com/pod-product-compliance
Lightning Source LLC
LaVergne TN
LVHW011252061026
849535LV00005B/1232